CE1
CYCLE 2

J'apprends les maths avec Picbille

Fichier de l'élève

Sous la direction de
RÉMI BRISSIAUD
Maître de conférences à l'IUFM de Versailles

FLORENCE SUIRE
Professeur des écoles

FRANÇOIS LELIÈVRE
Professeur des écoles

ANDRÉ OUZOULIAS
Professeur à l'IUFM de Versailles

PIERRE CLERC
Instituteur

RETZ
www.editions-retz.com
9 bis, rue Abel Hovelacque
75013 Paris

Présentation

Depuis la première édition de *J'apprends les maths,* de nombreuses recherches ont conduit à une meilleure connaissance des conditions du progrès en mathématiques. Elles ont, pour l'essentiel, conforté les choix de cette collection. Ainsi :

- Il est avéré aujourd'hui que de bonnes compétences en calcul mental constituent le passeport pour une scolarité réussie en mathématiques. Cette édition de *J'apprends les maths CE1*, comme la précédente, fait de l'accès au calcul mental un objectif prioritaire. De plus, une place accrue est faite à des situations d'anticipation dont on sait aujourd'hui qu'elles favorisent l'apprentissage du calcul mental : celles où les élèves sont conduits à simuler mentalement une action que le maître réalise de façon masquée (une correspondance 1 à 1 entre deux collections ou un *passage de la dizaine*, par exemple).
- On connaît mieux aujourd'hui les problèmes arithmétiques que les enfants apprendraient à résoudre s'ils n'allaient pas à l'école (ils le feraient à l'aide de leur connaissance quotidienne de la signification des verbes *ajouter*, *retirer*, *partager*, de leur connaissance de la signification du mot *fois*, de l'expression *de plus*, etc.). On connaît mieux également les problèmes qui, en l'absence de scolarisation, resteraient massivement échoués : ce sont ceux qui nécessitent l'usage de propriétés dites *conceptuelles*, comme la commutativité de la multiplication.
  Cette édition de *J'apprends les maths*, dans le prolongement de la précédente, consolide les connaissances quotidiennes des élèves (la réussite des plus fragiles en dépend) ; elle fait également de la rencontre avec les propriétés conceptuelles telles que la commutativité un évènement dans leur vie d'écolier. C'est l'un des moyens les plus sûrs pour que les élèves comprennent les opérations arithmétiques.

Les compétences en calcul mental : un passeport pour la réussite

Dans *J'apprends les maths*, chaque séquence de mathématiques commence par une ou deux activités de calcul mental. Il s'agit en effet d'un savoir-faire fondamental parce qu'il est bien établi aujourd'hui qu'avoir de bonnes compétences en calcul mental est une sorte de passeport pour une scolarité réussie en mathématiques. Trois sortes de recherches ont conduit à cette conclusion :

– L'étude des élèves en difficulté grave et durable : une extrême faiblesse en calcul mental est une caractéristique pratiquement commune à tous ces élèves. Ils n'accèdent même pas aux relations additives élémentaires (8 + 6, par exemple) parce qu'ils restent longtemps prisonniers de procédures de comptage rudimentaires[1].

– Une recherche de sociologues[2] qui, à partir des évaluations CE2 et 6e des mêmes élèves, ont étudié quelles compétences particulières en CE2 permettent de pronostiquer un niveau général élevé en mathématiques en 6e. Les résultats sont clairs : les compétences qui permettent le meilleur pronostic relèvent du calcul mental.

– L'étude des liens qu'entretiennent les compétences en calcul mental, d'une part, la compréhension des opérations arithmétiques et la résolution de problèmes, de l'autre.

1. Voir par exemple Geary, D. C. (2005), Les troubles d'apprentissage en arithmétique : rôle de la mémoire de travail et des connaissances conceptuelles. *In* M.-P. Noël (éd.), *La Dyscalculie*, Marseille, Solal.
2. Un résumé de l'étude se trouve dans Suchaut, B. (2007), *Apprentissages des élèves à l'école élémentaire : les compétences essentielles à la réussite scolaire* (collab. S. Morlaix). Note de l'IRÉDU, 07/1.

Calcul mental, compréhension des opérations et résolution de problèmes

Des enfants brésiliens qui n'étaient jamais allés à l'école (des *enfants de la rue*) se sont vus proposer le problème suivant[3] : *Quel est le prix de 3 objets à 50 cruzeiros l'un ?* Le taux de réussite est de 75% alors que ces enfants de 10 ans environ n'avaient jamais entendu parler de multiplication. Ainsi, nul besoin d'être allé à l'école pour résoudre ce problème. Mais le problème : *Quel est le prix de 50 objets à 3 cruzeiros l'un ?*, lorsqu'il est proposé aux mêmes enfants, conduit à… 0% de réussite !

Savoir calculer mentalement *3 fois 50* ne suffit donc pas pour accéder à la solution du second problème, il faut de plus savoir que *50 fois 3* et *3 fois 50* sont le même nombre (commutativité de la multiplication). C'est à l'école que les élèves s'approprient ce type de propriétés que les psychologues du développement qualifient de *conceptuelles*.

Ce phénomène (réussite quasi nulle à un problème très proche d'un autre qui, lui, est bien réussi) s'observe avec toutes les opérations : multiplication, soustraction, division[4]. La compétence à résoudre mentalement ces problèmes dépend de manière cruciale de la *compréhension* des opérations arithmétiques. Cependant, si cette compétence en calcul mental dépend de la compréhension des opérations, elle la *révèle* aussi et la développer doit évidemment être un objectif prioritaire des pédagogues.

3. Schliemann, A. D., Araujo, C., Cassundé, M. A., Macedo, S. & Nicéas, L. (1998), Use of multiplicative commutativity by school children and street sellers. *Journal for Research in Mathematics Education*, 29, 422-435.
4. Brissiaud, R. & Sander, E. (sous presse), Arithmetic word problem solving : a Situation Strategy First framework. *Developmental Science.*

ISBN : 978-2-7256-2809-7

Cinq sortes de nouveautés prenant en compte les recherches récentes, l'expérience des utilisateurs et l'existence de nouveaux programmes sont introduites dans cette édition :

- l'étude dès le début de l'année des groupements par 2, 3, 5 et 10 facilite l'enseignement de la numération décimale et, de plus, prépare celui de la multiplication ;
- l'apprentissage des moitiés et du partage en 5 est mieux réparti sur l'année ;
- la soustraction est d'emblée associée à la *comparaison* de deux nombres : 9 – 6, c'est « ce qui est différent » lorsqu'on imagine deux collections de 9 et 6 points et lorsqu'on relie 1 à 1 dans sa tête « ce qui est pareil » (il faut imaginer 9 et 6 avec le repère 5 !) ;
- l'année est découpée en trois périodes, la 1re où l'accent est mis sur le calcul mental, la 2e où les élèves développent leurs compétences numériques dans le domaine des 200 premiers nombres et la 3e où ils étendent ces compétences jusqu'à 1 000 ;
- l'apprentissage des techniques opératoires en colonnes est plus précoce.

Cette dernière nouveauté est évidemment une conséquence des nouveaux programmes. Faut-il la regretter ? Le choix pédagogique d'enseigner d'abord ces techniques avec les 200 premiers nombres permet d'éviter qu'une mauvaise compréhension de la numération conduise à une accumulation de mécanismes. Par ailleurs, parmi toutes les techniques existantes de la soustraction en colonnes, nous avons choisi d'enseigner celle où l'on gère la retenue en ajoutant 10 (ou 100) aux deux termes. Ce choix est possible parce que les élèves comprennent bien la signification *comparaison* de la soustraction. De plus, cette technique s'automatise plus facilement que les autres et elle nécessite donc moins de temps d'apprentissage. Au final, parce qu'une place accrue est accordée au calcul mental, parce que la compréhension des opérations et la mémorisation sont mieux programmées, cette nouvelle édition conduit plus sûrement encore les élèves à la réussite.

Apprendre le calcul mental dans des situations d'anticipation

Donnons d'abord un exemple de situation d'anticipation :

Phase d'anticipation.

Phase de validation : l'enseignant bascule la boîte.

Dans ce cas, il s'agit d'anticiper le nombre de cases vides d'un cadre matériel de 10 cases lorsque 7 d'entre elles sont remplies. Ou encore : il s'agit d'anticiper le nombre de jetons qu'il faudrait ajouter pour qu'il y en ait 10.

Les élèves prennent conscience de la différence entre ce type de tâche et la devinette : contrairement à un élève qui devine, l'élève qui raisonne correctement peut réussir systématiquement. Par ailleurs, la situation est autocorrective : comme l'enjeu du raisonnement arithmétique est d'anticiper le résultat d'actions avant qu'elles ne soient effectivement réalisées, il suffit de procéder à ces actions (ici, ajouter 3 jetons et observer que la boîte est pleine) pour valider ou non l'anticipation.

C'est ainsi que **la résolution de problèmes prend du sens** pour les élèves. Il est important que les situations d'anticipation restent privilégiées au CE1 parce qu'à ce niveau de la scolarité, les enfants construisent encore leur rapport à l'activité mathématique.

Apprendre à calculer en simulant mentalement l'action du maître

Mais les situations d'anticipation utilisées dans *J'apprends les maths CE1* favorisent l'apprentissage du calcul mental pour une autre raison, plus fondamentale encore. Considérons, par exemple, la situation utilisée pour enseigner le « passage de la dizaine » : 8 + 4 = (8 + 2) + 2.

Phase d'anticipation (début).

Phase d'anticipation (fin).

Les élèves sont conduits à simuler mentalement l'action que l'enseignant a réalisée de façon masquée. Or, les recherches en neuropsychologie[5] montrent que l'apprentissage repose grandement sur ce type de processus mentaux. La phase de validation s'effectue ainsi :

Phase de validation : l'enseignant reconstitue la situation initiale tout en basculant la boîte et en ouvrant la main. Il peut ensuite réaliser l'action de manière visible.

5. Voir par exemple Rizzolatti, G. & Sinigaglia, C. (2008), *Les Neurones miroirs*, Paris, Odile Jacob.

Enseigner la multiplication

D'un point de vue pédagogique, que faut-il conclure des recherches montrant que, sans aller à l'école, les élèves apprendraient à trouver le prix de 3 objets à 50 € l'un mais pas celui de 50 objets à 3 € l'un ? Ces résultats soulignent que la multiplication est bien plus qu'une simple addition répétée et qu'il est de la responsabilité des professeurs d'école d'enseigner la commutativité. Il serait dangereux de faire croire aux élèves que les hommes ont inventé le signe x dans le seul but de disposer d'une abréviation sténographique pour l'addition répétée (pour pouvoir écrire 3 x 50 plutôt que 50 + 50 + 50). Il convient certainement que, dès leur première rencontre avec cette opération, les élèves soient confrontés avec de « grandes additions répétées » (3 + 3 + 3 + 3 +... 50 fois, par ex.) et qu'ils comprennent que les hommes ont inventé le signe x comme symbole de la commutativité. S'il faut chercher le prix de 50 objets à 3 € l'un (50 fois 3), on écrit 50 x 3 par ex., mais on calcule ensuite 3 fois 50. La première rencontre avec une opération arithmétique est un évènement dans la vie d'un écolier. Elle crée de l'émotion et favorise l'apprentissage et la mémorisation. Le choix de *J'apprends les maths* est, lors de ces premières rencontres, de favoriser l'acquisition des propriétés des opérations qu'on appelle *conceptuelles* parce qu'elles sont caractéristiques de ces opérations et parce que les élèves n'y accéderaient pas sans aller à l'école.

En revanche, il est essentiel que les enfants cherchent les résultats d'additions répétées élémentaires bien avant leur rencontre avec la multiplication. Il y a deux grandes façons d'exprimer ces additions répétées avec les mots du langage quotidien :
- soit on utilise le mot *fois* : 3 *fois* 2, 4 *fois* 3, 4 *fois* 5...
- soit on parle de 3 groupes de 2 objets, 4 groupes de 3 objets de façon générale et, de façon plus particulière, de 3 paquets de 2 bonbons, de 4 équipes de 3 enfants...

Ces différentes façons de s'exprimer ont toutes leur intérêt et, avec *J'apprends les maths CE1*, les élèves les utilisent toutes dès le début de l'année. Trois mois plus tard environ, quand ils rencontrent le signe x, ils savent calculer des additions répétées élémentaires, ils connaissent déjà les plus simples des relations numériques correspondantes, ils comprennent le lexique (*fois*, *groupes*...) permettant de décrire les additions répétées, il ne leur reste plus qu'à apprendre la commutativité. Il est plus simple d'apprendre que *9 fois 2* est égal à *2 fois 9* lorsqu'on comprend bien chacune de ces expressions que lorsque ce n'est pas le cas.

Signalons enfin qu'une analyse similaire vaut pour les rapports entre *division* et *partage* (*cf.* le *Livre du maître*).

Enseigner la soustraction

De même qu'il importe que les élèves sachent que la multiplication n'est pas une simple addition répétée, il est fondamental qu'ils sachent que la soustraction permet de résoudre bien d'autres types de problèmes que ceux où l'on perd, où l'on retire..., c'est-à-dire ceux qui parlent d'une quantité qui diminue. Le choix, dans *J'apprends les maths CE1*, d'enseigner d'emblée la soustraction dans des situations de *comparaison* est ainsi tout aussi fondamental. Il ne fait guère de doute que les généralisations se font plus facilement des situations de comparaison vers les situations de retrait que dans le sens opposé.

Rappelons de plus que la progression de *J'apprends les maths* concernant la soustraction est originale du fait que, dès le CP et tout au long du CE1, les élèves apprennent différentes stratégies de calcul mental. Les adultes ne calculent pas de la même manière 102 – 6 et 102 – 94. Pour déterminer 102 – 6, ils procèdent généralement par retraits successifs, c'est-à-dire *en reculant* sur leur file numérique mentale ; ils font : (102 – 2) – 4 = 96. En revanche, pour calculer 102 – 94, ils calculent par compléments successifs, c'est-à-dire *en avançant* sur leur file numérique mentale : à partir de 94, il faut 6 pour aller à 100 ; et encore 2 pour aller à 102, il faut 8 en tout.

Dès le CP, les élèves ont appris que 9 – 2 ne se calcule pas de la même manière que 9 – 7 et que 12 – 3 ne se calcule pas de la même manière que 12 – 9. Ils continuent au CE1 à s'approprier ces deux grandes stratégies de calcul mental d'une soustraction : *en reculant* lorsque le nombre retiré est petit et *en avançant* lorsqu'il est grand.

Une progression en 3 périodes

Cette nouvelle édition est organisée en 3 périodes.

La 1re vise essentiellement à ce que les élèves s'approprient les stratégies de calcul mental de l'addition, de la soustraction, de l'addition répétée et du partage avec les 100 premiers nombres.

La 2e période est dédiée principalement à la découverte des 200 premiers nombres et au calcul mental et en colonnes avec ces nombres. En effet, aborder trop rapidement les 1 000 premiers nombres serait une source d'incompréhension importante. Il est facile d'apprendre que 140, par exemple, c'est 100 plus 40, parce que cela « s'entend » lorsqu'on dit ce nombre (cent quarante). En revanche, il est difficile d'apprendre que 140, c'est 14 groupes de dix ou 14 dizaines. Là encore, c'est la responsabilité de l'école de mettre l'accent sur cette propriété. En effet, comment comprendre le phénomène de la retenue lorsqu'on additionne 8 dizaines et 6 dizaines en colonnes, si l'on ne sait pas que 14 dizaines, c'est cent quarante ? Comment apprendre à calculer mentalement et en colonnes la multiplication 73 x 2 lorsqu'on ne sait pas que 2 fois 7 dizaines, c'est 140 ? Mieux vaut consacrer du temps à l'apprentissage des opérations jusqu'à 200 avant d'aborder de plus grands nombres (dans les cantons suisses francophones, seuls les 200 premiers nombres sont au programme du CE1).

Dans la 3e période, les stratégies mentales comme les techniques en colonnes sont étudiées à nouveau avec les 1 000 premiers nombres, après que les élèves ont appris que 450, c'est 45 dizaines. Ainsi, les élèves rencontrent dans cette période les mêmes séquences pédagogiques que celles qu'ils ont rencontrées dans la période précédente, mais avec des nombres plus grands. Cette rencontre répétée avec des séquences de même structure facilite la compréhension des élèves les plus fragiles. De même qu'ils ont appris à calculer 31 x 5 en utilisant le fait que « 5 fois 3 dizaines, c'est 150 », ils apprennent à calculer 91 x 5 en utilisant le fait que « 5 fois 9 dizaines, c'est 450 ».

Ainsi, avec **le calcul mental**, une bonne compréhension de **la numération décimale** est l'autre clé de la réussite à ce niveau de la scolarité. La progression adoptée dans *J'apprends les maths CE1* fournit ces **deux clés** aux élèves.

Rémi Brissiaud

L'organisation en 3 périodes

Périodes	Arithmétique	Géométrie et mesure	Pages
rouge 1	**Les 100 premiers nombres** calcul réfléchi de l'addition et de la soustraction ; groupe de 2, 3, 5 et 10 ; partage en 2 ($n \leq 20$) ; double de n ($n \leq 50$)	Tracés ; alignement ; mesure de longueurs (le cm)	8 à 59
jaune 2	**Les 200 premiers nombres** addition et soustraction en colonnes ; multiplication mentale et en colonnes ; partage en 2 ($n \leq 100$)	Angles droits, triangles, rectangles et carrés ; mesure de longueurs (le m) ; lecture de l'heure	60 à 111
verte 3	**Les 1 000 premiers nombres** addition et soustraction en colonnes ; multiplication mentale et en colonnes ; partage en 2 et 5 ($n \leq 100$)	Reproduction sur quadrillage ; symétrie ; solides ; mesures de longueurs (le km) ; masses (le g ; le kg)	112 à 155
	ARP Atelier de Résolution de Problèmes		22 ; 32 ; 42 ; 52 ; 53 ; 62 ; 63 ; 71 ; 72 ; 79 ; 80 ; 90 ; 91 ; 102 ; 103 ; 113 ;114

La boîte de Picbille

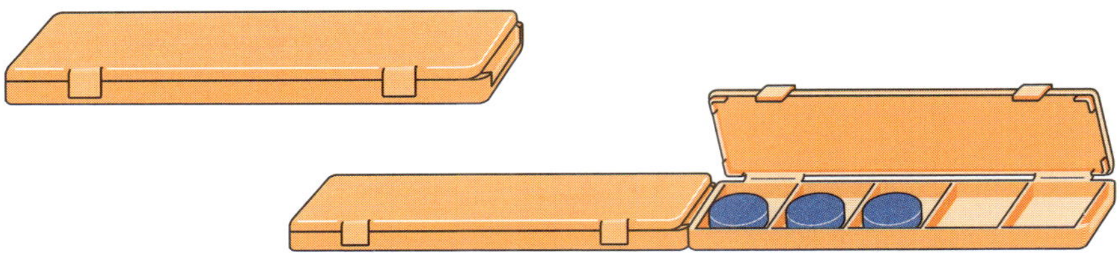

Matériel diffusé par Retz en petit nombre ou en valises de 10 boîtes de 10.

Chaque compartiment contient 5 jetons. Ces compartiments doivent être assemblés pour former une boîte de 10 jetons. **Il est préférable de les solidariser par un point de colle**.

Un code de couleurs pour savoir si une activité est un moment de :
– découverte
– d'appropriation
– d'entretien

Dans les activités de découverte (cadre de couleur forte), l'enseignant doit s'assurer de la compréhension de la situation et de la consigne. De plus, il doit organiser l'échange entre les élèves afin que ce qui est nouveau dans les savoirs ou savoir-faire utilisés émerge clairement.

Dans les activités d'entretien (cadre grisé), les élèves travaillent de manière beaucoup plus autonome.

Du point de vue de l'autonomie des élèves, les activités d'appropriation (cadre à la couleur légère) sont intermédiaires.

Exemple dans une page de 1re période

Cadre à la couleur forte : découverte d'une nouvelle notion ou d'un nouvel outil.

Cadre à la couleur légère : activité d'appropriation de ces nouveautés.

Cadre grisé : activité d'entretien des notions ou des outils introduits dans des pages antérieures.

Sommaire (voir aussi l'index thématique page 156)

Pages où sont introduites les notions* en : Numération Géométrie

1re période

2e période

* *Chaque séquence propose également des activités de réinvestissement des notions précédemment découvertes.*

Mesure   Résolution de problèmes

3e période

page

SÉQUENCE 1

Organisation et écriture littérale des nombres ≤ 10

1re période

Arithmétique : les 100 premiers nombres, calcul réfléchi de l'addition et de la soustraction, groupes de 2, 3, 5 et 10 ; partage en 2 ($n \leq 20$) ; double de n ($n \leq 50$).

Géométrie : tracés, alignements, mesure de longueurs (le cm).

Picbille range des jetons dans sa boîte. Dédé et Perrine dessinent le même nombre de points. Observe.

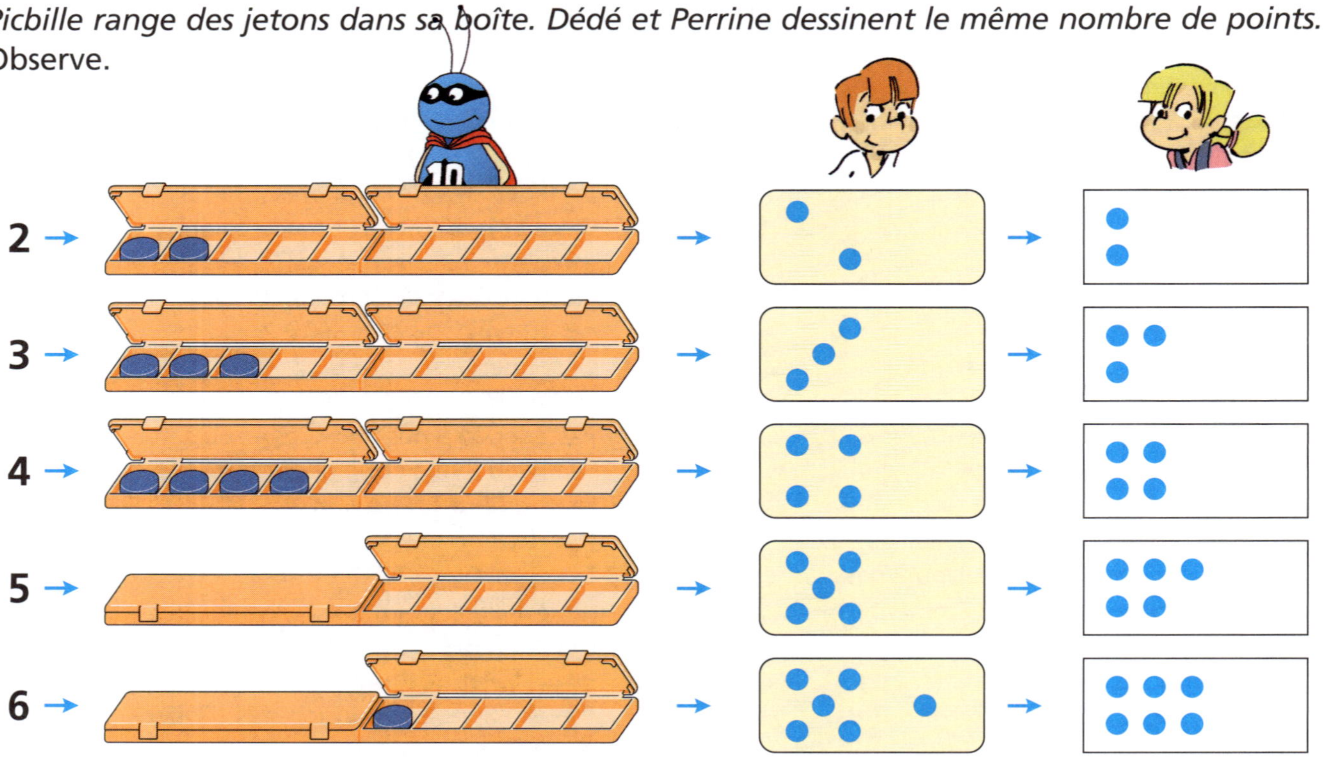

Dessine les jetons dans les boîtes et colle les couvercles*.
Puis dessine les points comme Dédé et Perrine.

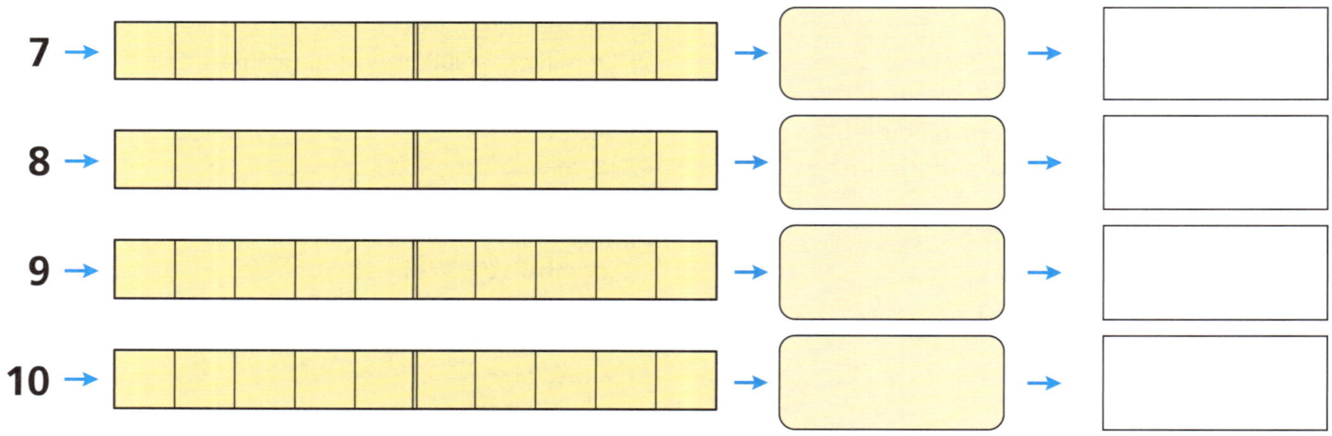

*Les couvercles se trouvent à la fin de ton fichier.

1

Lis les nombres de 1 à 10. *Où est écrit 4 ? 6 ? 9 ?* Complète.

un	deux	trois	quatre	cinq	six	sept	huit	neuf	dix

2 : deux .... 7 : .... 3 : .... 9 : ....

10 : .... 4 : .... 8 : .... 5 : ....

2

1 Deux modes de représentation des nombres qui privilégient le repère 5 : la « boîte de Picbille » et les nombres « comme Dédé », et un troisième qui privilégie l'organisation par paires : les nombres « comme Perrine ». Au CP, pour les élèves qui ont utilisé la version « Tchou » de *J'apprends les maths*, la boîte s'appelait « boîte de Tchou ».

2 La file des écritures littérales aide les élèves de la manière suivante : celui qui ne sait pas écrire 7 en lettres, par exemple, repère ce nombre dans la file, soit directement (c'est le 2e nombre après « cinq »), soit en comptant, et il accède ainsi à l'écriture « sept ».

La somme : *combien en tout ?*

Dictée → 10 (écriture littérale)

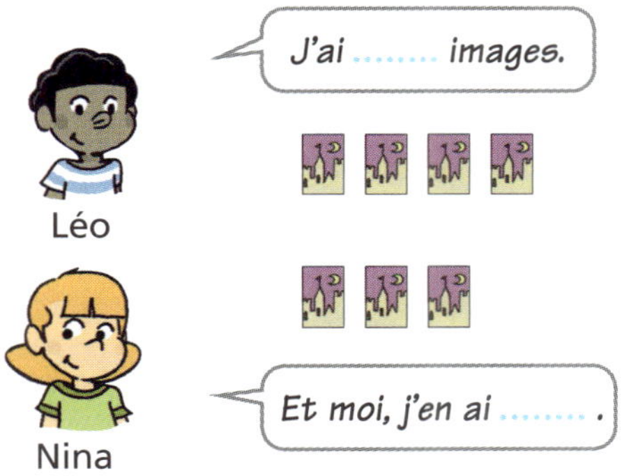

Entoure la somme.

Ensemble, ils ont .... images.

Il y a .... garçons.

Il y a .... filles.

En tout, il y a .... enfants.

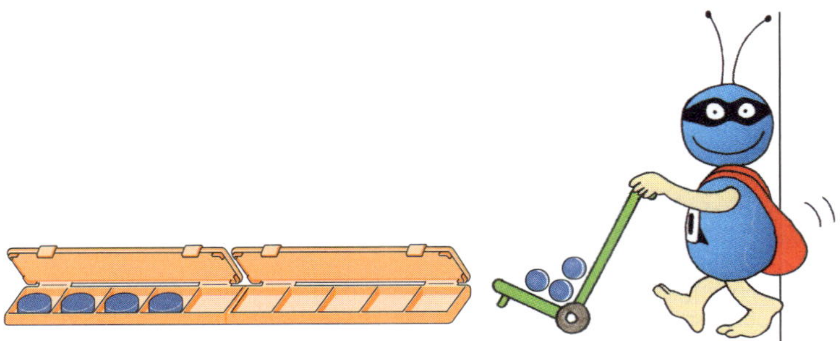

Picbille continue à remplir sa boîte.

Jusqu'où la boîte sera-t-elle remplie ?

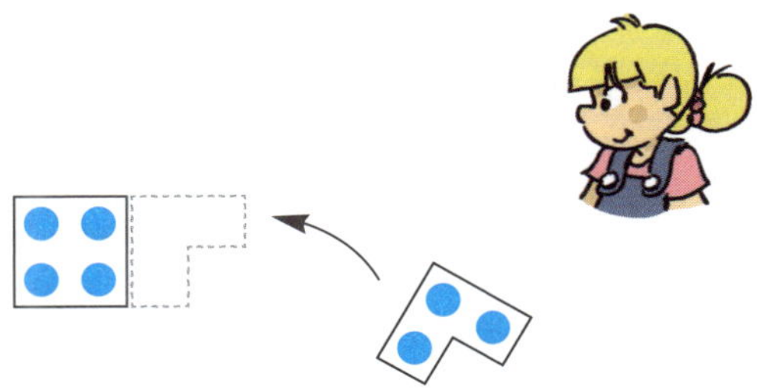

En tout, Perrine a .... points.

Complète.

4 + 3 = ...

Invente d'autres problèmes qui conduisent à cette addition. Tu peux penser à :

– des enfants et des bonbons ;
– des enfants et des CD ;
– une tirelire et des pièces de 1 euro ;
– une collection de timbres ;
– des vaches et des chevaux ;
– des pinces et des tournevis ;
– des perles rouges et des perles vertes ;
– des bonbons à la menthe et des bonbons à la fraise…

1

Calcule et écris les résultats en chiffres.

deux + cinq = ...	*six + trois = ...*	*cinq + cinq = ...*
trois + trois = ...	*deux + huit = ...*	*trois + quatre = ...*
deux + sept = ...	*trois + deux = ...*	*quatre + cinq = ...*
quatre + quatre = ...	*deux + deux = ...*	*un + sept = ...*

2

Dictée → 10 (écriture littérale) : l'enseignant demande aux élèves de masquer la page de gauche de leur fichier. Ceux qui ont des difficultés importantes avec l'écrit alphabétique peuvent cependant l'utiliser.

1 Il s'agit, dans le prolongement du CP, que les élèves aient le moins possible recours au comptage. L'usage de la boîte incite à calculer 4 + 3 comme (4 + 1) + 2 et celui des nombres « comme Perrine » à calculer sous la forme (4 + 2) + 1. Des contextes sont suggérés afin de faciliter l'invention de problèmes.

2 L'usage des écritures littérales permet ici un entraînement à la lecture. Son rôle pédagogique est plus crucial ensuite (*cf.* note 1 de la séquence 25).

SÉQUENCE 3

Tracer à la règle

Additions mentales (somme ≤ 10)

Observe.

Sur cette feuille, on a dessiné 2 points.

On a donné un nom à ces 2 points : A et B.

On a joint ces 2 points sans utiliser la règle.
On obtient : « le trait AB ».

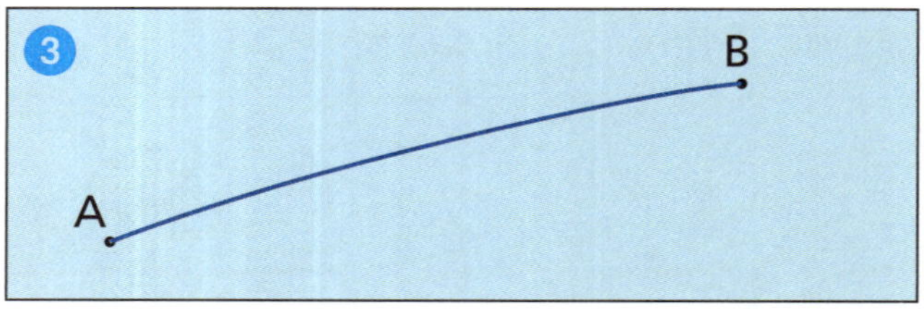

Le trait AB n'est pas droit !
Quand on pose la règle sur les extrémités…

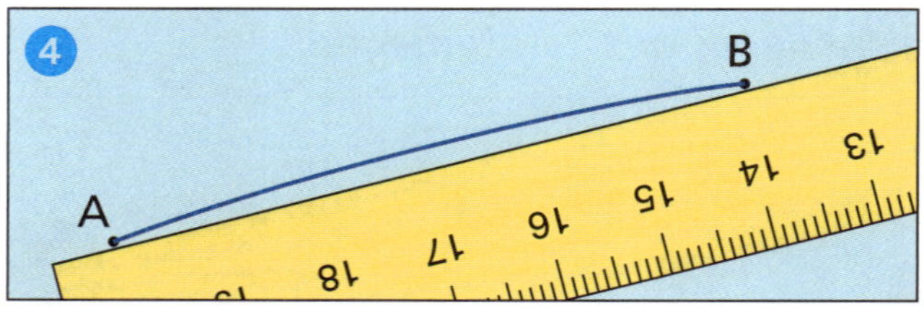

1

Géom a tracé les traits AB, BC, CD, DE et EA.
Vérifie qu'ils sont tous droits.

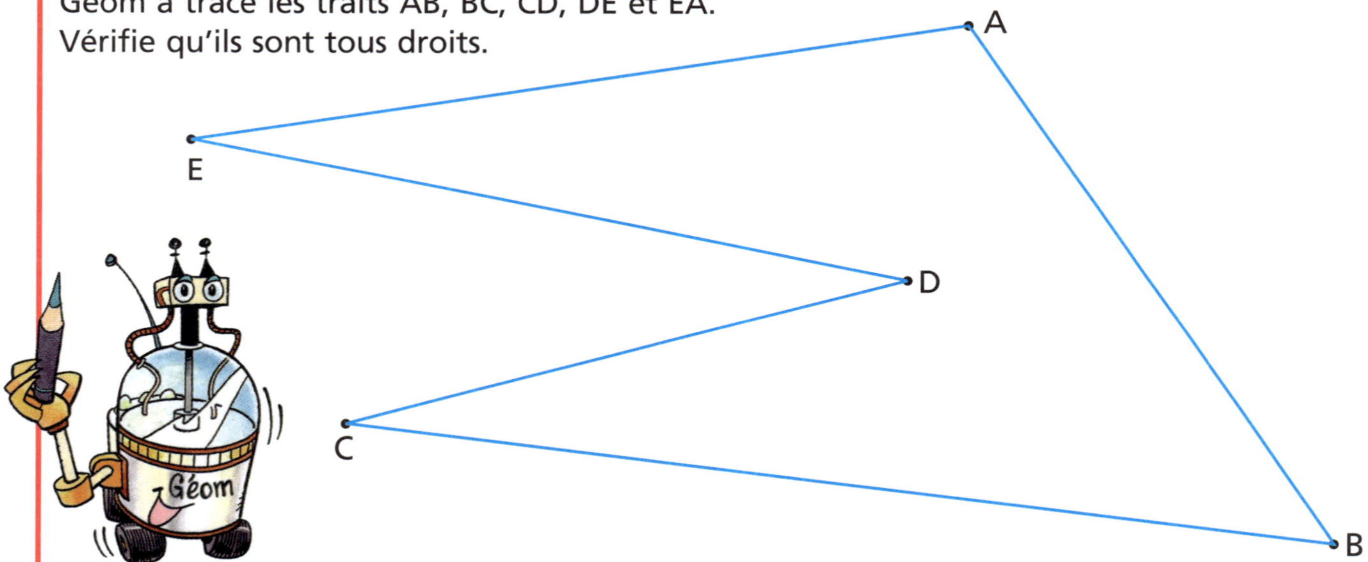

2

Calcule et écris les résultats en chiffres.

un	deux	trois	quatre	cinq	six	sept	huit	neuf	dix

deux + quatre = ... *quatre + trois =* .... *six + trois =* ....

cinq + cinq = ... *sept + deux =* .... *deux + six =* ....

un + neuf = ... *quatre + six =* .... *cinq + trois =* ....

5

Additions mentales : de la forme 6 + 3, 2 + 6, 4 + 3, etc. (résultat ≤ 10). L'enseignant peut animer une situation d'anticipation sur le modèle de celle qui est décrite dans la Présentation (p. 3) pour le passage de la dizaine. Pour 6 + 3, par exemple, il réalise l'ajout de manière masquée et les élèves sont invités à simuler mentalement cette action. Pour 2 + 6, il convient de calculer 6 + 2. C'est pourquoi l'enseignant ne réalise pas l'ajout mais il dit : « Je calcule 2 + 6. Imaginez ce que je mets dans la boîte. Imaginez ce que j'ajoute. Écrivez 2 + 6 = … ». Au moment de la validation, on commence par mettre les 6 jetons dans la boîte.

Couic-Couic a tracé les traits AB, BC, CD, DE et EA.
Il a fait 3 erreurs. *Lesquelles ?*

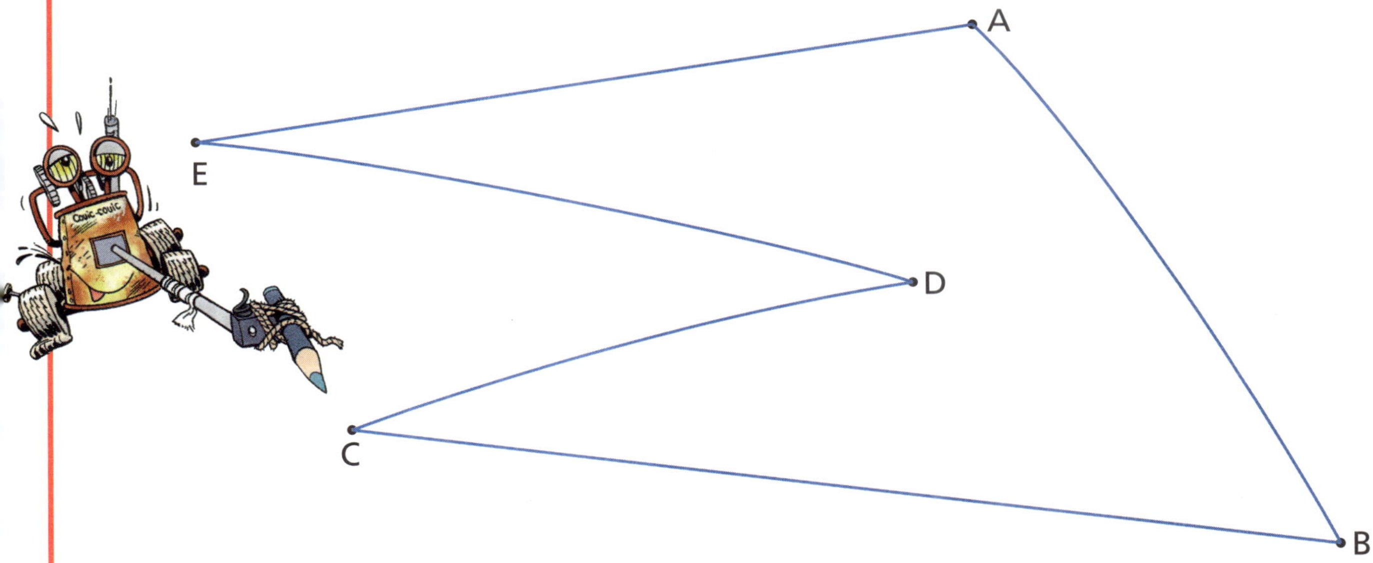

Les traits .... *ne sont pas droits.*

3

Trace les traits AB, BC, CD, DE et EA pour qu'ils soient droits.

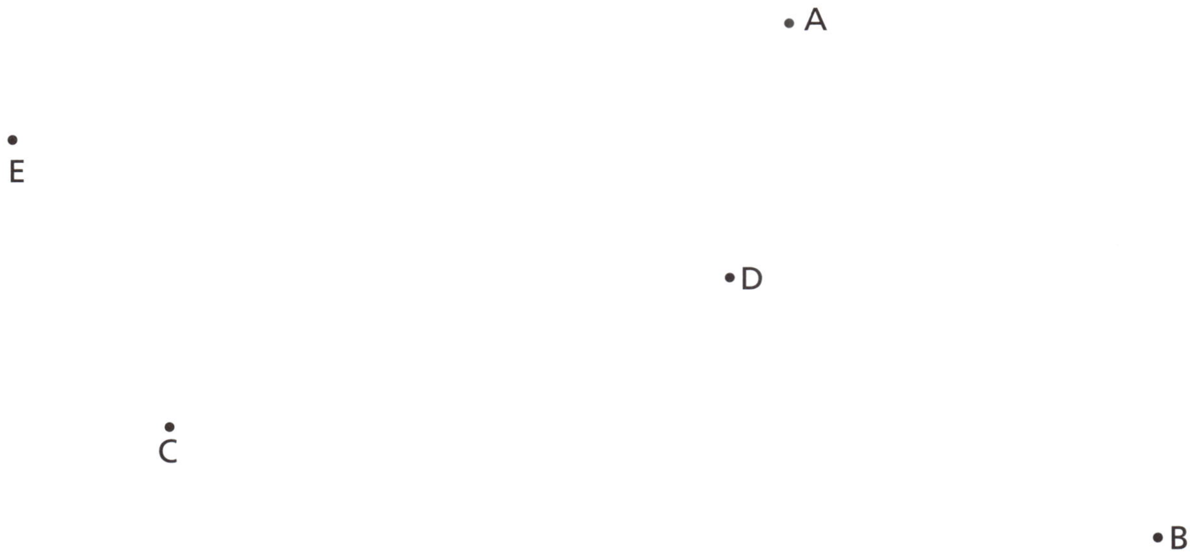

4

Dessine les jetons et colle les couvercles. Puis dessine les points comme Dédé et Perrine.

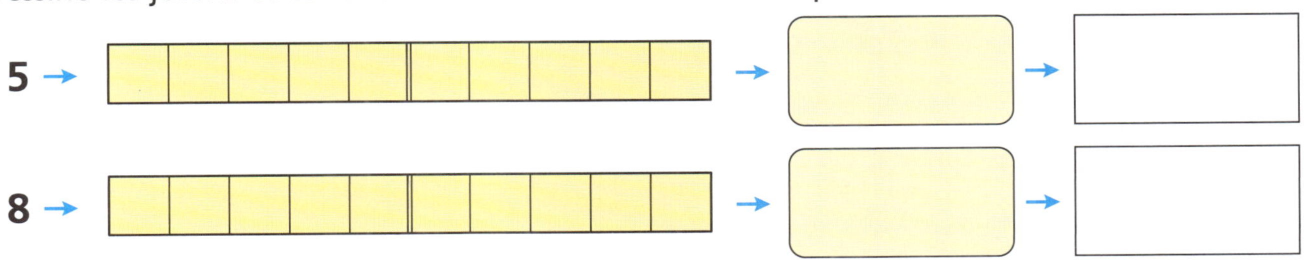

6

1 à 4 Après avoir appris à dénommer des points avec des lettres, on retrouve les deux personnages introduits au CP : Géom, un robot « high tech » qui réussit tous ses travaux géométriques, et Couic-Couic qui fait systématiquement des erreurs. Le commentaire collectif du travail de Géom permet de fixer le but du tracé à réaliser : ici relier 2 points par un trait « bien droit ». La description des erreurs de Couic-Couic permet de préciser les conditions de la réussite : bien ajuster la règle, bien suivre le bord avec le crayon et s'arrêter aux points.

SÉQUENCE 4

Organiser les nombres entre 5 et 10 pour les comparer

Cartons éclairs
Additions

Maxibille a plus de jetons que Minibille. *Combien de plus ?*
Vérifie ce que disent Maxibille et Minibille et termine le travail de l'écureuil.

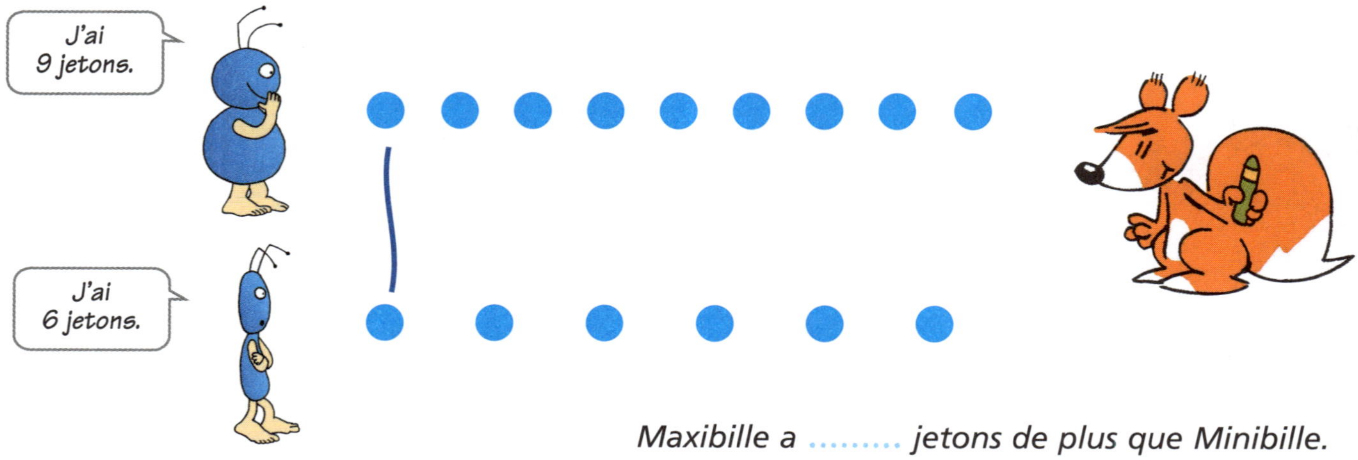

Maxibille a .... jetons de plus que Minibille.

Picbille imagine les jetons en laissant un espace après les cinq premiers et il relie dans sa tête ce qui est pareil. Complète.
Qui voit le mieux le résultat, l'écureuil ou Picbille ?

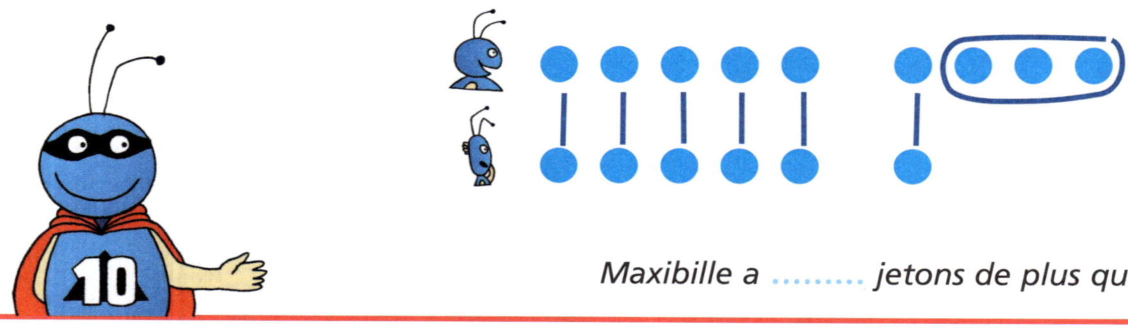

Maxibille a .... jetons de plus que Minibille.

1

Dessine les jetons de Maxibille et Minibille, relie ce qui est pareil et complète.

Maxibille a .... jetons de plus que Minibille.

Maxibille a .... jeton de plus que Minibille.

2

Quand deux activités sont proposées en début de séance, la 1re se déroule entièrement sur ardoise, la 2e débute sur ardoise et se termine par une interrogation sur le fichier.
Cartons éclairs : l'enseignant montre brièvement un nombre comme Dédé ou comme Perrine (matériel téléchargeable).
Additions : idem séquence 3. Pour des cas tels que 3 + 3 et 4 + 4 on peut aussi rappeler les nombres « comme Perrine ».

1 et 2 Dans la séquence 6, le signe « – » sera introduit dans une situation de comparaison, c'est-à-dire de recherche de ce qui est différent : si Maxibille a 9 jetons et Minibille 7 jetons, on relie « ce qui est pareil ». ▷

Tu vas apprendre à comparer deux nombres en imaginant ce qui est pareil et ce qui est différent.

3

Reproduis le drapeau donné en modèle.

Modèle — *Ton tracé*

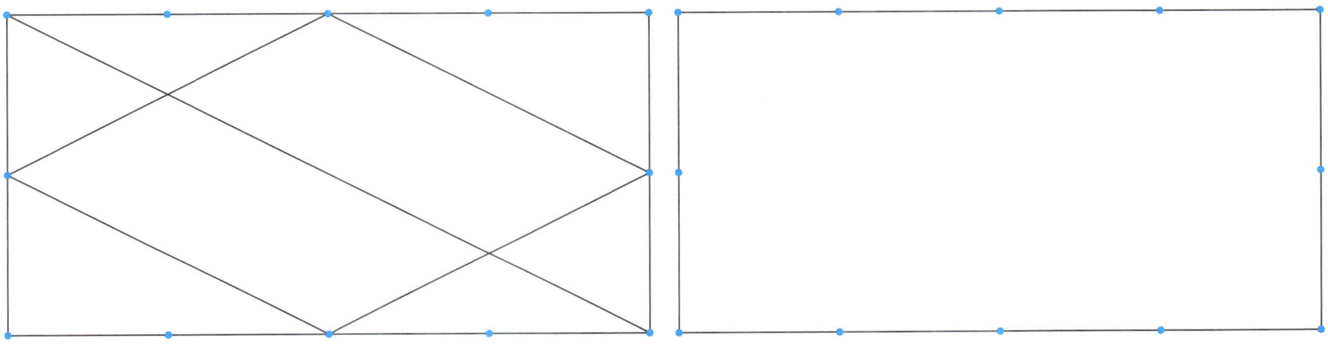

4

Calcule et écris les résultats en chiffres. Tu peux utiliser la liste de la page 10.

trois + quatre = ... *six + quatre =* .... *un + cinq =* ....

cinq + deux = ... *trois + six =* .... *quatre + six =* ....

sept + trois = ... *quatre + deux =* .... *deux + trois =* ....

5

Dessine les jetons et colle les couvercles. Puis dessine les points comme Dédé et Perrine.

6 → **9** → **7** →

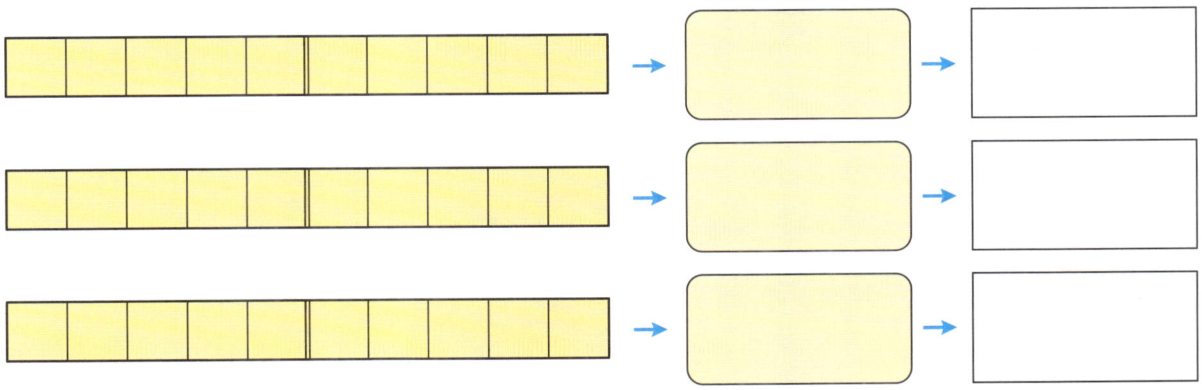

6

▷ 9 – 7 désigne « ce qui est différent » et qu'on appelle « la différence ». Cette introduction de la soustraction est préparée ici : les élèves prennent conscience que pour comparer deux collections par correspondance terme à terme, on a intérêt à les organiser en faisant apparaître le repère 5.

3 **Situation d'anticipation :** les cas envisagés sont simples : comparaison de 10 et *n* ou de *n* et 5. Le matériel figure dans le *Livre du maître*, il est également téléchargeable. Les cartons sont mis sous pochette plastique transparente, ce qui permet, au moment de la validation, d'effectuer réellement la correspondance terme à terme. La validation suit immédiatement la production d'une réponse.

SÉQUENCE 5

Les nombres entre 10 et 20

Comparaison mentale

La suite des nombres de 11 à 20 est écrite ci-dessous. Lis-les.

onze douze treize quatorze quinze seize dix-sept dix-huit dix-neuf vingt

Rappelle-toi comment Picbille et Perrine organisent leurs jetons après dix.
Colle les couvercles et complète.

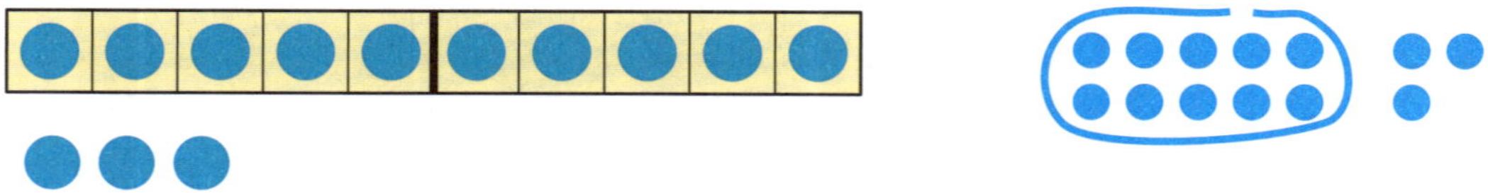

Vérifie que Picbille et Perrine ont le même nombre de jetons et écris ce nombre :

En chiffres : .... En lettres : ....

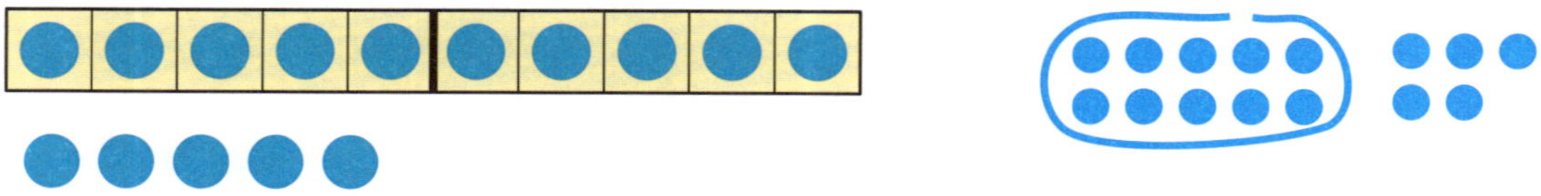

En chiffres : .... En lettres : ....

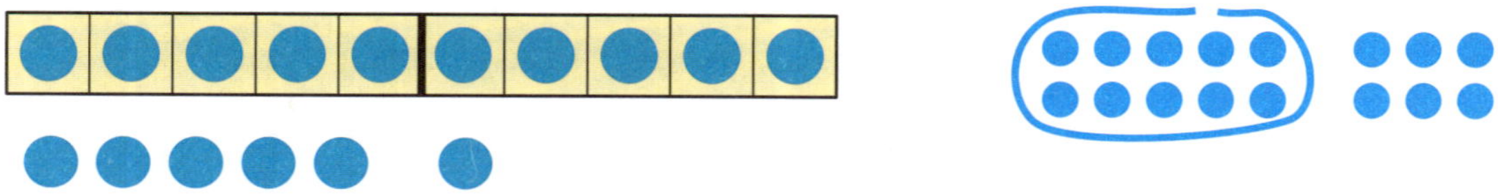

En chiffres : .... En lettres : ....

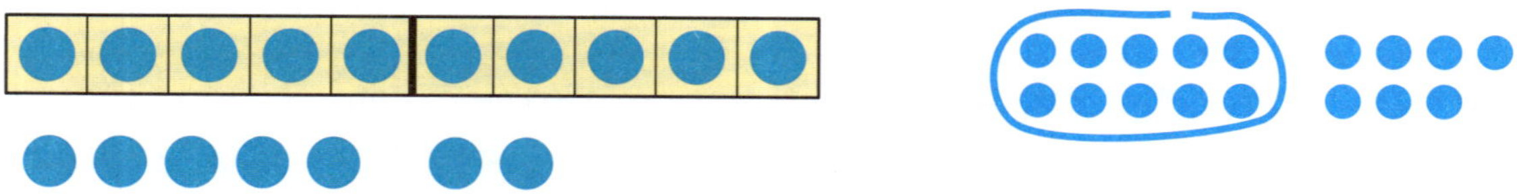

En chiffres : .... En lettres : ....

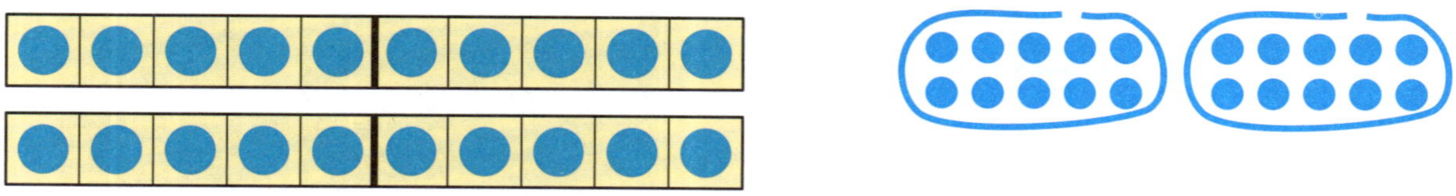

En chiffres : .... En lettres : ....

1

Comparaison mentale : l'enseignant anime la situation d'anticipation décrite dans le cadre 3 de la sq 4 (simuler mentalement la correspondance terme à terme de deux collections organisées).

1 et 2 Les élèves peuvent retrouver comment 13, par exemple, s'écrit en lettres en repérant ce nombre dans la suite des écritures littérales. Deux contextes de production d'une écriture chiffrée et littérale sont proposés : les nombres « comme Picbille » et ceux « comme Perrine ». Deux remarques doivent être faites : pour dessiner 7 points comme ▷

Complète. Dessine les boîtes et les jetons comme Picbille et les points comme Perrine.

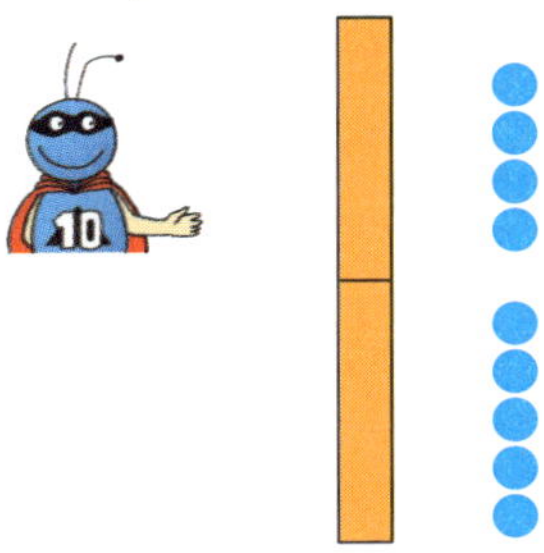

Il y a .... *jetons.* | *Il y a 18 jetons.* | *Il y a 18 points.*

2

Groupe les points par 10, dessine les dix et les points isolés.

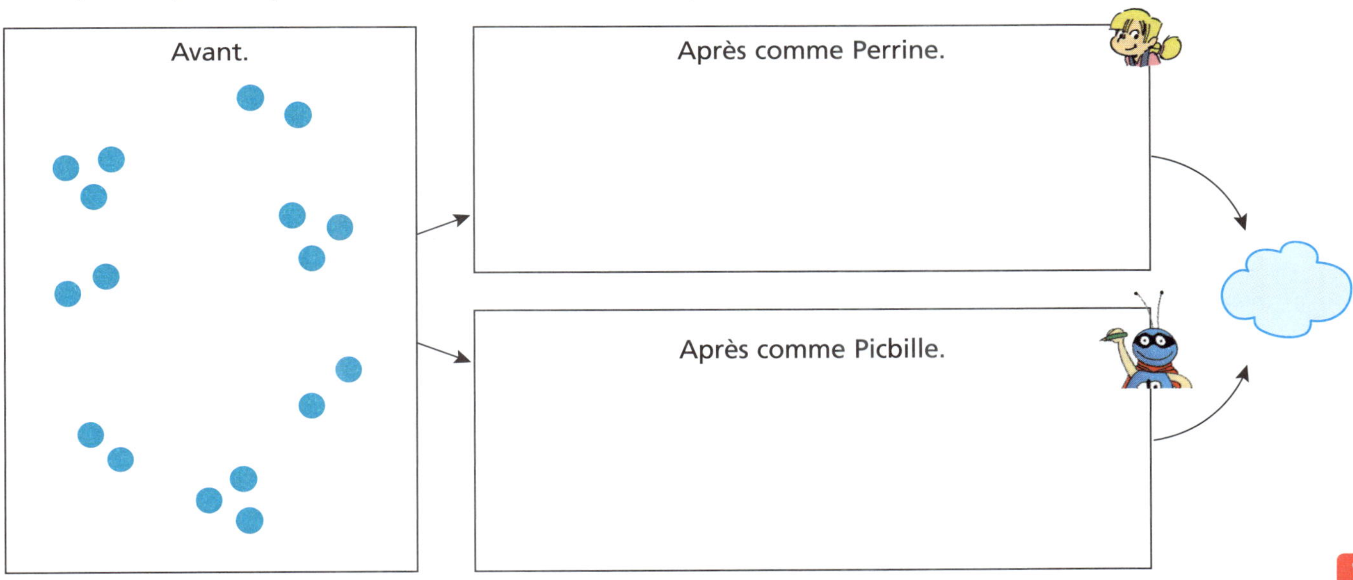

3

Imagine les nombres comme Picbille ou comme Perrine et complète.
Tu peux utiliser la liste de la page 14.

dix + trois = treize   *dix + un =* ....   *dix + quatre =* ....

dix + neuf = ...   *dix + huit =* ....   *dix + deux =* ....

4

Reproduis le drapeau donné en modèle.

Modèle | *Ton tracé*

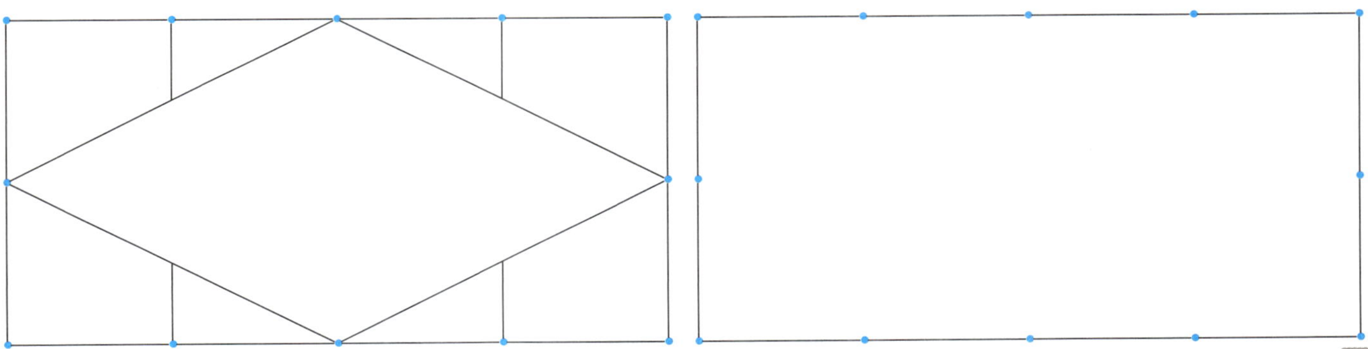

5

▷ Picbille, on dessine 5 points alignés, on laisse un espace blanc et on dessine les autres points, et quand Perrine a dessiné 10 points, elle les entoure. On n'hésite pas à rappeler que 13 s'écrit avec les chiffres « 1 » et « 3 » parce que c'est « 1 groupe de dix » et « 3 unités isolées ».

3 Dans cette activité, les points qu'il convient de grouper par 10 sont déjà organisés en groupes de 2 ou 3 : il s'agit de permettre aux élèves de les dénombrer sans compter 1 à 1, sous la forme : « 2 plus 3, 5 ; plus 3, 8 ; plus 2, un groupe de 10 ».

SÉQUENCE 6

Introduction du signe « – » et du mot « différence »

Cartons éclairs
Dictée en chiffres

Le résultat d'une soustraction s'appelle la **différence**.
C'est ce qu'on voit quand on a caché ce qui est pareil.

Exemple : 9 – 6

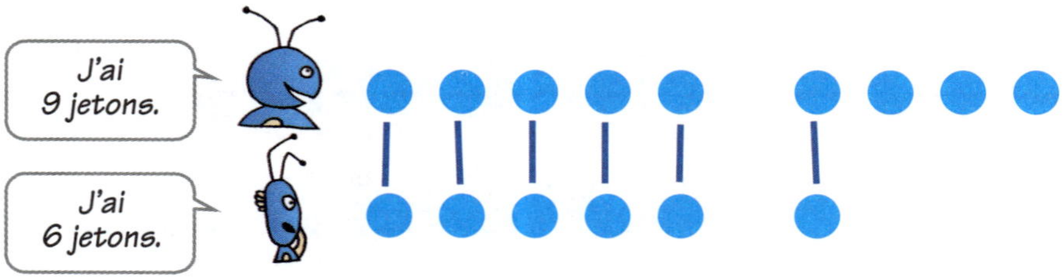

Cache avec la main ce qui est pareil. Regarde la **différence**. Complète l'égalité.

9 – 6 = ...

1

Dessine et calcule.

8 – 5 = ...

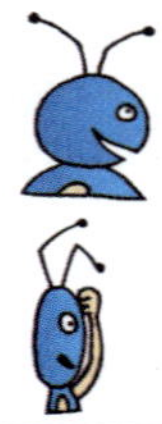

7 – 4 = ...

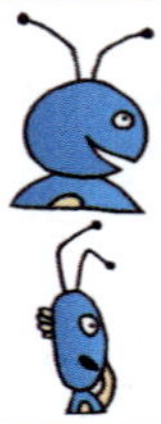

8 – 6 = ...

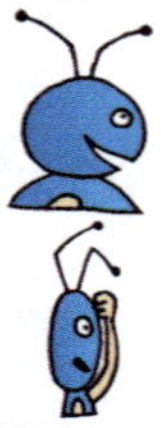

10 – 6 = ...

2

Calcule. Si tu n'es pas sûr(e), dessine les jetons sur ton ardoise.

9 – 8 = ...   6 – 5 = ...   10 – 8 = ...   7 – 5 = ...

3

Cartons éclairs ($11 \leq n \leq 20$) : un carton éclair de 14, par exemple, est formé en tenant dans une main un carton de 10 et dans l'autre un carton de 4 ; « *Combien y a-t-il de points en tout ?* » On utilise les configurations de Dédé et de Perrine.
Dictée en chiffres ($11 \leq n \leq 20$)

1 à **3** La différence est définie ainsi : c'est ce qu'on voit lorsqu'on a caché ce qui est pareil. Le fait de cacher avec la main les jetons qui peuvent être mis en correspondance aide les élèves à relier l'idée de différence à celle de retrait (ce lien sera précisé lors des séquences 14 et 17 du fait que la collection de jetons de Minibille ne sera plus dessinée).

Soustraction mentale

Dictée en chiffres

Dictée en lettres

Tu vas apprendre à comparer deux nombres en imaginant ce qui est pareil et ce qui est différent.

Maxibille a 9 jetons.
Minibille a 7 jetons.
Imaginez ce que je vois.

Je relie dans ma tête ce qui est pareil et je regarde la différence.

Écrivez la soustraction.

...... − ...... = ...

1

Groupe les points par 10, dessine les groupes de dix et les points isolés.

Avant.

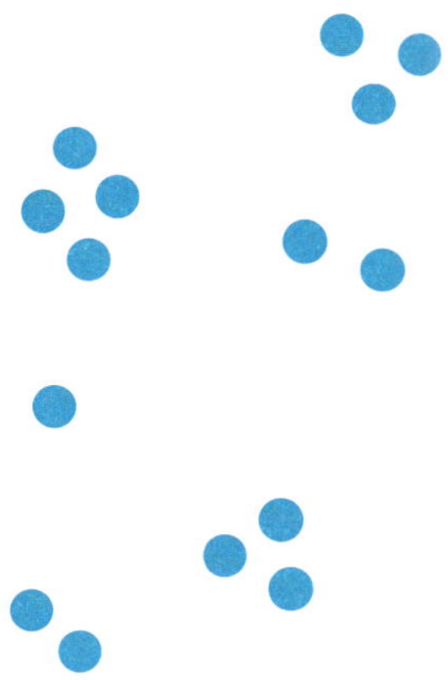

Après comme Perrine.

Après comme Picbille.

2

Reproduis le drapeau donné en modèle.

Modèle

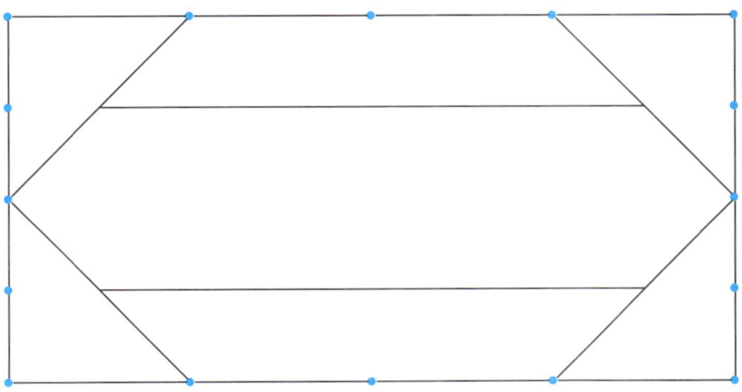

Ton tracé

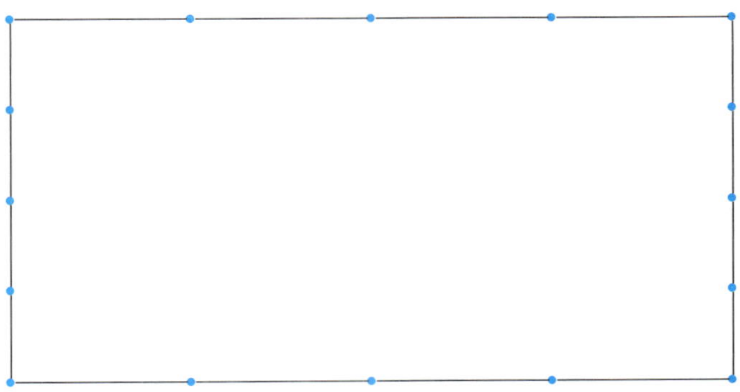

3

Dictée en chiffres (11 ≤ n ≤ 20)
Dictée en lettres (11 ≤ n ≤ 20) : les élèves disposent du carton qui se trouve en fin de fichier et qui contient le lexique permettant d'écrire n'importe quel nombre ≤ 100.

1 **Situation d'anticipation :** l'activité est semblable à celle de la séquence 4 avec deux nouveautés. D'une part, les élèves doivent maintenant écrire la soustraction, et, d'autre part, les cas envisagés sont plus nombreux (cas du type 9 – 8, par ex.). La réponse se fait sur ardoise dans un premier temps, puis sur le fichier. Le matériel figure dans le *Livre du maître*, il est également téléchargeable. Dans les reprises de cette activité de haut de page, il est mélangé à celui de la sq. 4.

SÉQUENCE 8

Organiser 36 en 3 groupes de dix et 6 jetons isolés

Différence mentale avec soustraction

Cartons éclairs comme Dédé

1

Assemble les deux premières roues de ton compteur en carton*.

* Le compteur se trouve à la fin du fichier.

2

Observe et complète. Tu peux utiliser le carton des nombres écrits en lettres.

Combien de groupes de 10 et de jetons isolés ?	*Sur un compteur, ce nombre s'affiche*	*En lettres, ce nombre s'écrit…*
5 groupes de 10 et 9 jetons isolés		....

Picbille ajoute un jeton. Dessine et complète.

....

....

Il ajoute un autre jeton. Dessine et complète.

....

....

3

Continue à compléter la file de boîtes jusqu'au prochain nuage. *Quel nombre faut-il y écrire ?*

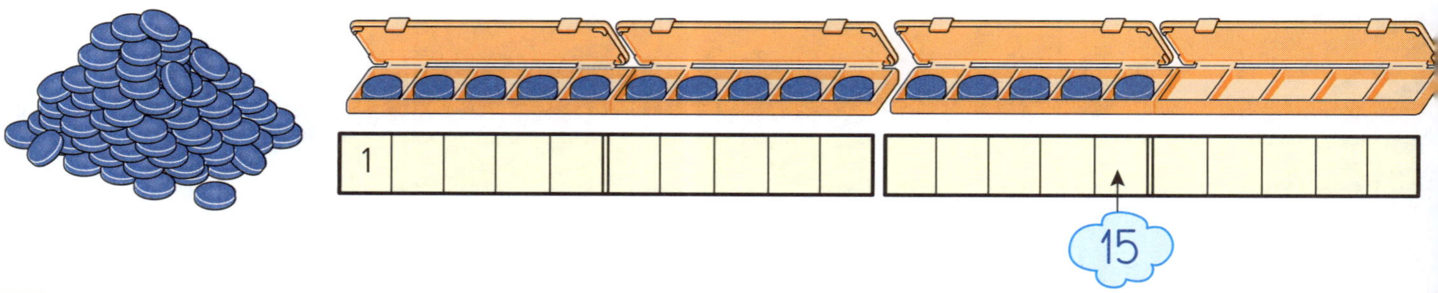

Différences mentales avec soustractions : l'enseignant anime la situation d'anticipation décrite dans le cadre 1 de la sq. 7.
Cartons éclairs comme Dédé : idem sq. 6. Ceux comme Dédé sont retenus afin de préparer la sq. 13 (calcul de 7 + 5 par ex.).

1 et 2 Compteur des nombres comme Picbille. On part de 17 jetons et les élèves affichent ce nombre sur leur compteur. À chaque fois qu'on ajoute un nouveau jeton, ils actualisent l'affichage du compteur. Quand un nouveau groupe de 10 est formé, l'enseignant prend une boîte vide qu'il remplit et les élèves tournent la roue des dizaines. Pour aller plus vite entre deux dizaines, on peut ajouter 5 jetons directement entre 3 et 8. L'activité 1 se déroule jusqu'à 58.

Le jeu de la planche

Cartons éclairs comme Dédé

Différence mentale avec soustraction

Jeu de la planche cachée (avec la *planche des nombres comme Picbille*, pp. 158-159).

J'ai appris: **46**, c'est **4 groupes de dix** et **6 unités isolées.**
On dit aussi : « C'est **4 dizaines** et **6 unités** ».

1

Groupe les points par 10, dessine les groupes de dix et les points isolés.

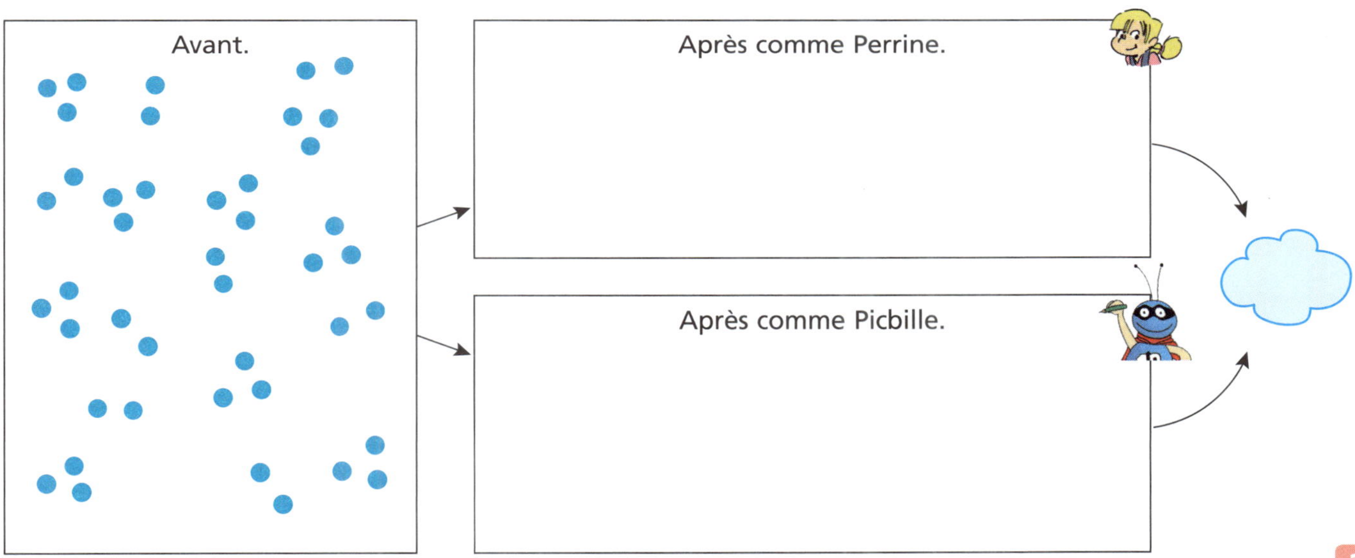

2

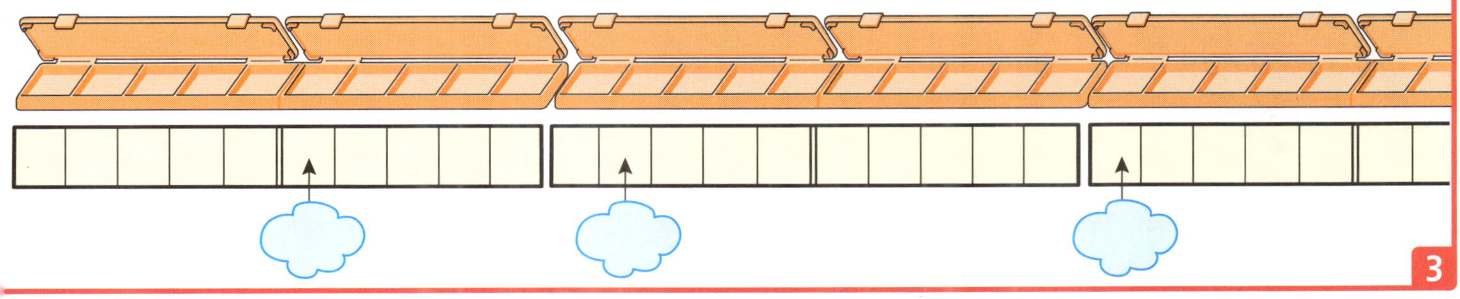

3

Cartons éclairs comme Dédé ($11 \leq n \leq 20$) : idem sq. 8.
Différences mentales avec soustractions : idem sq. 8.

1 Après une découverte de l'organisation de la planche, on procède aux interrogations. Le mot « dizaine » est commenté : c'est tout groupe de dix (10 jetons, 10 points, 10 gâteaux…).

2 Il est important de faire comparer ces représentations. Par ex. : *« Vous me dites qu'il y a 43 points là (comme Picbille) et là (comme Perrine), mais j'en vois moins là (comme Picbille) que là (comme Perrine). »*

3 La 15e case (ou encore la case numéro 15) est la dernière case lorsqu'on met 15 jetons dans la file de boîtes.

SÉQUENCE 10

Somme et différence

Compteur puis furet
Dictée ($11 \leq n \leq 69$)

Observe et complète.

Nina a .... images.

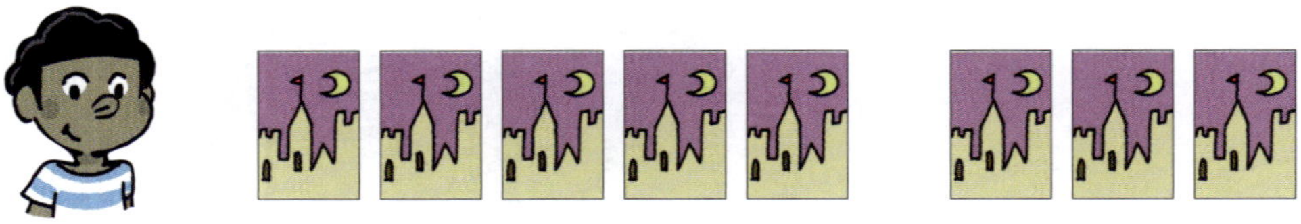

Léo a .... images.

Pour savoir combien Nina et Léo ont d'images en tout, on entoure **la somme**.

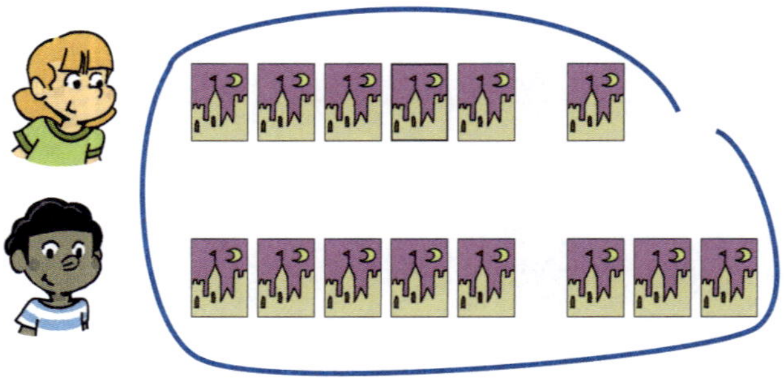

Pour connaître la **somme**, on fait une **addition** :

8 + 6 = ...

Ensemble, ils ont .... images.

Invente d'autres problèmes qui conduisent à cette addition.

Pour savoir combien Léo a d'images de plus que Nina, on relie ce qui est pareil et on entoure **ce qui est différent**.

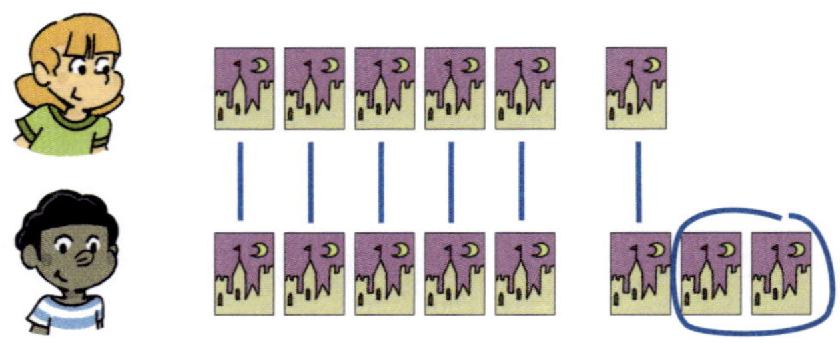

Pour connaître la **différence**, on peut **cacher** ce qui est pareil, on fait une **soustraction** :

8 – 6 = ...

Léo a .... images de plus que Nina.

Nina a .... images de moins que Léo.

Invente d'autres problèmes qui conduisent à cette soustraction.

J'ai appris :

Quand on écrit une soustraction en ligne, le grand nombre est toujours avant le signe –.

On peut écrire 9 – 5 = 4 mais pas ~~5 – 9~~ =

1

Barre quand c'est impossible. Calcule quand c'est possible.

8 – 9 = ...	3 + 6 = ...	9 – 8 = ...	2 + 7 = ...
7 – 5 = ...	10 – 7 = ...	6 + 3 = ...	5 – 7 = ...
1 + 9 = ...	9 – 6 = ...	6 – 7 = ...	8 – 7 = ...

4

Compteur puis furet : il s'agit d'un compteur « comme Perrine » à rebours. 63 points sont dessinés au tableau comme Perrine. Les élèves affichent ce nombre sur leur compteur. L'enseignant efface 1 point et les compteurs sont actualisés, etc. Là encore on gagne du temps en effaçant directement 4 points par exemple quand il y a 8 unités. Le jeu du furet, lui, se déroule entièrement à l'oral : l'effacement d'un point est remplacé par la consigne « 1 de moins » puis les élèves sont interrogés les uns après les autres à un rythme soutenu.
Dictée : les nombres sont écrits en chiffres.

Entoure la **somme** et complète.

Il y a ...... garçons.

Il y a ...... filles.

Complète l'addition et calcule.

...... + ... = ...

Il y a ...... enfants en tout.

Invente d'autres problèmes qui conduisent à cette addition.

Entoure la **différence** et complète.

Il y a ...... garçons.

Il y a ...... filles.

Complète la soustraction et calcule.

...... − ...... = ...

Il y a ....

de plus que ....

Invente d'autres problèmes qui conduisent à cette soustraction.

2

Entoure la somme et complète.

Des ciseaux

Un livre

Les ciseaux coûtent ...... euros.

Le livre coûte ...... euros.

Écris l'addition et calcule.

...... + ... = ...

Ensemble, ils coûtent ...... euros.

Invente d'autres problèmes qui conduisent à cette addition.

Entoure la différence et complète.

Des ciseaux

Un livre

Les ciseaux coûtent ...... euros.

Le livre coûte ...... euros.

Écris la soustraction et calcule.

...... − ...... = ...

.... coûtent ...... euros

de plus que ....

Invente d'autres problèmes qui conduisent à cette soustraction.

3

Reproduis la figure donnée en modèle.

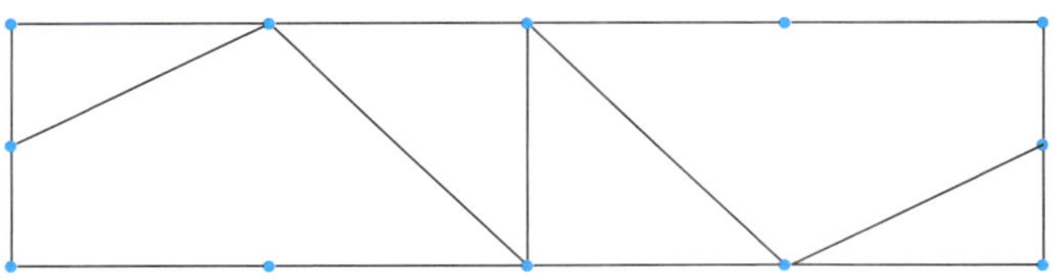

Ton tracé

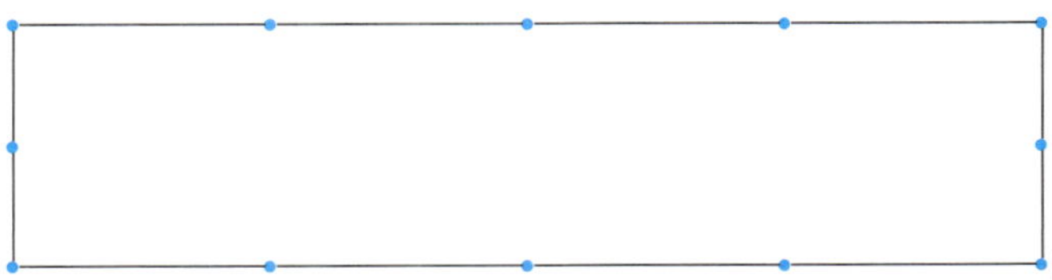

5

1 à **3** La notion de différence est étendue à d'autres contextes que Maxibille et Minibille. Elle est aussi comparée à la notion de somme. Inventer des problèmes dans des contextes du type garçons-filles est une tâche difficile du fait de la nécessité de disposer d'un mot (enfants) désignant les unités à un niveau plus général. Comme dans la sq. 2, l'enseignant fera des suggestions. Les problèmes utilisent tantôt « de plus que », tantôt « de moins que ».

4 Le fait de barrer les soustractions du type 8 – 9 ne permet pas seulement de s'approprier la règle d'écriture d'une soustraction, il prépare également à reconnaître le phénomène de la retenue dans une soustraction en colonnes.

SÉQUENCE 11

La monnaie : former une somme avec des billets et des pièces

Différences mentales (*et inventer des contextes*)

....

Chacune de ces personnes peut-elle acheter le livre ?
Réponds par oui ou non.

Monsieur Hopin a .... euros. ________

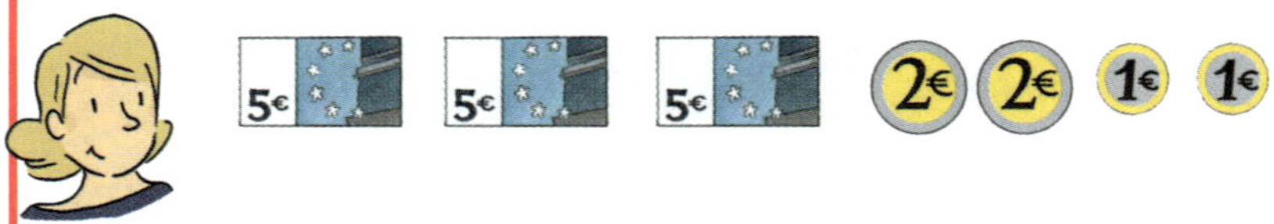

Madame Canesson a .... euros. ________

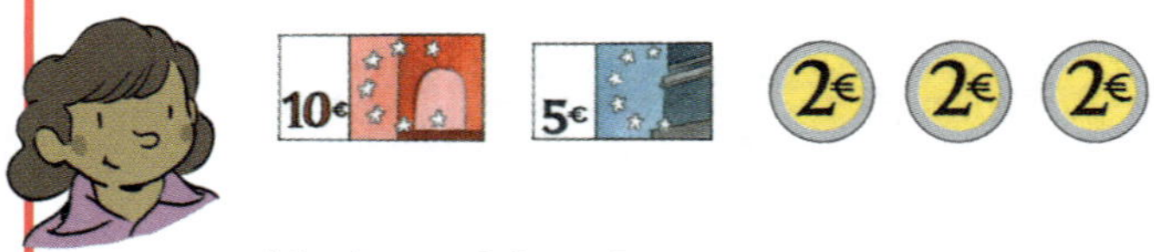

Madame Moreil a .... euros. ________

Monsieur Charlier a .... euros. ________

1

Dessine avec le moins de billets et de pièces possible.

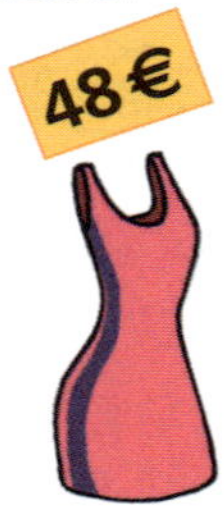

2

Barre quand c'est impossible. Calcule quand c'est possible.

5 + 4 = ...	6 − 9 = ...	4 + 2 = ...	9 − 7 = ...
7 − 8 = ...	2 + 6 = ...	8 − 7 = ...	5 − 6 = ...
9 − 9 = ...	6 + 4 = ...	7 + 3 = ...	2 + 5 = ...

3

Différences mentales (*et inventer des contextes*) : l'enseignant anime l'activité décrite dans le cadre 1 de la sq. 7 (simulation mentale de la correspondance terme à terme avec les cartons de Maxibille et Minibille puis écriture de la soustraction). De plus, en fin d'activité, une ou deux soustractions sont écrites au tableau et il faut inventer d'autres problèmes qui conduisent à la même soustraction.

1 et 2 Une même somme peut être réalisée de différentes façons, dont certaines utilisent moins de billets et pièces que d'autres. Avant l'activité 2, on peut utiliser la planche en fin de fichier pour réaliser avec le moins de billets et de pièces possible diverses sommes données.

Calcul réfléchi de l'addition : $n + 5$ et doubles

Furet

Dictée

L'écureuil compte 7 + 5

Vérifie et complète : 7 + 5 = ...

Dédé calcule 7 + 5

7 + 5 = ...

L'écureuil compte 8 + 8

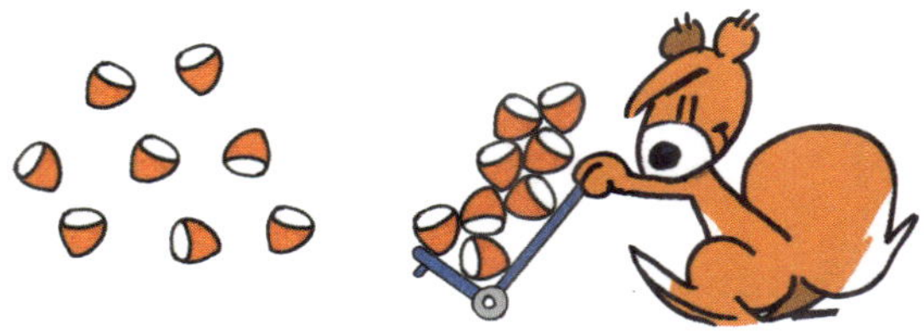

Vérifie et complète : 8 + 8 = ...

Dédé calcule 8 + 8

8 + 8 = ...

1

Tu vas apprendre à calculer des additions sans dessiner.
Par exemple : 8 + 5

a

b

8 + 5 = ...

Imagine ce que voit la maîtresse et complète l'égalité. Si tu n'es pas sûr(e), dessine.

5 + 9 = ...	9 + 9 = ...	7 + 7 = ...	5 + 8 = ...
6 + 6 = ...	6 + 5 = ...	5 + 3 = ...	7 + 5 = ...

2

Écris la table des doubles de 1 + 1 à 9 + 9.

1 + 1 = ... 2 + 2 = ...

....

3

Furet ($1 \leq n \leq 69$) : il s'agit d'un furet à rebours. L'enseignant dit un nombre (62, par ex.), puis « 1 de moins » en interrogeant un élève, « 1 de moins » en interrogeant un autre élève.
Dictée : en chiffres et entre 11 et 69.

1 Comparaison du comptage et du calcul dans les cas où l'un des nombres est 5 et dans celui des doubles. La stratégie utilisée est un « retour aux cinq ». Par ex. : 7 + 7 est calculé comme 5 + 5 + 2 + 2.

2 **Situation d'anticipation** : pour animer ce scénario, il faut 2 séries de cartons de 5 à 9 points. Tous les calculs que les élèves devront refaire seuls sur leur fichier peuvent être proposés (réponse sur ardoise).

SÉQUENCE 13

Compléments à n ($n \leq 10$)

Différences mentales (*et inventer des contextes*)

....

Complète.

Imagine la boîte et complète.

7 + ... = 10 9 + ... = 10

6 + ... = 10 4 + ... = 10

Complète.

Imagine la boîte et complète.

6 + ... = 8 5 + ... = 6

1 + ... = 4 6 + ... = 9

1

On a dessiné les billets et les pièces qui permettent d'acheter un compas et une trousse.

Un compas

Une trousse

Le compas coûte .... €.

La trousse coûte .... €.

Entoure **la somme**, écris l'opération et rédige une phrase de réponse.

....

....

....

Un compas

Une trousse

Le compas coûte .... €.

La trousse coûte .... €.

Entoure **la différence**, écris l'opération et rédige une phrase de réponse.

....

....

....

2

Imagine les boîtes au-dessus de la file numérique et écris. (Tu peux utiliser ton carton des nombre

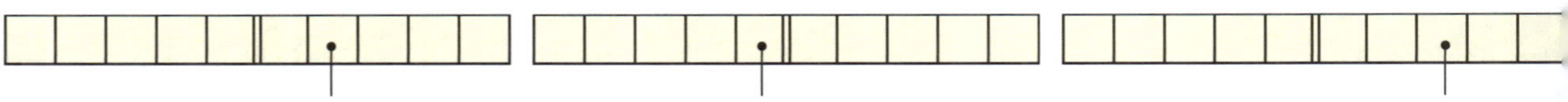

...sept... ....

Différences mentales (*et inventer des contextes*) : idem sq. 11.

1 Situation d'anticipation : dans le cas du complément à 10 (partie gauche), toutes les valeurs numériques conviennent (complément de 3, de 7…). Pour chaque cas, la vérification se fait en basculant la boîte de sorte que les élèves en voient le contenu (*cf.* Présentation p. 3). Dans le cas du complément à un nombre *n*, on évitera les cas du type 1 + … = 9 (grande différence) qui seront étudiés sq. 18. De plus, l'ajout n'est réalisé qu'au moment de la vérification.

2 Pour aider les élèves dans la rédaction des réponses écrites, on les invite à se reporter à l'activité similaire de la séquence 10 (cadre 3).

Calcul réfléchi de la soustraction : retirer un grand nombre

SÉQUENCE **14**

Compléments à 10
Additions mentales
(7 + 5; 7 + 7)

1

Minibille est parti en vacances.
On ne voit plus ses jetons.

Observe comment Picbille calcule la différence.
Fais comme lui et complète l'égalité.

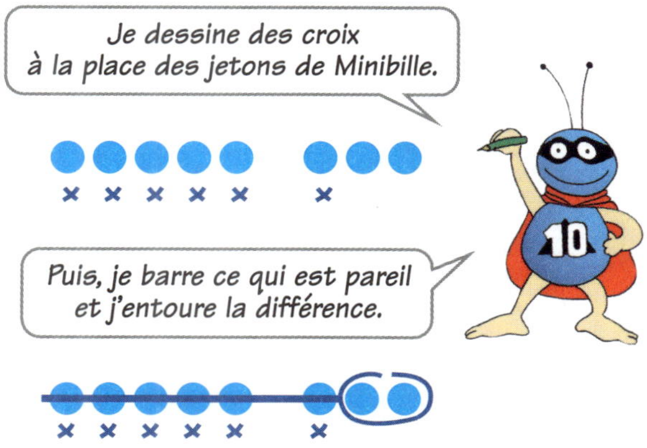

8 – 6 = ...

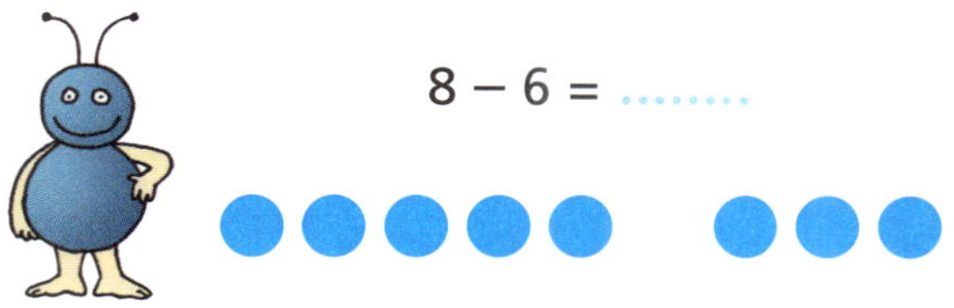

Fais comme Picbille : dessine les croix, barre ce qui est pareil et entoure.

7 – 4 = ...

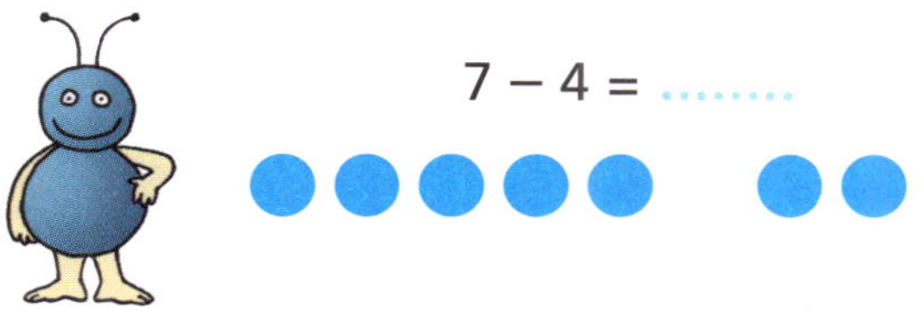

9 – 7 = ...

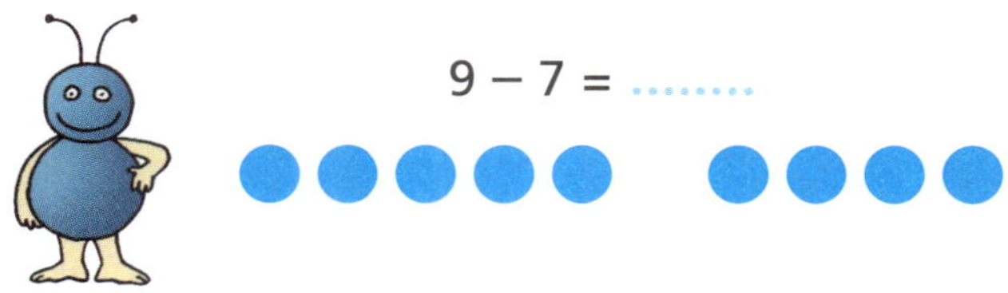

2

Tu vas apprendre à calculer ces soustractions sans dessiner.

a

b

Imagine que la maîtresse cache les points au début et calcule.

8 – 7 = ... 10 – 8 = ... 7 – 6 = ... 6 – 5 = ...

3

écrits en lettres.)

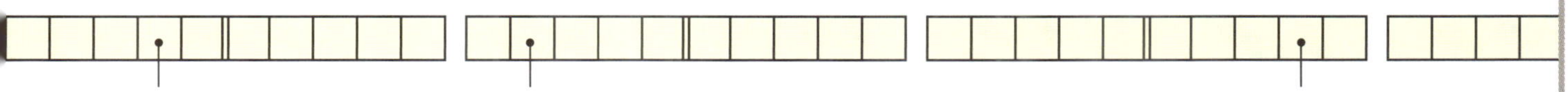

Compléments à 10 : l'enseignant anime la situation d'anticipation de la sq. 13.
Additions mentales (7 + 5; 7 + 7) : situation d'anticipation de la sq. 12. Pour les doubles, on dit parfois : «2 fois...»

1 Il est plus facile de prendre conscience que la différence s'obtient en retranchant ce qui est pareil lorsqu'une seule collection est dessinée. Un artifice pédagogique est utilisé pour se ramener à cette situation : Minibille est en vacances.

2 **Situation d'anticipation :** la vérification se fait après chaque problème en basculant le carton et en «rejouant» le masquage de manière visible (voir les conseils sur la façon de tenir le carton dans le *Livre du maître* ou la Présentation du fichier de CP).

SÉQUENCE 15

Groupes de 2, 3, 5 et 10. *Combien en tout ?*

Soustractions mentales
(8 – 6)
Additions mentales
(7 + 5; 7 + 7)

Dessine 4 groupes de 2 points.

Il y a .... points en tout.

Dessine 5 fois 3 points.

Il y a .... points en tout.

Observe le tableau. *Dans quelle case y a-t-il 5 groupes de 2 points ?*
Et 4 fois 3 points ? …

	groupes de 2	groupes de 3	groupes de 5	groupes de 10 ou dizaines
1 groupe ou *1 fois…*	A	F	K	P
2 groupes ou *2 fois…*	B	G	L	Q
3 groupes ou *3 fois…*	C	H	M	R
4 groupes ou *4 fois…*	D	I	N	S
5 groupes ou *5 fois…*	E	J	O	T

1

Soustractions mentales (*8 – 6*) : l'enseignant anime la situation d'anticipation de la sq. 14.
Additions mentales (*7+5; 7+7*) : l'enseignant anime la situation d'anticipation de la sq. 12.

1 et 2 Le signe x ne sera introduit que dans la sq. 67, lorsque les élèves seront prêts à comprendre la commutativité de cette opération. Mais l'une des idées-forces de *J'apprends les maths* est de travailler en amont les actions d'ajouts répétés et le langage nécessaires à cette compréhension. D'où cette activité où l'enseignant dit tantôt *3 groupes de 2*, tantôt *3 fois 2* et utilise parfois le mot *dizaine* plutôt que *groupe de dix*. La signification du mot *fois* est explicitée : « 4 fois 2, c'est 1 fois, 2 fois, 3 fois, 4 fois 2 », en pointant ▷

Combien y a-t-il de points en tout ?

Complète les nuages de la première colonne (groupes de 2). *Que remarques-tu ?*
Fais de même avec les groupes de 3, 5 et 10.

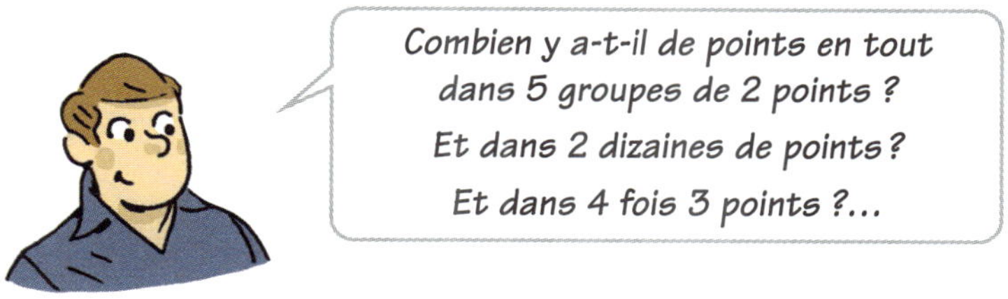

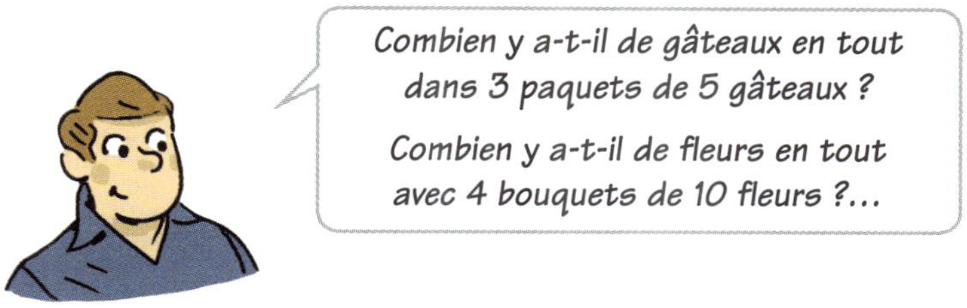

Lis et complète.

4 sacs de 5 billes, c'est .... *billes en tout.*

4 étuis de 2 feutres, c'est ....

2 carnets de 10 timbres, c'est ....

5 équipes de 2 enfants, c'est ....

2 paquets de 3 gâteaux, c'est ....

5 boîtes de 10 craies, c'est ....

2

Calcule et écris les résultats en chiffres.

quatre + dix = ...	*sept + sept =*	*trois + six =* ....
six + six = ...	*huit + cinq =*	*neuf + cinq =* ....
sept + trois = ...	*dix + six =*	*neuf + neuf =* ....

3

Reproduis la figure donnée en modèle.

Ton tracé

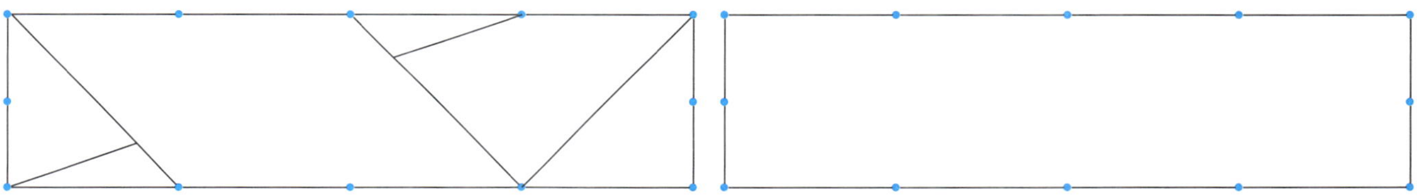

4

▷ les groupes correspondants. Le tableau existe sous forme cartonnée en fin de fichier. Dans cette sq., tous les nuages sont remplis. Lorsqu'il sera utilisé dans les sq. suivantes (activité de haut de page), il sera mis sous plastique avant de remplir les nuages. On incitera les élèves à effacer le contenu des nuages lorsqu'ils le connaissent. C'est seulement avec l'apprentissage de la multiplication qu'une mémorisation exhaustive sera possible. La notion de « groupe » a été introduite au CP : les paquets de gâteaux, les équipes d'enfants… sont des cas particuliers de groupes. Pour résoudre des problèmes dans ces différents contextes, les élèves sont invités à imaginer que les points sont des gâteaux, des enfants…

SÉQUENCE 16

Pièces de 2 € et billets de 5 et 10 €

Groupes de 2, 3…
Additions mentales
(7 + 5 ; 7 + 7)

Complète.

4 groupes de 2 euros, c'est .... € en tout.

4 pièces de 2 euros, c'est .... € en tout.

3 fois 5 euros, c'est .... € en tout.

3 billets de 5 euros, c'est .... € en tout.

Prends ton carton avec des groupes de 2, 3, 5 et 10 points.

Combien a-t-on d'euros en tout avec 3 pièces de 2 € ?
Et avec 5 billets de 10 € ?

1

Le nombre Mystérieux

4 + 6 = ...	3 + 4 = ...	4 + 4 = ...
9 − 6 = ...	10 − 6 = ...	10 − 5 = ...
5 + 7 = ...	10 − 8 = ...	2 + 4 = ...

2 3 4 5 6

7 8 9 10 12

RÈGLE DU JEU :
Si tu calcules bien ces opérations, tu retrouveras tous les nombres inscrits dans les cercles, **sauf un.** C'est **le nombre mystérieux.**

Le nombre mystérieux :

2

Groupe les points par 10, dessine les groupes de dix et les points isolés.

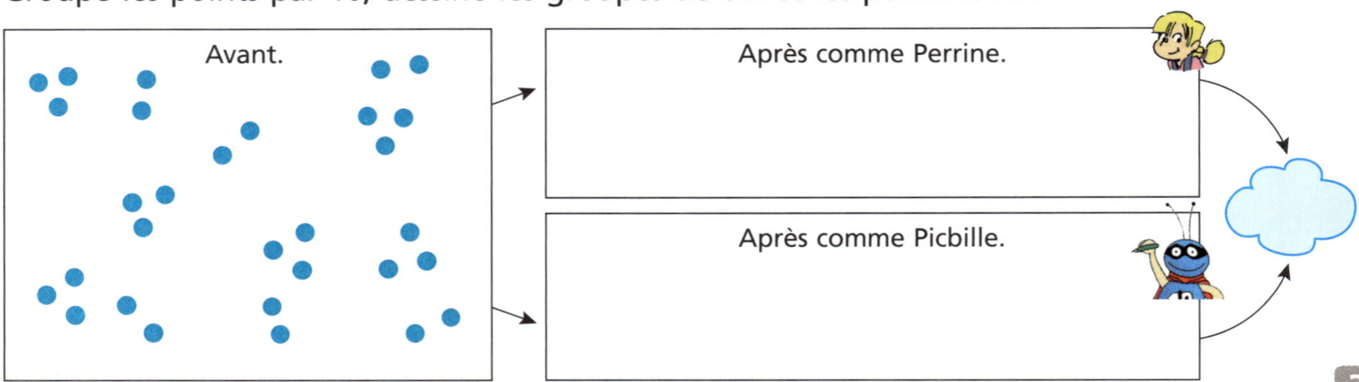

3

Groupes de 2, 3… : les élèves disposent du carton de la fin de leur fichier. On interroge d'abord sur des groupes de points (tantôt : *a groupes de b ?*, tantôt : *a fois b points ?*), puis sur des groupes variés.
Additions mentales (7+5 ; 7+7) : les doubles sont parfois énoncés *2 fois 7 ?*

1 L'usage de la pièce de 1 € permet de faire le lien entre : a) le nombre d'unités dans 4 groupes de 2 unités, et b) la valeur de 4 pièces de 2 €. Cela permet d'étendre l'usage du carton des groupes de 2, 3, 5… au cas des pièces et billets. Interrogation d'abord sur l'ardoise, puis sur le fichier.

2 Jeu qui permet de présenter les calculs sous une forme ludique et autocorrective.

Calcul réfléchi de la soustraction : retirer un petit nombre

Soustractions mentales
(*8 – 6*)
Additions mentales
(*7 + 5; 7 + 7*)

Minibille est encore en vacances.

L'écureuil compte 9 – 2

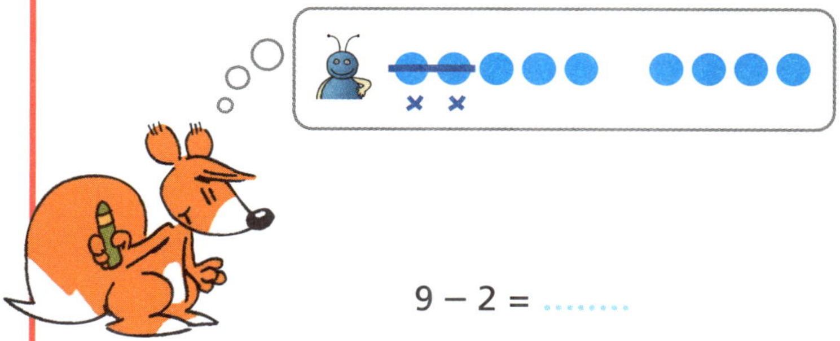

9 – 2 = ...

Picbille calcule 9 – 2

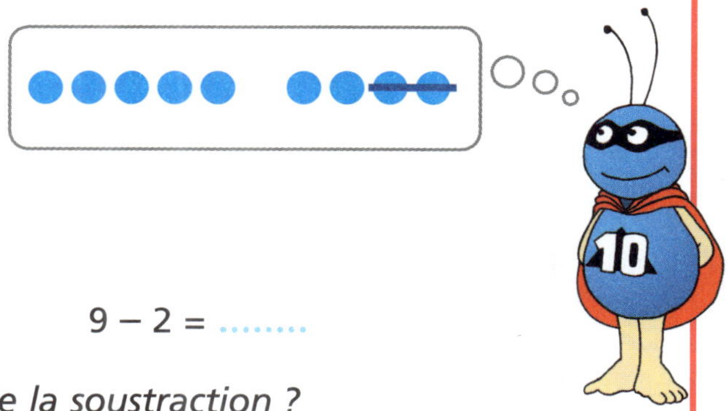

9 – 2 = ...

Qui voit le mieux le résultat de la soustraction ?

Calcule en barrant à la fin comme Picbille.

7 – 1 = ...

8 – 1 = ...

6 – 2 = ...

1

Tu vas apprendre à calculer ces soustractions sans dessiner.

Imagine que la maîtresse cache à la fin.

9 – 1 = ... 7 – 2 = ... 10 – 2 = ... 6 – 1 = ...

2

Calcule et écris les résultats en chiffres.

cinq + dix = ... *cinq + neuf* = ... *sept + cinq* = ...

huit + huit = ... *trois + dix* = ... *six + dix* = ...

3

Soustractions mentales (*8 – 6*) : l'enseignant anime la situation d'anticipation de la séquence 14.
Additions mentales (*7+5; 7+7*) : on anime la situation de la sq. 13. Les doubles sont parfois énoncés *2 fois 7 ?*

1 L'écureuil imagine la situation de comparaison et il barre à gauche. Picbille barre directement à droite parce que le résultat se voit mieux.

2 **Situation d'anticipation :** la vérification se fait après chaque problème en basculant le carton et en «rejouant» le masquage de manière visible (voir les conseils sur la façon de tenir le carton dans le *Livre du maître* ou la Présentation du fichier de CP).

SÉQUENCE 18

Décompositions du type : « 1 et encore... » ou « 2 et encore... »

Groupes de 2, 3...
Soustractions mentales
(*8 – 2*)

« C'est 1 et encore… » ou « C'est 2 et encore… »

« C'est 1 et encore… »

Complète.

1 + ... = 7 1 + ... = 6 1 + ... = 3

1 + ... = 4 1 + ... = 8 1 + ... = 9

« C'est 2 et encore… »

Complète.

2 + ... = 6 2 + ... = 3 2 + ... = 8

2 + ... = 7 2 + ... = 9 2 + ... = 4

1

Dessine avec le moins de billets et de pièces possible.

2

Barre quand c'est impossible. Calcule quand c'est possible.

10 – 1 = ...	3 – 7 = ...	8 + 8 = ...	9 – 3 = ...
10 + 8 = ...	7 + 7 = ...	9 – 1 = ...	9 + 9 = ...
6 – 6 = ...	5 + 9 = ...	5 + 6 = ...	2 – 6 = ...

3

Groupes de 2, 3… : l'interrogation porte sur les points, puis sur des groupes variés dont des **pièces de 2 €** et des **billets de 5 € et 10 €**. **Soustractions mentales** (*8 – 2*) **:** l'enseignant anime la situation d'anticipation de la séquence 17.

1 Situation d'anticipation : pour calculer 8 + 6, par ex., sous la forme « 8 plus 2, 10 et encore 4, 14 », il faut savoir que « 6, c'est 2 et encore… 4 ». Cet apprentissage est favorisé ici dans un contexte proche de celui de la sq. 19. On vérifie après chaque cas en dénombrant les jetons qui restent dans la main. Une série de « 1 et encore… » peut précéder une autre de « 2 et encore… » comme cela est fait dans les égalités incomplètes.

Calcul réfléchi de l'addition : le passage de la dizaine

SÉQUENCE 19

Soustractions mentales (8 – 2)

Groupes de 2, 3…

L'écureuil compte 8 + 6

Vérifie et complète l'égalité : 8 + 6 = ...

Picbille calcule 8 + 6

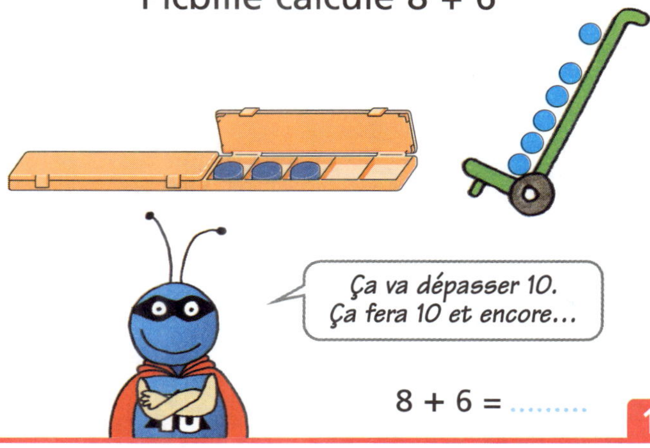

8 + 6 = ...

1

9 + 7, de combien ça dépasse 10 ?

ⓐ Avant de remplir la boîte.

ⓑ Après avoir rempli la boîte.

Réponds.

Imagine ce que voit la maîtresse et complète l'égalité.
Si tu n'es pas sûr(e), dessine sur ton ardoise.

4 + 9 = ...	8 + 6 = ...	8 + 7 = ...	7 + 4 = ...
9 + 6 = ...	4 + 8 = ...	8 + 9 = ...	7 + 5 = ...
9 + 8 = ...	8 + 3 = ...	5 + 8 = ...	7 + 6 = ...

2

Reproduis la figure donnée en modèle.

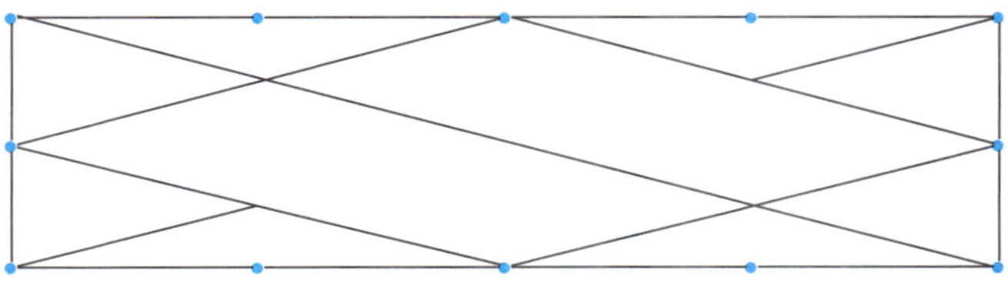

Ton tracé

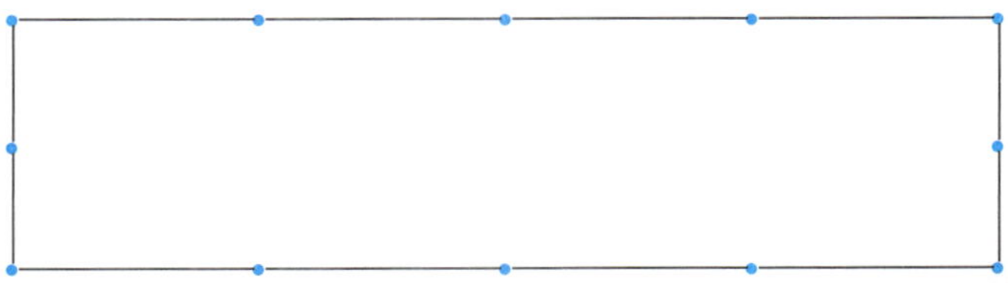

3

Soustractions mentales (*8 – 2*) : l'enseignant anime la situation d'anticipation de la sq. 17.
Groupes de 2, 3… : idem sq. 18.

1 Comparaison du comptage et du calcul quand l'un des nombres est 7, 8 ou 9. Picbille fait un passage de la dizaine : il cherche de combien le résultat va dépasser 10.

2 **Situation d'anticipation :** il est recommandé d'animer ce scénario en enchaînant les 2 phases. La vérification se fait en rejouant le scénario, mais la boîte est basculée pour en montrer le contenu et la main est ouverte (voir p. 3 de la Présentation un schéma précisant la façon de tenir la boîte).

SÉQUENCE 20

Chercher des alignements de points

Soustractions mentales (8 – 2)

Additions mentales (8 + 6)

Géom et Couic-Couic recherchent les cas où 3 points sont alignés.

Géom a utilisé la règle. Vérifie que les traits qu'il a tracés sont droits.

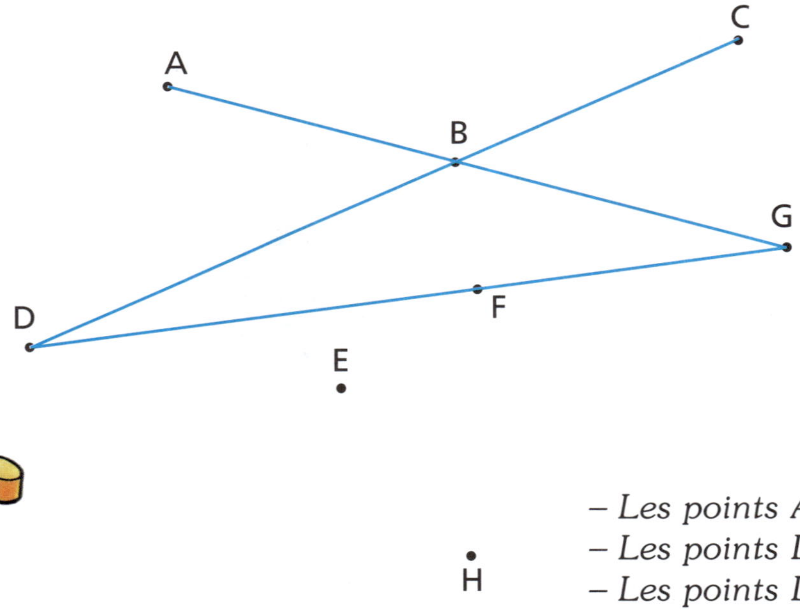

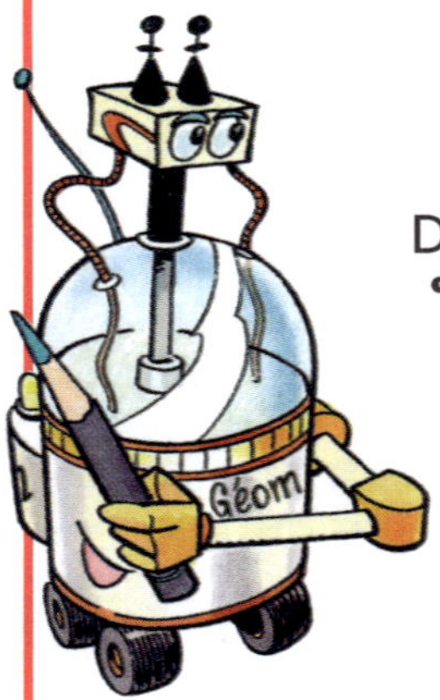

– Les points A, B, G sont alignés.
– Les points D, F, G sont alignés.
– Les points D, B, C sont alignés.

Couic-Couic n'a pas utilisé sa règle. Il s'est trompé.
Montre-le avec ta règle.

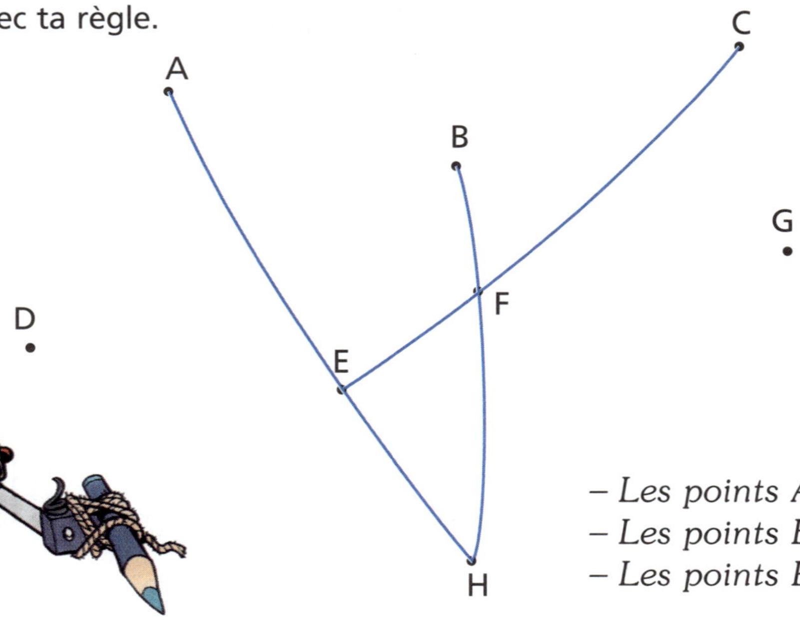

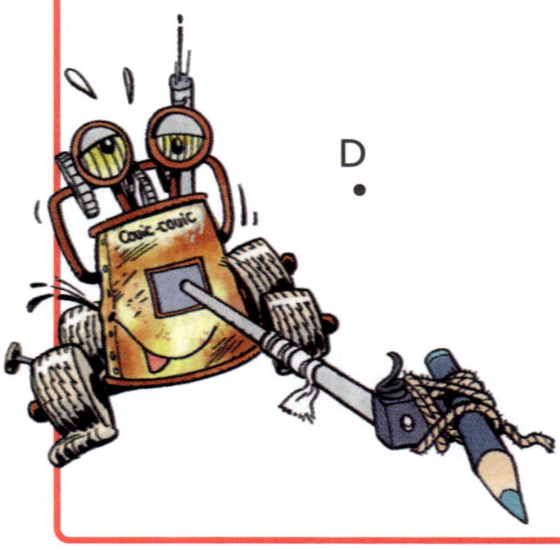

– Les points A, E, H sont alignés.
– Les points E, F, C sont alignés.
– Les points B, F, H sont alignés.

1

Imagine les boîtes au-dessus de la file numérique et écris.

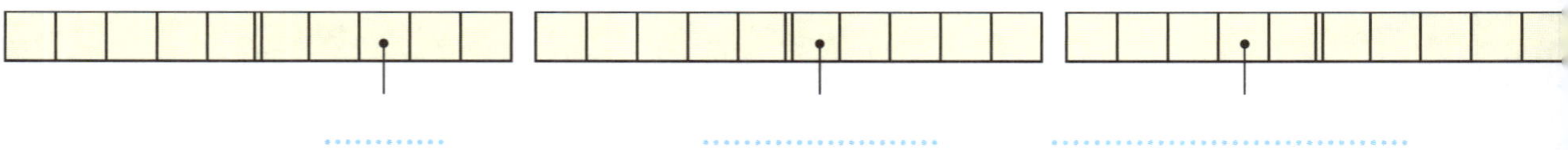

Soustractions mentales (*8 – 2*) : l'enseignant anime la situation d'anticipation de la séquence 17.
Additions mentales (*8 + 6*) : l'enseignant anime la situation d'anticipation de la sq. 19. En fin d'activité, afin de travailler la commutativité (3 + 9 se calcule sous la forme 9 + 3), il est possible de proposer la situation d'anticipation alors que la boîte et la main sont vides de la manière suivante : l'enseignant annonce qu'il va calculer 3+ 9 et il dit « *Imaginez où je vais mettre les 3 jetons et les 9 jetons ; 3 + 9 égalent... écrivez.* » Au moment de la vérification, on explicite que les 9 jetons sont mis dans la boîte et l'ajout est réalisé.

Recherche tous les cas où 3 points sont alignés.
Il y a 3 solutions. Montre-les en traçant les 3 traits droits et complète.

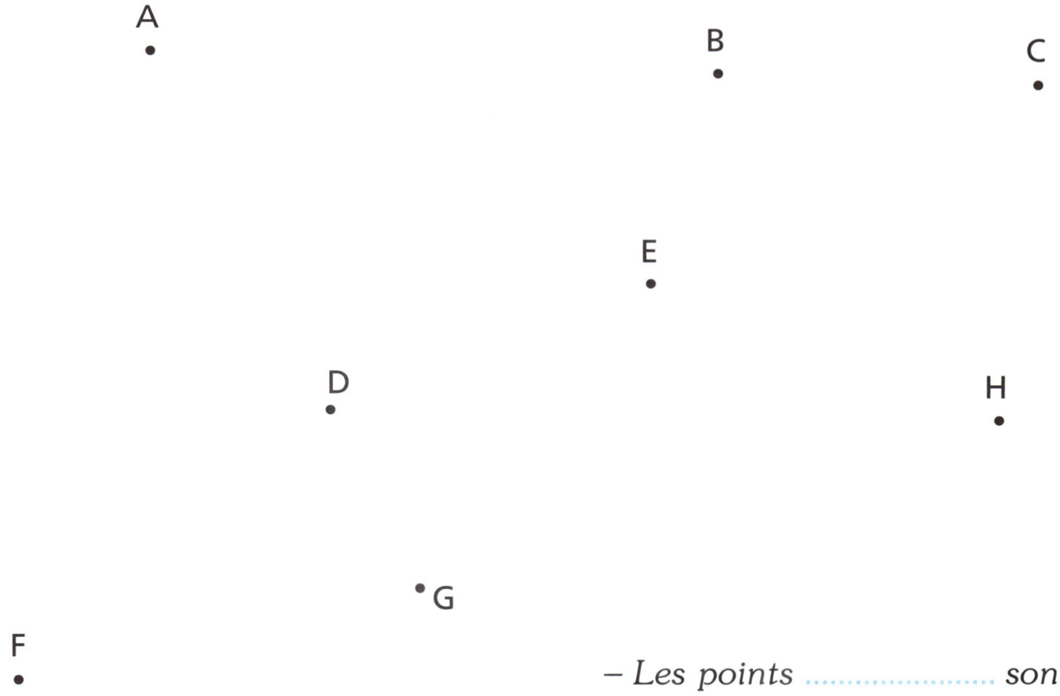

– *Les points* .... *sont alignés.*

– ....

– ....

2

Le nombre Mystérieux

9 – 7 = ... 10 – 4 = ... 10 – 6 = ...

3 + 4 = ... 6 + 6 = ... 7 + 7 = ...

9 – 6 = ... 10 – 2 = ... 5 + 6 = ...

2 **3** **4** **5** **6**

7 **8** **11** **12** **14**

Le nombre mystérieux :

3

Écris la table des doubles de 5 + 5 à 9 + 9.

5 + 5 = 10 ...... 6 + 6 = ...

Pour 5 + 5, on dit aussi : « 2 fois 5 ». Complète :

2 fois 8, ... 2 fois 6, ... 2 fois 9, ... 2 fois 7, ... 2 fois 5, ...

4

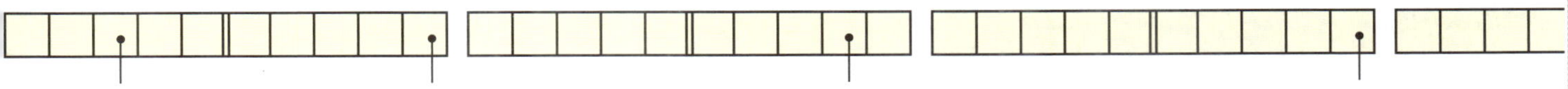

....

5

1 et 2 Le sens du mot « aligné » doit être précisé : « Les points A, E et H sont alignés » signifie qu'ils sont sur une ligne droite.

Partager en 2 des nombres jusqu'à 20

Additions mentales (8 + 6)
Soustractions (choisir la stratégie)

Rappelle-toi : 6 est le **double** de 3 parce que **3 + 3 = 6**. On dit aussi que 3 est **la moitié** de 6.
Ne complète pas la table des moitiés : il est facile de retrouver les résultats manquants et elle va t'aider à réaliser des partages en 2 parts égales.

Table de moitiés
1 + 1 = 2
2 + 2 = 4
.... + ... = 6
.... + ... = 8
.... + ... = 10
.... + ... = 12
.... + ... = 14
.... + ... = 16
.... + ... = 18
.... + ... = 20

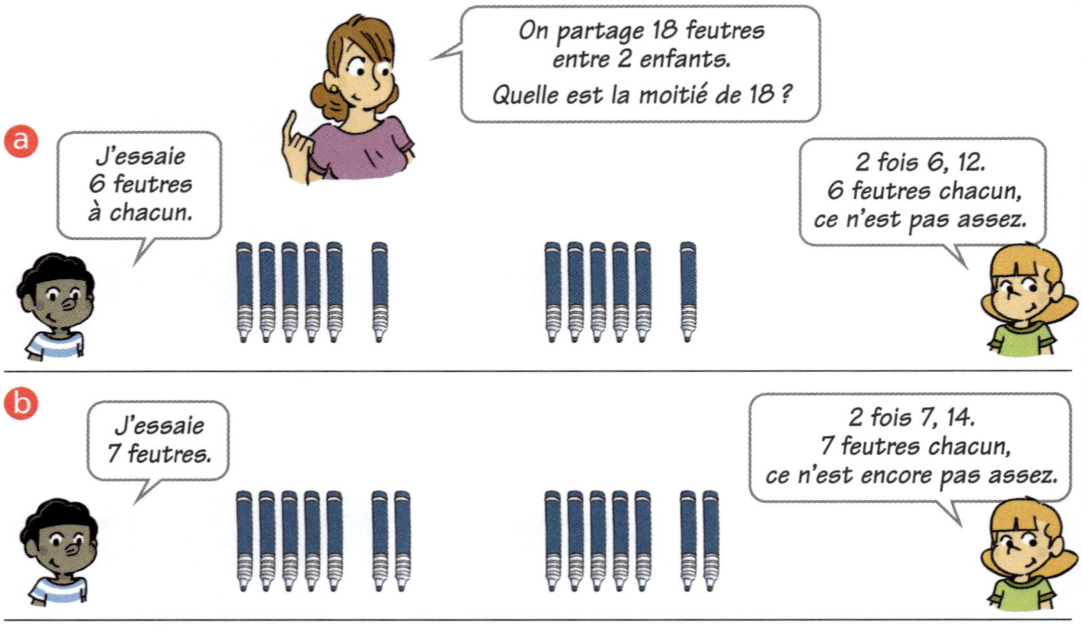

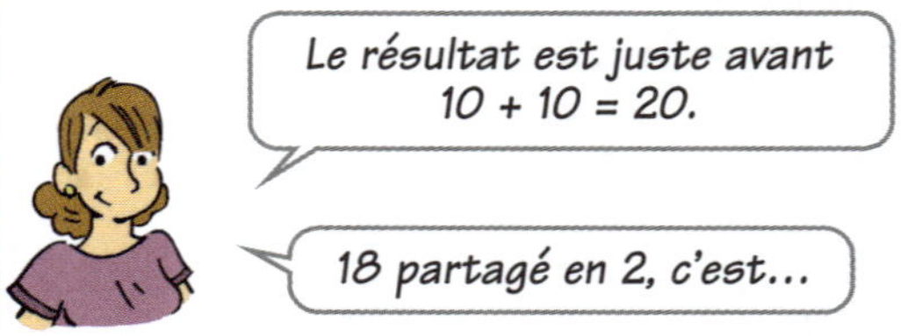

Réponds.

1

Où Picbille va-t-il barrer : au début ou à la fin ? Complète.

5 – 4 = ... 7 – 2 = ... 6 – 4 = ... 10 – 7 = ...

7 – 6 = ... 10 – 1 = ... 9 – 2 = ... 6 – 1 = ...

2

Lis et complète.

3 pièces de 2 euros, c'est .... *euros en tout.*

4 équipes de 3 enfants, c'est ....

5 billets de 5 euros, c'est ....

3 bouquets de 10 fleurs, c'est ....

5 dizaines de feutres, c'est ....

3

Additions mentales (8 + 6) : idem séquence 20.
Soustractions mentales (choisir la stratégie) : l'enseignant anime la situation d'anticipation mais sans réaliser le masquage. Il annonce qu'il a pris un carton avec 9 points : « *Imaginez ce que je vois* », et il poursuit : « *Je vais calculer 9 – 6, imaginez où je vais cacher; 9 – 6… écrivez.* » Le masquage est réalisé lors de la vérification.

1 Pour trouver la moitié, plutôt que de parcourir toute la table, on peut utiliser les repères ... + ... = 10 et ... + ... = 20 qui sont faciles à compléter. Dans le cas de 18, il faut compléter ... + ... = 18 qui est juste avant 10 + 10 = 20. La moitié de 18, c'est donc 9.

Moitiés
Soustractions
(choisir la stratégie)

Problème : Une maîtresse achète 4 paquets de 7 crayons noirs pour ses élèves.
Combien a-t-elle acheté de crayons noirs ?

Pour résoudre ce problème, Sébastien, Mélanie et Cécile ont fait un schéma.
Qui a réussi à résoudre le problème ?
Entoure le ou les prénoms des enfants qui ont trouvé la solution.

Sébastien

Mélanie

Cécile

Si tu sais, écris une égalité qui donne cette solution :

....

....

1

Problèmes à résoudre sur le cahier

Réponds (tu peux faire un schéma, écrire une égalité ou expliquer ta solution).

1 ▶ Dans une pâtisserie, monsieur Mangetot achète 5 éclairs, 4 flans et 6 tartelettes.

Combien de gâteaux monsieur Mangetot achète-t-il ?

2 ▶ Madame Toussaint achète 3 boîtes de 6 œufs.

Combien d'œufs achète-t-elle ?

3 ▶ Éric a 10 petites voitures. Son frère Vincent n'en a que 2.

Combien de voitures Éric a-t-il de plus que Vincent ?

4 ▶ Dans sa tirelire, Marie n'a que des billets de 5 €. En tout, elle a 20 €.

Combien a-t-elle de billets de 5 € ?

2

Moitiés : les élèves disposent d'une table incomplète comme celle de la sq. 21 (cette table se trouve aussi à la page 157 du fichier).
Soustractions mentales (choisir la stratégie) : idem sq. 21.

1 Résoudre un problème arithmétique énoncé verbalement, c'est avant tout construire un modèle mental de la situation décrite. Les élèves apprennent ici à rendre compte de ce modèle mental par un schéma : 1°) on peut raisonner sur des points à la place de crayons, et 2°) on a intérêt à organiser ces points (5 et 2 pour représenter 7).

2 On apprécie tout aussi positivement l'usage d'un schéma que celui d'une opération arithmétique.

Calcul réfléchi de la soustraction : cas du type 12 – 3

Moitiés
Additions mentales
(*8 + 6*)

L'écureuil compte 12 – 3

Vérifie et complète. 12 – 3 = ...

Picbille calcule 12 – 3

Vérifie et complète. 12 – 3 = ...

Qui voit le mieux ce qui reste ? L'écureuil ou Picbille ?

Calcule en dessinant et en barrant « à la fin » comme Picbille.

11 – 4 = ...

13 – 4 = ...

1

Tu vas apprendre à calculer ces soustractions sans dessiner.

2

Lis et complète.

5 fois 2 points, c'est .... points en tout.

2 paquets de 10 cahiers, c'est ....

3 rangées de 4 enfants, c'est ....

5 sacs de 10 billes, c'est ....

3 billets de 5 euros, c'est ....

3

Moitiés : idem sq. 22.
Additions mentales (*8 + 6*) : l'enseignant anime la situation d'anticipation de la sq. 19.

1 Pour calculer 12 – 3 par ex., on a intérêt à organiser la collection de 12 et à « barrer à la fin » : on barre les 2 points isolés et encore... 1. Il est important d'expliciter que la stratégie est basée sur une décomposition du nombre retiré.

2 **Situation d'anticipation :** le matériel figure dans le *Livre du maître* ou est téléchargeable. La vérification se fait immédiatement après chaque problème en basculant le carton et en « rejouant » le masquage de manière visible. Pour 14 – 6, par ex., on explicite la décomposition de 6 en 4 et encore... 2.

Mesure de longueurs : reporter un étalon

Groupes de 2, 3…
Soustractions mentales (*12 – 3*)

Détache ta règle graduée en allumettes et observe.

La longueur entre ces deux doigts est de 1 allumette.

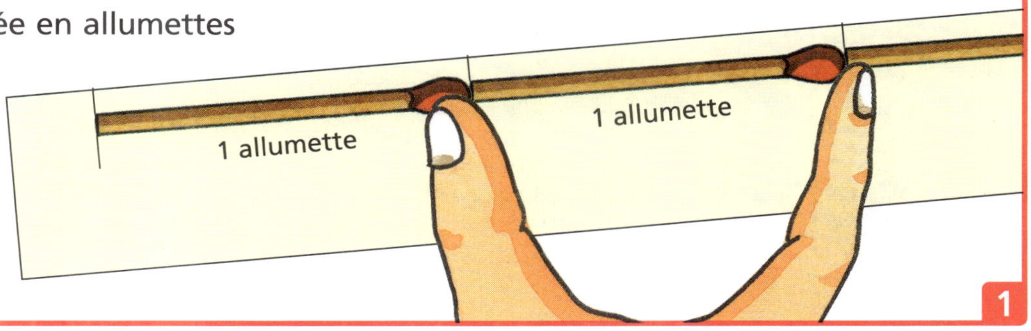

1

Avec ta règle graduée en allumettes, mesure la longueur des traits suivants et complète les phrases.

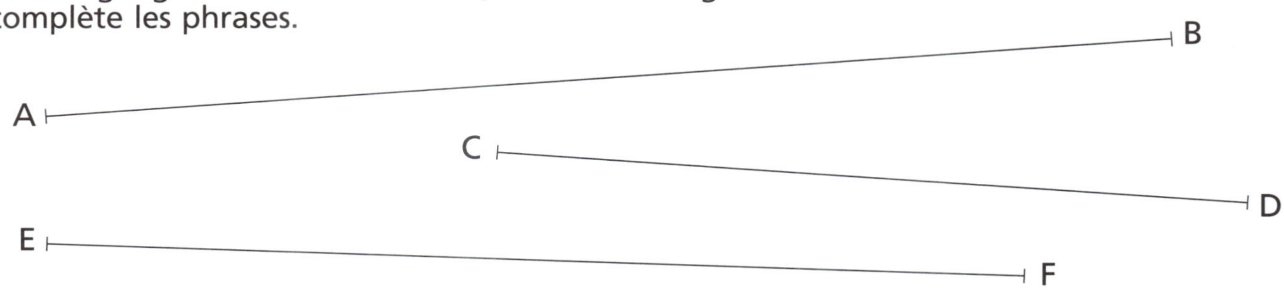

Le trait ……… est long comme 2 allumettes.

Le trait ……… est long comme 3 allumettes.

Le trait ……… est plus long que 2 allumettes et moins long que 3 allumettes.

2

La fourmi rouge parcourt le trait GH et la fourmi noire la ligne brisée IJKL.
Qui va parcourir le plus long chemin ?

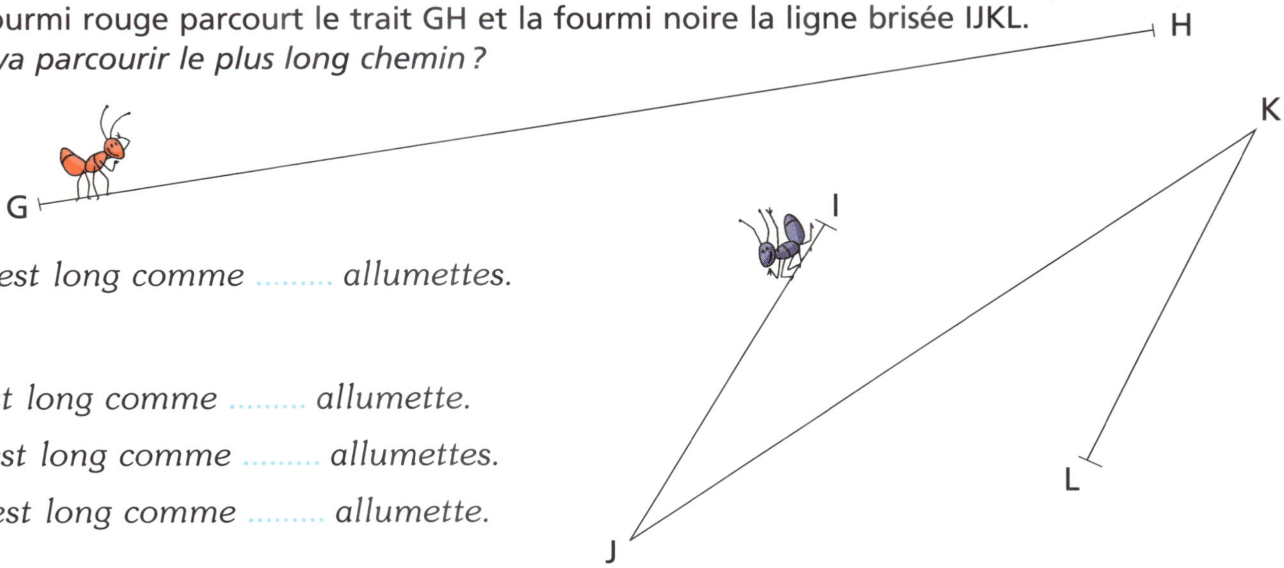

GH est long comme ……… allumettes.

IJ est long comme ……… allumette.

JK est long comme ……… allumettes.

KL est long comme ……… allumette.

La ligne brisée IJKL est longue comme ……… allumettes.

Montre cette longueur sur ta règle.

Qu'est-ce qui est le plus long, la ligne brisée IJKL ou le trait GH ? ……………………………………

3

Groupes de 2, 3… : on interroge d'abord sur des groupes de points (tantôt : *a groupes de b ?*, tantôt : *a fois b ?*), puis sur des groupes variés dont des **pièces de 2 €** et des **billets de 5 € et 10 €**.
Soustractions mentales (12 – 3) : l'enseignant anime la situation d'anticipation de la séquence 23.

1 à **3** L'usage d'une règle dont l'étalon est l'allumette prépare la compréhension de la mesure en cm. Dès cette séance, on pourra établir l'équivalence entre les expressions « est long comme *n* allumettes » et « mesure *n* allumettes ».

Calcul réfléchi de l'addition : « vingt plus quarante », etc.

Moitiés
Additions
(8 + 6 ; 7 + 5)

Picbille calcule « vingt + quarante ».

C'est facile quand on sait que vingt c'est 2 groupes de dix, et que quarante c'est 4 groupes de dix.

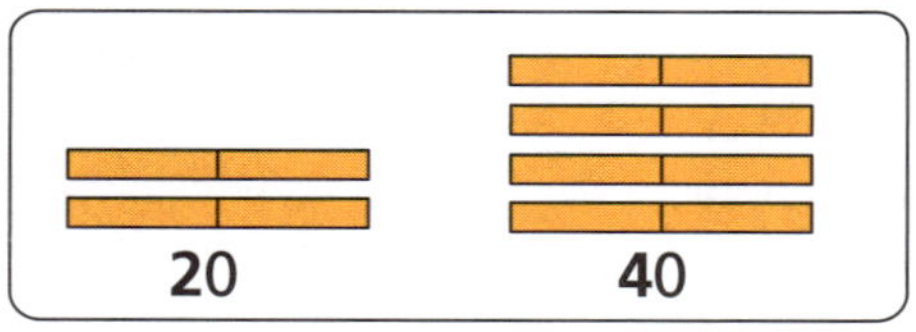

vingt + quarante = ...

Calcule et écris les résultats en chiffres.

vingt + vingt = ...
dix + cinquante = ...
trente + trente = ...
trente + vingt = ...
dix + trente = ...
quarante + vingt = ...
dix + quarante = ...
vingt + quarante = ...
dix + vingt = ...

1

Complète.

Le manteau coûte .... *euros.*

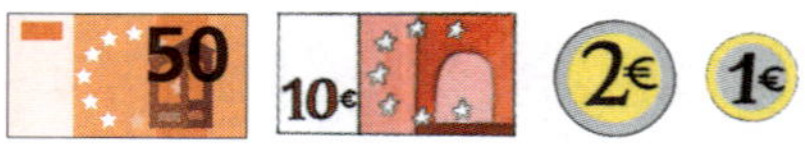

Le lampadaire coûte .... *euros.*

La bague coûte .... *euros.*

Dessine avec le moins de billets et de pièces possible.

49 €

67 €

2

Le nombre Mystérieux

13 − 5 = ...
12 − 3 = ...
11 − 5 = ...
8 + 5 = ...
11 − 4 = ...
9 + 6 = ...
9 + 5 = ...
6 + 4 = ...
7 + 5 = ...

6 7 8 9 10
11 12 13 14 15

Le nombre mystérieux :

3

Moitiés : idem séquence 22.
Additions (*8 + 6, 7 + 5*) : les calculs sont proposés directement. Le matériel est utilisé pour vérifier les résultats : cartons comme Dédé pour 7 + 5, boîte de Picbille pour 8 + 6. L'usage des deux sortes de matériel pour un même exemple est également intéressant.

1 Les élèves qui en ont besoin utilisent le carton avec les écritures littérales de la fin du fichier. L'intérêt pédagogique de travailler sur des écritures littérales apparaît évident dans ce type de séquence : pour trouver le résultat, les élèves sont obligés de reconstruire mentalement le nombre de groupes de dix.

Mesure de longueurs : le cm

Additions (*20 + 40*)
Soustractions (*12 – 3*)

1

Détache ta règle graduée en centimètres et observe.

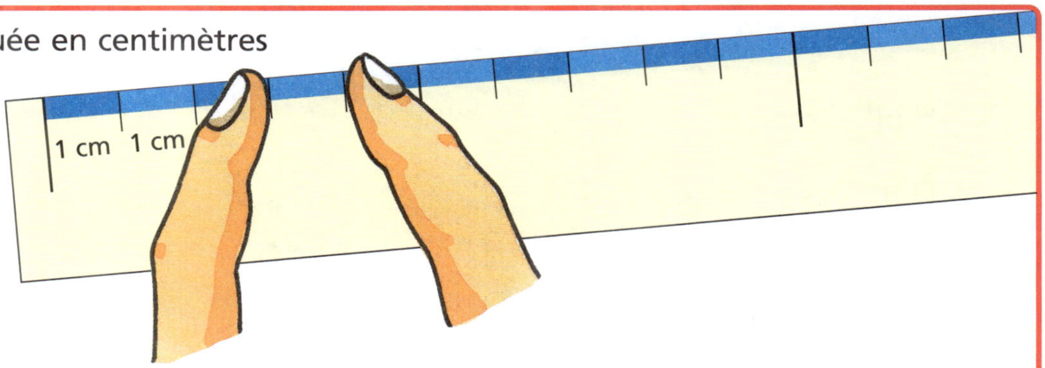

La longueur entre ces deux doigts est de 1 centimètre (1 cm).

Montre entre tes doigts et à différents endroits sur la règle des longueurs de : 1 cm; 2 cm; 3 cm; 5 cm; 9 cm; 10 cm.

2

Avec ta règle graduée en centimètres, mesure la longueur des traits suivants et complète les phrases.

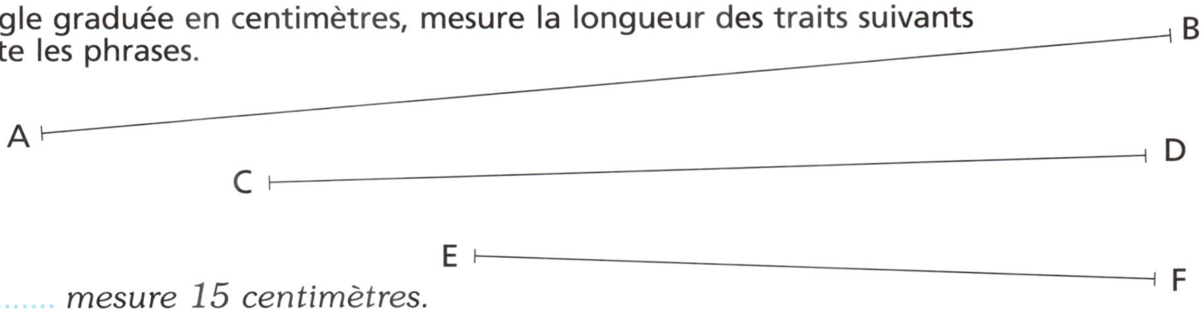

Le trait .... mesure 15 centimètres.

Le trait .... mesure 9 centimètres.

Le trait .... mesure entre 11 centimètres et 12 centimètres.

3

La fourmi rouge parcourt le trait GH et la fourmi noire la ligne brisée IJKL.
Qui va parcourir le plus long chemin ?

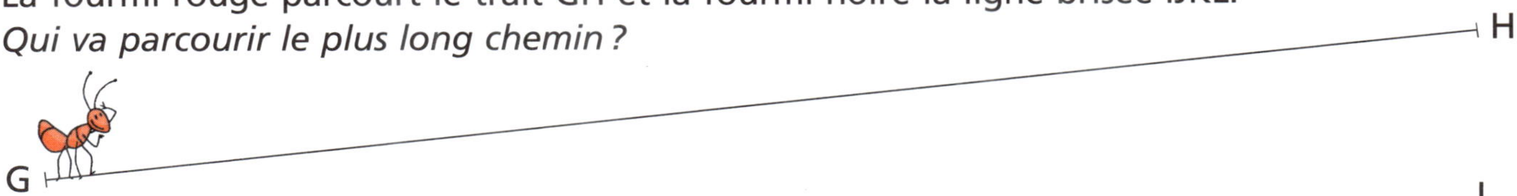

GH mesure .... cm.

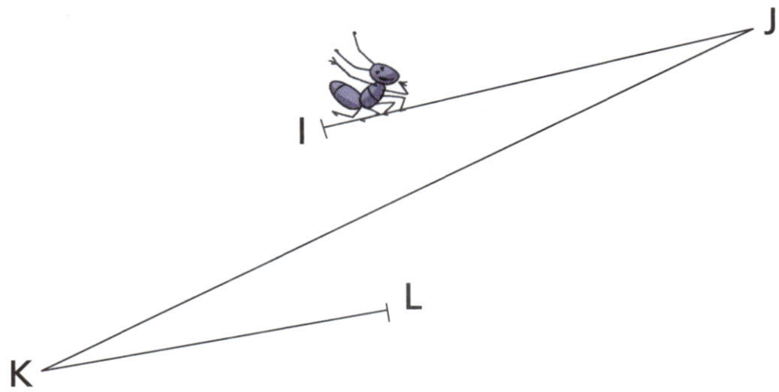

IJ mesure .... cm.

JK mesure .... cm.

KL mesure .... cm.

La ligne brisée IJKL mesure .... cm.
Montre cette longueur sur ta règle.

Qu'est-ce qui est le plus long, la ligne brisée IJKL ou le trait GH ? ....

Additions (*20 + 40*) : les calculs sont proposés oralement; la vérification se fait en explicitant les nombres de groupes de dix. **Soustractions mentales (*12 – 3*) :** l'enseignant anime la situation d'anticipation de la séquence 23.

1 à **3** Introduction de la mesure en cm qui est analogue à celle de la mesure en allumettes : on raisonne de la même manière, mais avec une unité plus petite. Entre deux traits de graduation de la règle, il y a une longueur de 1 cm, représentée par une bande colorée. On rappelle que le mot « mesure » signifie « est long comme » (expression employée séquence 24).

SÉQUENCE 27

Calcul réfléchi de l'addition : « *une nouvelle dizaine ou non ?* »

Additions
(*20 + 40*)
Soustractions
(*12 – 3*)

Un nouveau groupe de dix ou non ? (cas faciles)

vingt et un + sept

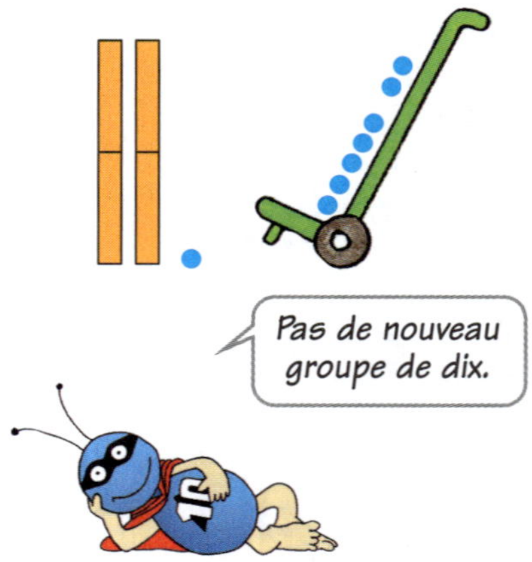

vingt et un + sept = ...

vingt-quatre + six

vingt-quatre + six = ...

vingt-trois + neuf

vingt-trois + neuf = ...

Un nouveau groupe de dix ou non ? (cas plus difficiles)

onze + sept

onze + sept = ...

quatorze + six

quatorze + six = ...

treize + neuf

treize + neuf = ...

1

Calcule et écris les résultats en chiffres.

trente-deux + six = ...

douze + six = ...

vingt-six + quatre = ...

seize + quatre = ...

trente-cinq + sept = ...

quinze + sept = ...

2

Calcule et écris les résultats en chiffres.

vingt-sept + six = ...

cinquante-neuf + trois = ...

quinze + neuf = ...

vingt-trois + six = ...

trente-neuf + quatre = ...

trente-sept + trois = ...

vingt-six + cinq = ...

quarante-huit + trois = ...

3

Additions (*20 + 40*) : les calculs sont proposés oralement ; la vérification se fait en explicitant les nombres de groupes de dix.
Soustractions mentales (*12 – 3*) : l'enseignant anime la situation d'anticipation de la séquence 23.

1 à 3 Additions d'un nombre à 2 chiffres avec un autre à 1 chiffre : reconnaître les cas où l'on forme un nouveau groupe de 10. Le calcul de « treize + neuf » est plus difficile que celui de « vingt-trois + neuf » : il faut décomposer treize. C'est une nouvelle occasion d'apprendre ce type de décompositions. Dans l'activité 3, les cas sont mélangés.

Calcul réfléchi de la soustraction : cas du type 12 – 9

Groupes de 2, 3…
Un nouveau groupe de 10 ?

L'écureuil compte 12 – 9

Vérifie et complète. 12 – 9 = ……..

Picbille calcule 12 – 9

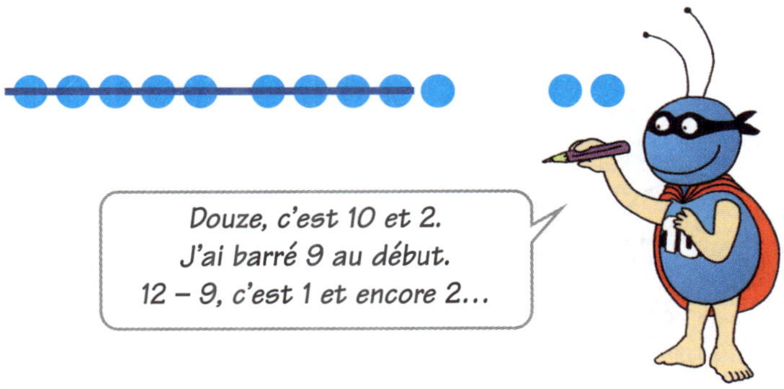

Vérifie et complète. 12 – 9 = ……..

Qui voit le mieux ce qu'il a barré ? L'écureuil ou Picbille ?

Calcule en dessinant et en barrant « au début » comme Picbille.

13 – 9 = ……..

11 – 8 = ……..

1

Tu vas apprendre à calculer ces soustractions sans dessiner.

2

Calcule et écris les résultats en chiffres.

quarante-six + six = ……..

seize + sept = ……..

cinquante-deux + six = ……..

soixante-trois + neuf = ……..

vingt-cinq + sept = ……..

trente-huit + six = ……..

trente-quatre + huit = ……..

cinquante-neuf + six = ……..

3

Groupes de 2, 3… : idem sq. 24.
Un nouveau groupe de dix ? : cas analogues à ceux de la sq. 27. Les calculs sont proposés oralement.

1 Lors de la découverte de cette stratégie, on remarquera que si Picbille avait calculé 12 – 9 en « barrant à la fin » (comme il le fait pour 12 – 3), son calcul aurait été presque aussi pénible que celui de l'écureuil.

2 **Situation d'anticipation :** la vérification se fait immédiatement après chaque problème en basculant le carton et en « rejouant » le masquage de manière visible. Pour 14 – 8, par ex., on explicite que le résultat s'obtient en deux étapes : on voit encore 2 points parmi les dix, et encore 4… 6 points.

SÉQUENCE 29

Calcul réfléchi de l'addition : « vingt-trois + quarante »…

Un nouveau groupe de 10 ?

Soustractions mentales (*12 – 9*)

« vingt-trois + quarante »

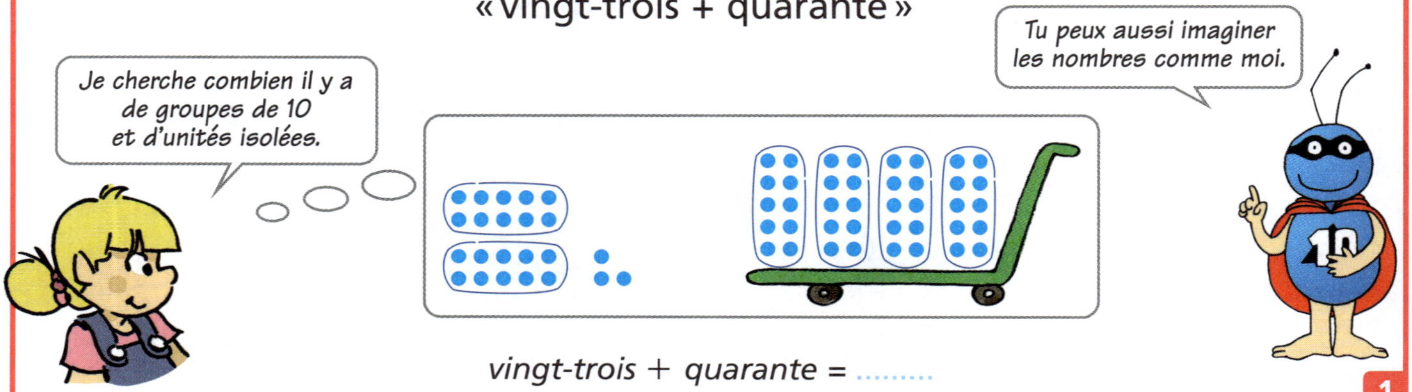

vingt-trois + quarante = ………

1

Calcule et écris les résultats en chiffres.

vingt-sept + vingt = ………

vingt-deux + quarante = ………

quarante-six + vingt = ………

quinze + trente = ………

vingt-sept + trente = ………

quatorze + vingt = ………

quarante-trois + dix = ………

vingt et un + quarante = ………

seize + quarante = ………

vingt-cinq + trente = ………

quarante-neuf + vingt = ………

trente-quatre + trente = ………

2

La fourmi rouge parcourt le trait AB et la fourmi noire la ligne brisée CDEF.
Qui va parcourir le plus long chemin ?

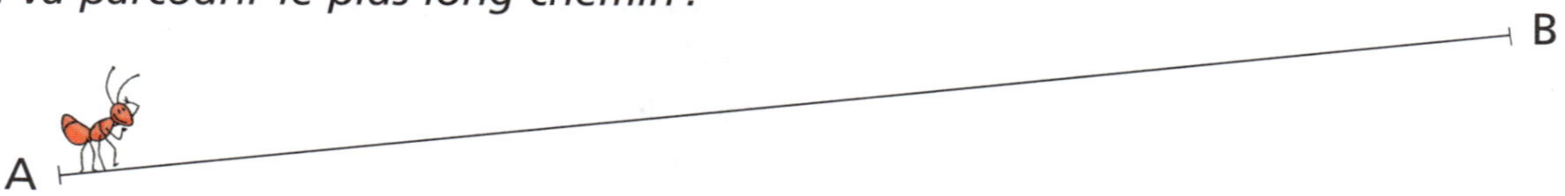

AB mesure ……… cm.

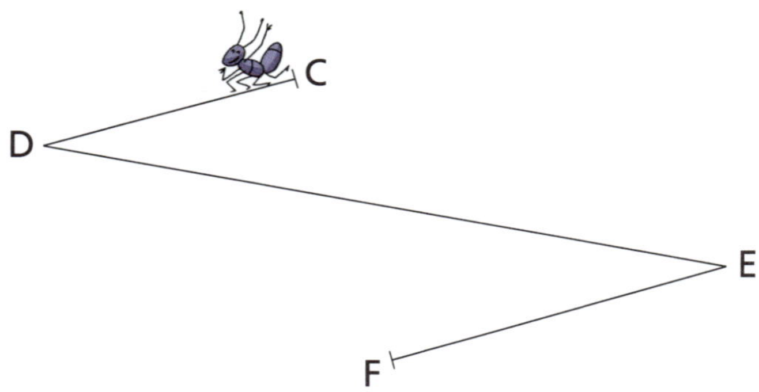

CD mesure ……… cm.

DE mesure ……… cm.

EF mesure ……… cm.

La ligne brisée CDEF mesure ……… cm.

Montre cette longueur sur ta règle.

Qu'est-ce qui est le plus long, la ligne brisée CDEF ou le trait AB ? ………………………………

3

Un nouveau groupe de dix ? **:** cas analogues à ceux de la sq. 27. Les calculs sont proposés oralement.
Soustractions mentales (*12 – 9*) : l'enseignant anime la situation d'anticipation de la séquence 28.

1 et **2** Quand les nombres sont écrits en lettres (ou dits oralement), le calcul de « treize + quarante » est plus difficile que celui de « vingt-trois + quarante » parce que la décomposition de treize est moins directement accessible. C'est une nouvelle occasion d'apprendre ce type de décompositions.

Soustractions mentales et comparaison

SÉQUENCE 30

Additions (*23 + 40*)
Groupes de 2, 3…

Colle le couvercle, entoure la différence et complète.

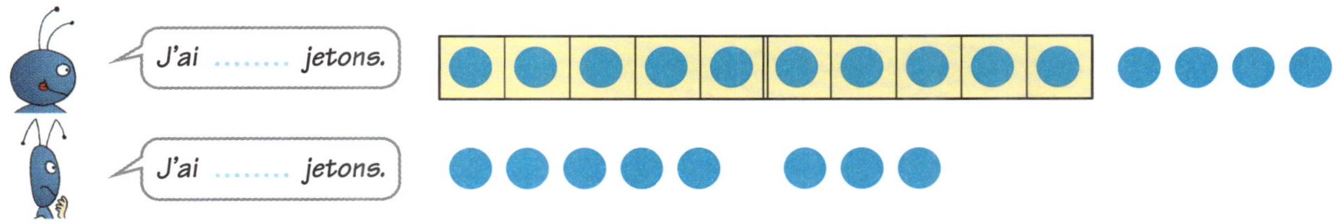

.... – .... = ... *Maxibille a .... jetons de plus que Minibille.*

Entoure la différence et complète.

.... – .... = ...

Invente d'autres problèmes qui conduisent à la même soustraction.

1

Complète.

..... – ..... = ...

Complète.

....	....
....	....
....	....
....	....

2

Lis et complète. Utilise ton tableau des groupes de 2, 3, 5 et 10.

3 paquets de 10 cahiers, c'est .... cahiers en tout.

4 carnets de 10 timbres, c'est ....

5 équipes de 3 enfants, c'est ....

2 bouquets de 5 fleurs, c'est ....

3

Additions (*23 + 40*) : cas analogues à ceux de la sq. 29. Les calculs sont proposés oralement.
Groupes de 2, 3… : idem sq. 24.

1 On réactive ici la signification « comparaison » de la soustraction avec les nombres $n \leq 20$. À partir de l'égalité 14 – 8, il est facile d'inventer d'autres problèmes de comparaison, mais on pensera aussi aux problèmes de retrait : « *J'ai 14 bonbons ; j'en mange 8…* »

2 **Situation d'anticipation :** les cas envisagés sont maintenant du type 16 – 9, par ex. La réponse se fait sur ardoise dans un premier temps, puis sur le fichier. Le matériel figure dans le *Livre du maître*, il est également téléchargeable. La vérification se fait en masquant « ce qui est pareil ».

SÉQUENCE 31

Organiser le répertoire additif pour le mémoriser

Différences mentales (*et inventer des contextes*)

....	....	....	....

Perrine calcule 6 + 7 ou 7 + 6

6 + 7 = ...

J'ai appris : Le calcul de la somme de deux nombres qui se suivent est facile : c'est le double du petit nombre + 1.

6 + 7 = 6 + 6 + 1

Calcule comme Perrine. Si tu n'es pas sûr(e), dessine. 8 + 7 = ... 8 + 9 = ...

1

Observe cette table d'additions. Complète-la ligne par ligne.

10, c'est...	9 + 1	8 + ...	7 + ...	6 + ...	5 + ...
11, c'est...	9 + ...	8 + ...	7 + ...	6 + ...	
12, c'est...	9 + ...	8 + ...	7 + ...	6 + ...	
13, c'est...	9 + ...	8 + ...	7 + ...		
14, c'est...	9 + ...	8 + ...	7 + ...		
15, c'est...	9 + ...	8 + ...			
16, c'est...	9 + ...	8 + ...			
17, c'est...	9 + ...				
18, c'est...	9 + ...				

a) 4 + 8 ne figure pas dans ce tableau, mais un calcul proche y figure. Colorie cette case en rose.

b) Colorie en jaune les cases des doubles. On a commencé la liste des résultats, continue-la :

10, 12, ...

c) Colorie en bleu clair les cases des « doubles + 1 ». Écris la liste des résultats :

....

2

Calcule.

17 – 9 = ...	13 – 8 = ...	18 – 9 = ...	11 – 8 = ...
12 – 5 = ...	14 – 9 = ...	11 – 3 = ...	16 – 7 = ...
13 – 4 = ...	15 – 6 = ...	12 – 8 = ...	14 – 6 = ...

3

Différences mentales (*et inventer des contextes*) : l'enseignant anime l'activité décrite dans le cadre 2 de la sq. 30 (simulation mentale de la correspondance terme à terme avec les cartons de Maxibille et Minibille puis écriture de la soustraction). De plus, en fin d'activité, une ou deux soustractions sont écrites au tableau et il faut inventer d'autres problèmes qui conduisent à la même soustraction.

1 et **2** Une nouvelle stratégie de calcul est découverte ainsi qu'un répertoire. Celui-ci figure également à la p. 157 du fichier. Seuls les résultats ≥ 10 y sont consignés. Son organisation générale est celle des décompositions des nombres. En colonnes, cependant, on reconnaît la table de 9, celle de 8...

Atelier de Résolution de Problèmes ARP

Différences mentales
Additions
(*23 + 40*)

Problème : Dans un magasin de jouets, les poupées sont vendues 5 € l'une.
Une grand-mère achète 4 poupées pour ses petites-filles.

Combien doit-elle payer ?

Pour résoudre ce problème, Sébastien, Mélanie et Cécile ont fait un schéma.
Qui a réussi à résoudre le problème ?
Entoure le ou les prénoms des enfants qui ont trouvé la solution.

Sébastien

Mélanie

Cécile

Si tu sais, écris une égalité qui donne cette solution :

....

....

1

Problèmes à résoudre sur le cahier

Réponds (tu peux faire un schéma, écrire une égalité ou expliquer ta solution).

1 ▶ Carole fait un collier avec 12 perles.
4 de ces perles sont rouges.
Les autres perles sont vertes.

Combien y a-t-il de perles vertes dans son collier ?

2 ▶ Une tablette de chocolat coûte 3 €.
Madame Benoît achète 4 tablettes.

Combien doit-elle payer ?

3 ▶ Monsieur Romani fait des courses.
Il dépense 18 € chez l'épicier et 10 € chez le boucher.

Combien dépense-t-il en tout ?

4 ▶ Dans un parking, il y a 6 rangées de 10 places.

Combien y a-t-il de places dans ce parking ?

2

Différences mentales : idem sq. 31.
Additions (*23 + 40*) : cas analogues à ceux de la sq. 29. Les calculs sont proposés oralement.

1 Outre la difficulté de construire un modèle mental de la situation décrite, une autre apparaît ici : comprendre la syntaxe de l'énoncé. Il faut ici comprendre l'expression « 5 € l'une ». Ce sera l'occasion d'introduire d'autres formulations : « chaque poupée coûte 5 € », « le prix d'une poupée est de 5 € », etc.

2 On apprécie tout aussi positivement l'usage d'un schéma que celui d'une opération arithmétique.

SÉQUENCE 33

Numération décimale : les nombres entre 60 et 79

Groupes de 2, 3…
Différences mentales

Jeu du furet de 59 à 79 en disant, pour chaque case, le nom du nombre et combien il y a de groupes de dix et d'unités isolées. Puis, *jeu de la planche cachée*.

J'ai appris:

Quand un nombre commence par « soixante », c'est :
– soit 6 groupes de dix et quelque chose,
– soit 7 groupes de dix et quelque chose.
Cela dépend de ce que l'on entend après « soixante ».

Dictée de nombres :

Écris en chiffres.

soixante-sept : .... *soixante-douze* : .... *soixante-quatorze* : ....

soixante-treize : .... *soixante-dix-neuf* : .... *soixante et onze* : ....

soixante-seize : .... *soixante-quinze* : .... *soixante-trois* : ....

1

Calcule et écris les résultats en chiffres.
Tu peux utiliser le carton des nombres écrits en lettres.

quinze + soixante = ... *quarante + trente* = ... *dix-huit + soixante* = ...

onze + cinquante = ... *seize + cinquante* = ... *sept + soixante* = ...

vingt + cinquante = ... *treize + soixante* = ... *soixante-deux + dix* = ...

2

Lis et complète. Utilise ton tableau des groupes de 2, 3, 5 et 10.

3 jouets à 5 euros l'un coûtent .... *euros en tout.*

2 boîtes de 10 chocolats, c'est ....

4 sacs de 3 chocolats, c'est ....

5 billets de 5 euros, c'est ....

3

Groupes de 2, 3… : on interroge aussi sur des objets à 2, 5 ou 10 € l'un.
Différences mentales : idem sq. 31.

1 et **2** On commence par un furet de 1 en 1 en suivant du doigt sur la planche (« 1 de plus ? »). On analyse ensuite le contenu des cases. La décomposition privilégiée rend compte de la forme orale de ces nombres (« soixante-treize », c'est 60 + 13). Il s'agit de montrer que pour écrire ces nombres en chiffres, il ne faut pas transcrire directement ce qu'on entend, mais chercher combien de groupes de dix ils contiennent (6 ou 7 ?); il faut donc attendre ce qui est dit après « soixante » (est-ce ≤ 9 ?). On procède ensuite à un *jeu de la planche* (*cf.* sq. 9) et à une dictée.

Groupes de 2, 3, 5, 10 et unités isolées. *Combien en tout ?*

Un nouveau groupe de 10 ?

Soustractions (choisir la stratégie)

Prends ton tableau des groupes de 2, 3, 5 et 10 et réponds.

Combien y a-t-il de points en tout dans 3 groupes de 5 points et 2 points isolés ?

Et dans 4 fois 3 points et 1 point isolé ?...

Combien y a-t-il de gâteaux en tout dans 3 paquets de 5 gâteaux et 1 gâteau isolé ?

Combien y a-t-il d'euros en tout dans 4 billets de 10 euros et encore 2 euros ?...

Lis et complète.

4 sacs de 5 billes et 3 billes isolées, c'est .... billes en tout.

2 étuis de 3 feutres et 2 feutres isolés, c'est ....

3 carnets de 10 timbres et 6 timbres isolés, c'est ....

4 équipes de 3 enfants et 2 enfants isolés, c'est ....

4 bouquets de 10 fleurs et 2 fleurs isolées, c'est ....

5 billets de 5 € et encore 1 €, c'est ....

1

Le nombre Mystérieux

68 + 5 = ... 54 + 7 = ... 21 + 50 = ...

17 + 60 = ... 60 + 16 = ... 37 + 30 = ...

58 + 8 = ... 9 + 60 = ... 23 + 40 = ...

61 63 66

67 69 70 71

73 76 77

Le nombre mystérieux :

2

Calcule et écris les résultats en chiffres.

quinze + soixante = ... *huit + soixante =* .... *dix-huit + soixante =* ....

quatorze + cinquante = ... *quarante + trente =* .... *onze + soixante =* ....

3

Un nouveau groupe de dix ? : cas analogues à ceux de la sq. 27. Les calculs sont proposés oralement.
Soustractions (choisir la stratégie) : l'enseignant anime la situation d'anticipation mais sans réaliser le masquage. Il dit qu'il a pris un carton avec 13 points : « *Imaginez ce que je vois* », et il poursuit : « *Je vais calculer 13 – 4, imaginez où je vais cacher ; 13 – 4... écrivez.* » Le masquage est réalisé lors de la vérification.

1 Les élèves disposent de leur carton. Il leur suffit donc d'imaginer les unités isolées pour répondre. C'est aussi l'occasion de proposer un ou deux problèmes du type « 3 livres à 10 € l'un et 1 cahier à 4 € coûtent... »

SÉQUENCE 35

Soustractions du type 48 – 6, 42 – 4 et 48 – 10 : calcul réfléchi

Groupes de 2, 3… (et unités isolées)
Dictée (60 ≤ *n* ≤ 79)

Faut-il dégrouper dix jetons ?

36 – 4

36 – 4 = ...

36 – 8

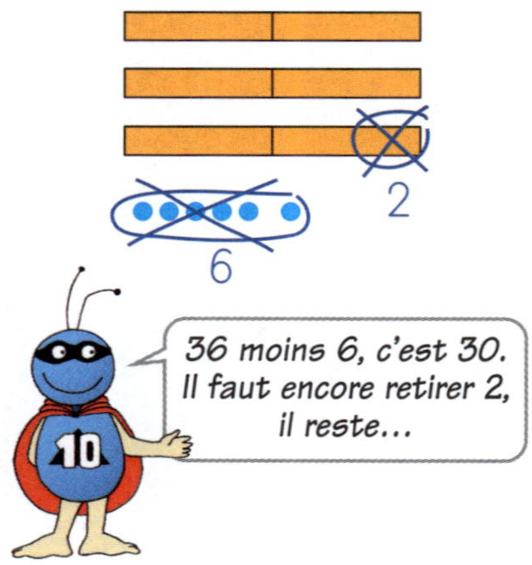

36 – 8 = ...

36 – 10

36 – 10 = ...

Calcule en dessinant comme Picbille.

24 – 3 = ...

24 – 6 = ...

24 – 10 = ...

47 – 5 = ...

47 – 8 = ...

47 – 20 = ...

1

Calcule (dessine au brouillon si tu en as besoin).

51 – 6 = ...	29 – 5 = ...	20 – 9 = ...
40 – 7 = ...	30 – 10 = ...	58 – 4 = ...
42 – 10 = ...	33 – 8 = ...	25 – 7 = ...

2

Groupes de 2, 3… (et unités isolées) : les élèves ont leur carton. On interroge d'abord sur des groupes de points, puis sur des groupes variés et des euros.
Dictée (*60 ≤ n ≤ 79*)

1 et **2** On envisage ici 3 des principaux cas de valeurs numériques conduisant à des stratégies mentales différentes : A) on n'opère que sur les unités, B) on fait un « passage de la dizaine » en reculant, et C) on retire une (ou plusieurs) dizaine(s). Un autre cas (42 – 39, par ex.), étudié sq. 43, conduit à un calcul par complément, c'est-à-dire « en avançant » sur la suite des nombres.
Ici les élèves dessinent, alors que dans les sq. suivantes ils utilisent un carton avec des files de boîtes.

Soustractions du type 32 – 8 : vers la mentalisation

Dictée ($60 \leq n \leq 79$)
Soustractions
(choix de la stratégie)

Léo a utilisé le carton de la fin de son fichier pour calculer 32 – 8.
Les dizaines sont déjà dessinées. Il a dessiné 2 jetons, puis en a barré 8. Termine.

Ce carton va te permettre de calculer des soustractions. Glisse-le dans une pochette transparente. Les dizaines dont tu as besoin sont déjà dessinées sur l'une des lignes, dessine seulement les unités.

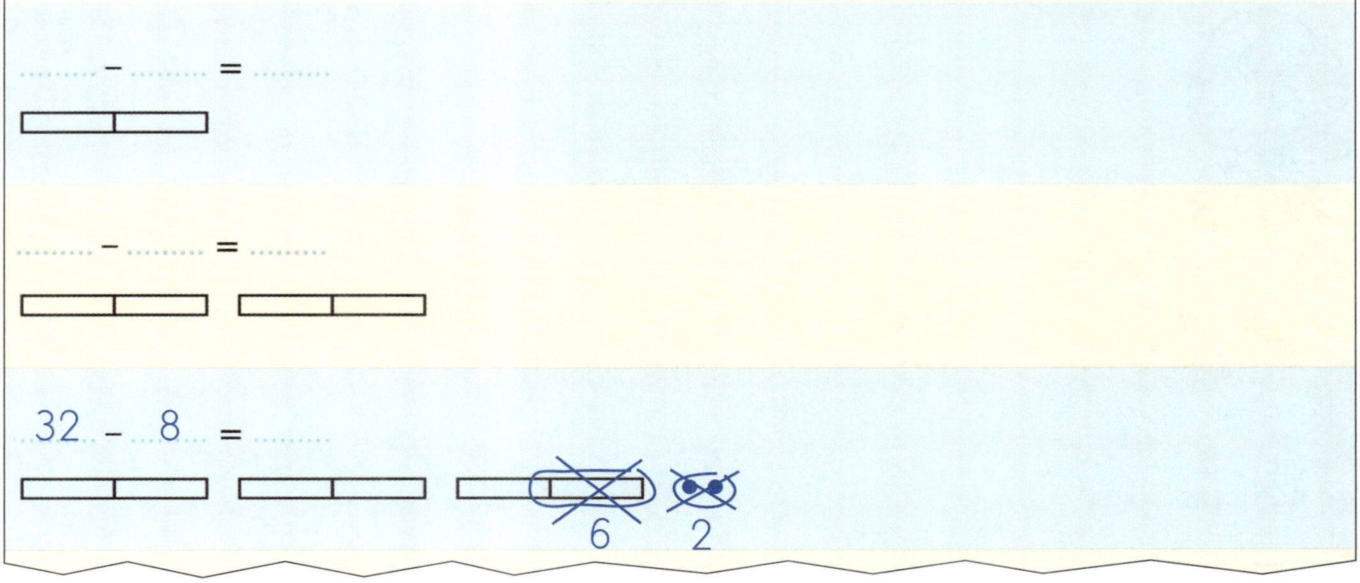

Utilise ton carton pour calculer ces soustractions.

44 – 8 = ...	16 – 7 = ...	65 – 7 = ...	50 – 7 = ...
30 – 6 = ...	43 – 10 = ...	40 – 8 = ...	17 – 8 = ...
51 – 8 = ...	36 – 9 = ...	13 – 6 = ...	27 – 6 = ...

1

Le nombre Mystérieux

66 68 70 71
74 76 79

39 + 40 = ...	28 + 40 = ...	67 + 9 = ...
64 + 7 = ...	68 + 6 = ...	62 + 8 = ...

Le nombre mystérieux :

2

Lis et complète. (Si tu en as besoin, utilise ton tableau des groupes de 2, 3, 5 et 10.)

3 paquets de 10 cahiers et 8 cahiers isolés, c'est .... cahiers en tout.

5 équipes de 3 enfants et 2 enfants isolés, c'est ....

4 carnets de 10 timbres et 6 timbres isolés, c'est ....

3 billets de 5 € et encore 2 €, c'est ....

3

Dictée ($60 \leq n \leq 79$) : quand un nombre commence par soixante… **Soustractions (choisir la stratégie) :** idem sq. 34.

1 Ce nouvel outil (à placer dans une pochette transparente bien lisse) permet d'économiser le dessin de 5 boîtes de dix lorsqu'il faut calculer 53 – 7, par ex. Il suffit en effet de sélectionner la ligne où 5 boîtes sont déjà dessinées, de compléter cette représentation de 50 par le dessin de 3 unités et l'on dispose d'un matériel pour calculer. Ce matériel sera utilisé dans les activités de haut de page et, progressivement, au cours de l'année, les élèves seront incités à ne plus dessiner le retrait, puis à ne plus dessiner du tout s'ils le peuvent.

SÉQUENCE 37

Numération décimale : les nombres de 80 à 100

Un nouveau groupe de 10 ?

Soustractions *(20 – 3; 50 – 6)*

Jeu du furet de 79 à 99 en disant, pour chaque case, le nom du nombre et combien il y a de groupes de dix et d'unités isolées. Puis, *jeu de la planche cachée*.

J'ai appris: Quand un nombre commence par «quatre-vingt», c'est :
– soit 8 groupes de 10 et quelque chose,
– soit 9 groupes de 10 et quelque chose.

Dictée de nombres :

Écris en chiffres.

quatre-vingt-dix-huit : .... *quatre-vingt-six* : .... *quatre-vingt-douze* : ....

quatre-vingt-trois : .... *quatre-vingt-dix-neuf* : .... *quatre-vingt-onze* : ....

1

Le nombre Mystérieux

83 88 89 90 92 94 95 97

cinquante + quarante = ...

soixante-dix-neuf + neuf = ...

quatre + quatre-vingt-treize = ...

quatre-vingt-sept + sept = ...

six + quatre-vingt-six = ...

trente + soixante-cinq = ...

soixante + vingt-trois = ...

Le nombre mystérieux :

2

Lis et complète. Si nécessaire, utilise ton tableau des groupes de 2, 3, 5 et 10.

3 pièces de 2 € et encore 1 €, c'est .... *euros en tout.*

5 bouquets de 5 fleurs et 3 fleurs isolées, c'est ....

4 équipes de 3 enfants et 2 enfants isolés, c'est ....

4 boîtes de 10 feutres et 7 feutres isolés, c'est ....

3

Un nouveau groupe de dix ? : cas analogues à ceux de la sq. 27. Les calculs sont proposés oralement.
Soustractions (*20 – 3; 50 – 6*) : les élèves disposent de leur carton. On se limite aux soustractions *a* – *b* où *a* est un nombre entier de dizaines.

1 et 2 On commence par un furet de 1 en 1 en suivant du doigt sur la planche («1 de plus ?»). On procède ensuite à un *jeu de la planche* (*cf.* sq. 9) et à une dictée. Pour écrire ces nombres en chiffres, il ne faut pas transcrire directement ce qu'on entend, mais chercher combien de groupes de dix ils contiennent (8 ou 9 ?); il faut donc attendre ce qui est dit après «quatre-vingt» (est-ce ≤ 9 ?).

Doubles des nombres 10, 15, 20, 25…

Soustractions
(20 – 3 ; 52 – 6)
Dictée (80 ≤ *n* ≤ 99)

a Calcule et écris les résultats en chiffres (ne complète pas la table).

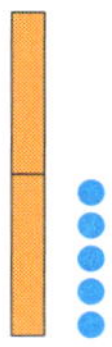

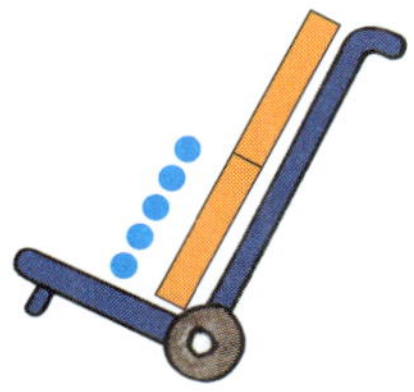

quinze + quinze = ………

quarante + quarante = ………
cinq + cinq = ………
vingt + vingt = ………
trente-cinq + trente-cinq = ………
trente + trente = ………
vingt-cinq + vingt-cinq = ………
dix + dix = ………
quarante-cinq + quarante-cinq = ………

Table de doubles

5 + 5	=	*10*
10 + 10	=	………
15 + 15	=	………
20 + 20	=	………
25 + 25	=	………
30 + 30	=	………
35 + 35	=	………
40 + 40	=	………
45 + 45	=	………

b

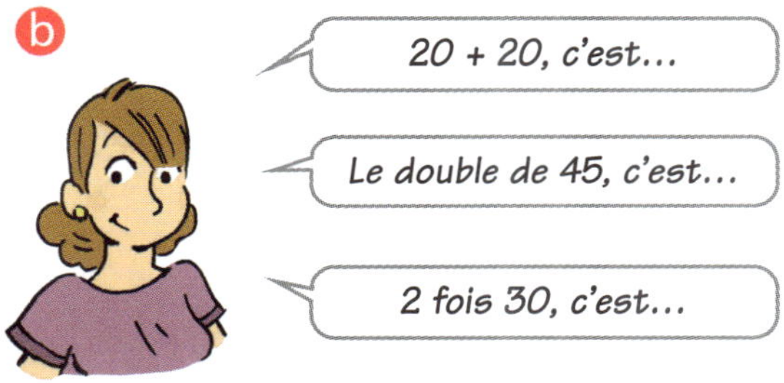

1

Écris en chiffres.

quatre-vingt-sept : ………
soixante-quatorze : ………
soixante-quinze : ………
soixante-huit : ………
quatre-vingt-treize : ………
quatre-vingt-dix : ………

2

Le nombre Mystérieux*

87 + 4 = ………
63 – 8 = ………
8 + 80 = ………
62 – 5 = ………
69 – 6 = ………
60 – 8 = ………
86 + 8 = ………
19 + 80 = ………
12 + 80 = ………
75 + 6 = ………
50 – 7 = ………
64 – 10 = ………

43

52 54 55 57

63 73 81 88

91 92 94 99

* Tu peux utiliser ton carton pour calculer les soustractions.

Le nombre mystérieux :

3

Soustractions *(20 – 3 ; 52 – 6)* : les élèves disposent de leur carton. On alterne les soustractions *a – b* où *a* est un nombre entier de dizaines et celles du type 52 – 6 qui nécessitent de décomposer 6 en 2 et encore… 4 pour se ramener au cas précédent.
Dictée *(80 ≤ n ≤ 99)* : quand un nombre commence par quatre-vingt…

1 Le calcul est d'abord donné sous forme littérale. Les cas du type 30 + 30 ne posent aucune difficulté. Ceux du type 35 + 35 conduisent à former une nouvelle dizaine exactement. Dans la table, les premiers sont en gras parce qu'ils servent de points d'appui. Une interrogation orale est ensuite proposée. Les résultats figurant juste au-dessus, on invitera les plus habiles lecteurs à les masquer.

SÉQUENCE 39

Lecture de l'heure (1)

Additions
(*23 + 40*)
Doubles
(*20 ; 35…*)

L'horloge de Picbille ne possède que la petite aiguille (celle qui indique les heures).

C'est le matin. Que fais-tu à ces moments de la journée ?

Indique avec le doigt où se situe à peu près la grande aiguille sur une horloge normale.

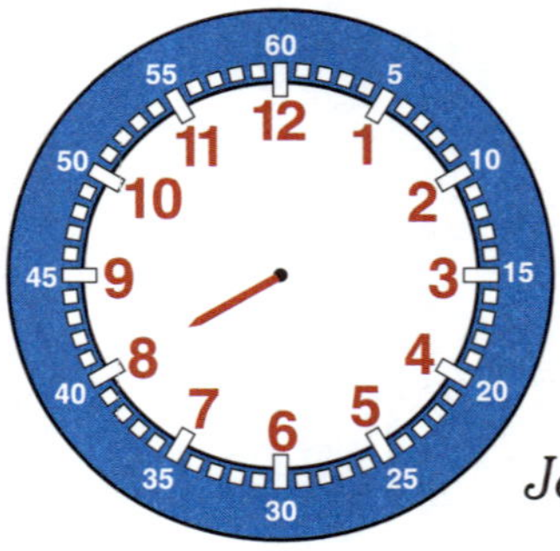

Il est environ 8 heures……

Je ……………………

……………………

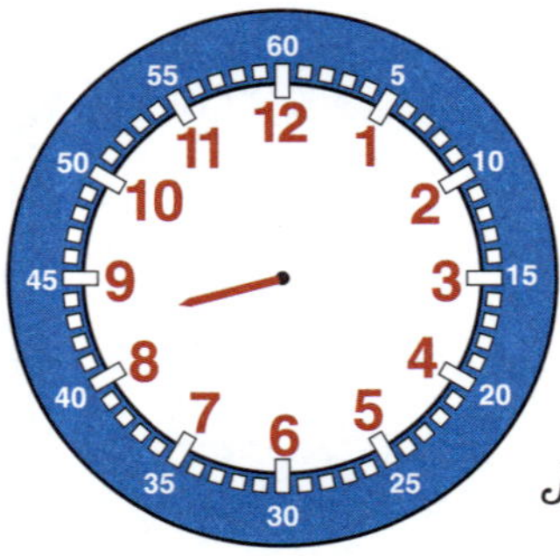

Il est environ 8 heures et demie……

Je ……………………

……………………

Il est environ

……………………

Je ……………………

……………………

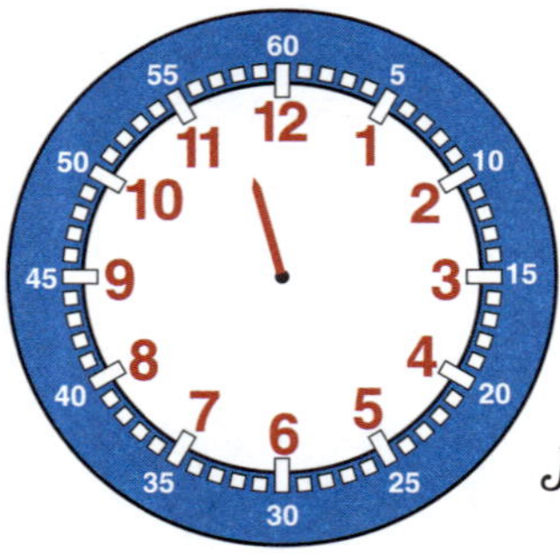

Il est environ

……………………

Je ……………………

……………………

J'ai appris :

Sur une horloge, la petite aiguille tourne très doucement.
Elle met 1 heure pour aller d'un nombre au suivant.

Pendant ce temps, la grande aiguille fait un tour entier :

1 heure, c'est 60 minutes.

À l'aide d'une règle, dessine l'aiguille des heures. *C'est l'après-midi. Il est environ…*

… 1 heure et demie.

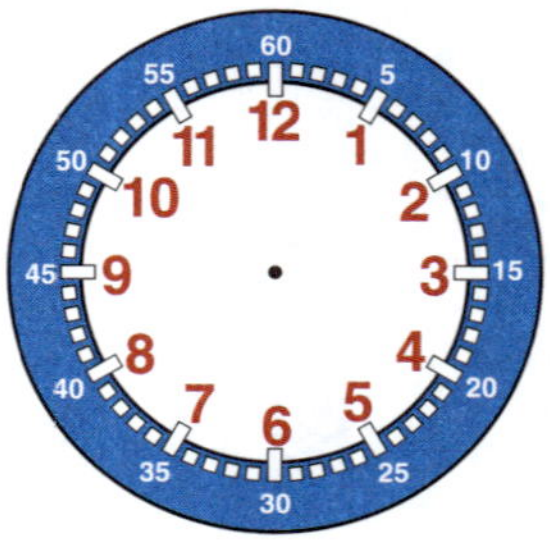

… 2 heures.

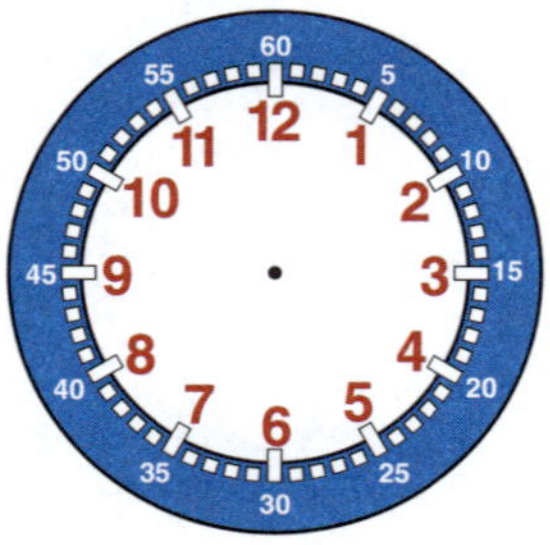

… 4 heures et demie.

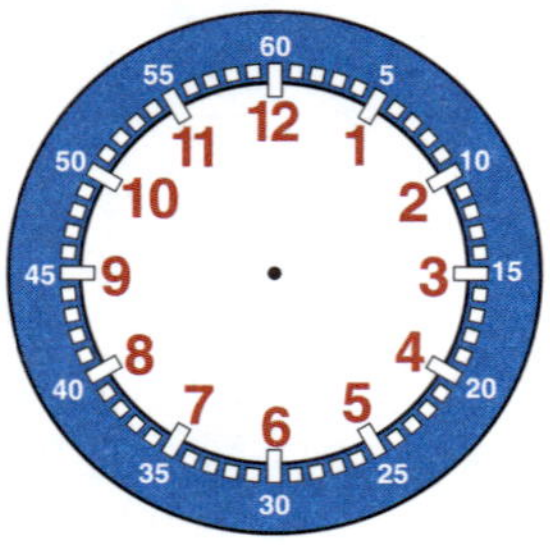

… 5 heures.

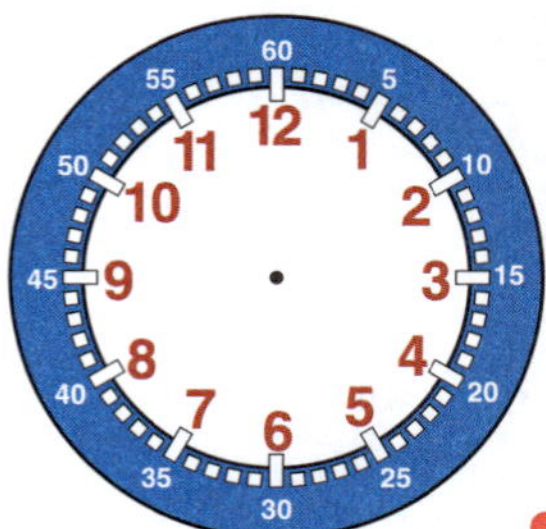

1

Calcule ces soustractions (tu peux utiliser ton carton).

43 – 6 = ……… 54 – 10 = ……… 55 – 7 = ……… 49 – 7 = ………

2

Additions (*23 + 40*) : idem sq. 30.
Doubles (*20 ; 35*) : avec une table vide (*cf.* p. 157).

1 La petite aiguille donne une heure approchée (l'aiguille des minutes ne fait que préciser l'information donnée par celle des heures). L'idéal est de disposer en classe de 2 horloges bon marché : l'une dont on a retiré l'aiguille des min et l'autre qui a conservé son aiguille des min mais qui est masquée derrière un rideau. L'activité de base qu'on mènera régulièrement jusqu'à la sq. 76 consiste à **analyser** la position de la petite aiguille de l'horloge incomplète pour **anticiper** la position approximative de l'aiguille des min de l'autre (*cf.* le *Je me rappelle* de la sq. 76). La sq. 39 peut être légèrement différée pour que le maître dispose des 2 horloges.

Ordonner les nombres jusqu'à 100

Furet
« 10 de moins »
Soustractions
(*20 – 3 ; 52 – 6*)

Voici la hauteur de divers objets de la classe :

Objets	Hauteur
a) Un grand cahier	32 cm
b) Une table d'élève	60 cm
c) Le bureau de la maîtresse	75 cm
d) Un crayon	18 cm
e) Une trousse	26 cm
f) Un cartable	51 cm

On a commencé à les ordonner du moins haut au plus haut. Continue.

d, ...

1

Range ces nombres du plus petit au plus grand.

63 91 14 48 84 52

....

Les trois nombres ci-dessous ont été rangés du plus petit au plus grand, mais il reste des cases vides.

Continue à remplir les cases en plaçant les nombres : 64, 21, 53, 34, 82 et 45.

.... 38 .... 61 .... 72 ....

2

Le nombre Mystérieux

66 – 8 = ... 57 – 5 = ... 66 – 10 = ...

58 – 7 = ... 64 – 7 = ... 62 – 8 = ...

65 – 6 = ... 63 – 13 = ... 61 – 6 = ...

50 51 52

53 54 55 56

57 58 59

Le nombre mystérieux :

3

Furet (« 10 de moins ») : le point de départ est un nombre 90 ≤ *n* ≤ 99.
Soustractions (*20 – 3 ; 52 – 6*) : idem sq. 38.

1 et **2** Pour ranger des nombres par ordre croissant, la méthode la plus fiable consiste à chercher le plus petit nombre, puis le plus petit de ceux qui restent, etc. Dans l'activité 2, cette méthode reste valable, mais la présence de nombres déjà rangés peut laisser croire que les nombres peuvent être rangés dans l'ordre où ils sont proposés. Or 21, par ex., ne peut être placé exactement que lorsque le nombre 34 a été pris en compte.

SÉQUENCE 41

Additions mentales : « quarante-trois + vingt-huit »

Soustractions
(20 – 3 ; 52 – 6)
Doubles
(20 ; 35…)

« Quarante-trois + vingt-cinq », c'est facile…

quarante-trois + vingt-cinq = ………

43 + 20 + 5

« quarante-trois + vingt-huit », c'est plus difficile…

quarante-trois + vingt-huit = ………

43 + 20 + 8

trente-sept + vingt-cinq = ………

37 + 20 + 5

vingt-six + trente-trois = ………

……… + ……… + ………

treize + trente-sept = ………

……… + ……… + ………

cinquante-six + quinze = ………

……… + ……… + ………

1

Calcule. Si tu le peux, écris directement le résultat.

quarante-cinq + vingt-cinq = ………

……… + ……… + ………

cinquante et un + seize = ………

……… + ……… + ………

trente-quatre + vingt-huit = ………

……… + ……… + ………

vingt-sept + vingt-neuf = ………

……… + ……… + ………

2

Soustractions (*20 – 3 ; 52 – 6*) : idem sq. 38.
Doubles (*20 ; 35*) : avec une table vide (*cf.* p. 157).

1 et 2 Le principe de base de l'addition mentale est simple : il faut prendre en compte les nombres dans l'ordre où on les entend. Dans le cas de la somme de 2 nombres de 2 chiffres, il convient donc d'éviter de décomposer le 1er nombre et d'ajouter successivement les dizaines puis les unités du 2e. Dans cette séquence, les écritures littérales sont utilisées pour donner le calcul à effectuer et les écritures chiffrées pour expliciter la stratégie utilisée.

Dictée
($60 \leq n \leq 99$)
Additions *(43 + 28)*

Problème : Une maîtresse veut organiser un jeu dans la cour avec ses 24 élèves.
Pour ce jeu, chaque enfant doit avoir un foulard. Mais il n'y a que 18 foulards.

Combien manque-t-il de foulards ?

Pour résoudre ce problème, Sébastien, Mélanie et Cécile ont fait un schéma.
Qui a réussi à résoudre le problème ?
Entoure le ou les prénoms des enfants qui ont trouvé la solution.

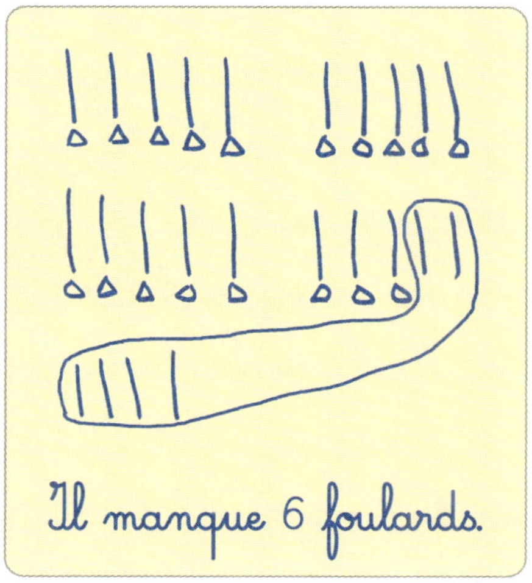

Sébastien

Mélanie

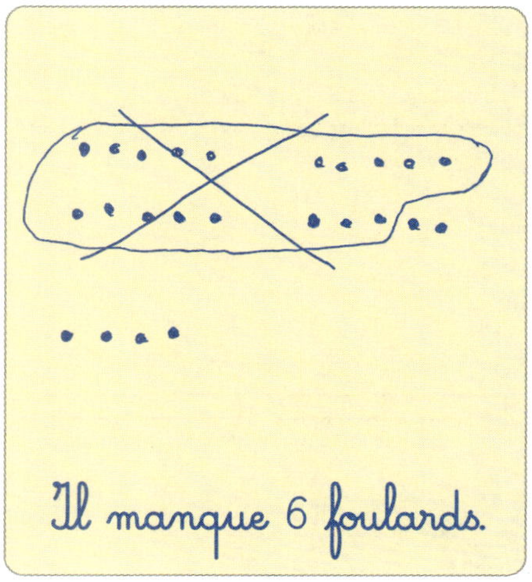

Cécile

Si tu sais, écris une égalité qui donne cette solution :

....

1

Problèmes à résoudre sur le cahier

Réponds (tu peux faire un schéma, écrire une égalité ou expliquer ta solution).

1 ▶ M. Dupré achète un cartable à 24 €, un livre à 10 € et un classeur à 5 €.

Combien dépense-t-il ?

2 ▶ Dans une petite école, 19 enfants vont manger à la cantine.
On a déjà mis 6 assiettes.

Combien d'assiettes faut-il encore mettre ?

3 ▶ Une directrice d'école achète 5 bandes dessinées à 10 € l'une.

Combien doit-elle payer ?

4 ▶ Mario et Théo se partagent une pochette de 24 images.
Mario prend 13 images et donne les autres à Théo.
« *Ce n'est pas juste !* » dit Théo.

Pourquoi ?

2

Dictée ($60 \leq n \leq 99$)
Additions (*43 + 28*) : les calculs proposés sont écrits sous forme littérale au tableau. La vérification se fait en utilisant les écritures chiffrées comme dans la sq. 41.

1 Différents points de vue peuvent être adoptés sur la situation : on pourra considérer que certains des élèves de la classe ne vont pas pouvoir jouer, ou qu'il faut aller chercher des foulards manquants, etc.

2 On apprécie tout aussi positivement l'usage d'un schéma que celui d'une opération arithmétique.

SÉQUENCE 43

Soustractions du type 42 – 38 : calcul « en avançant »

Additions
(43 + 28)
Soustractions
(20 – 3 ; 52 – 6)

L'écureuil et Picbille ont utilisé le carton de la fin de ton fichier pour calculer 32 – 26.
L'écureuil calcule « en reculant » et Picbille « en avançant ».
Quel est le calcul le plus simple ?

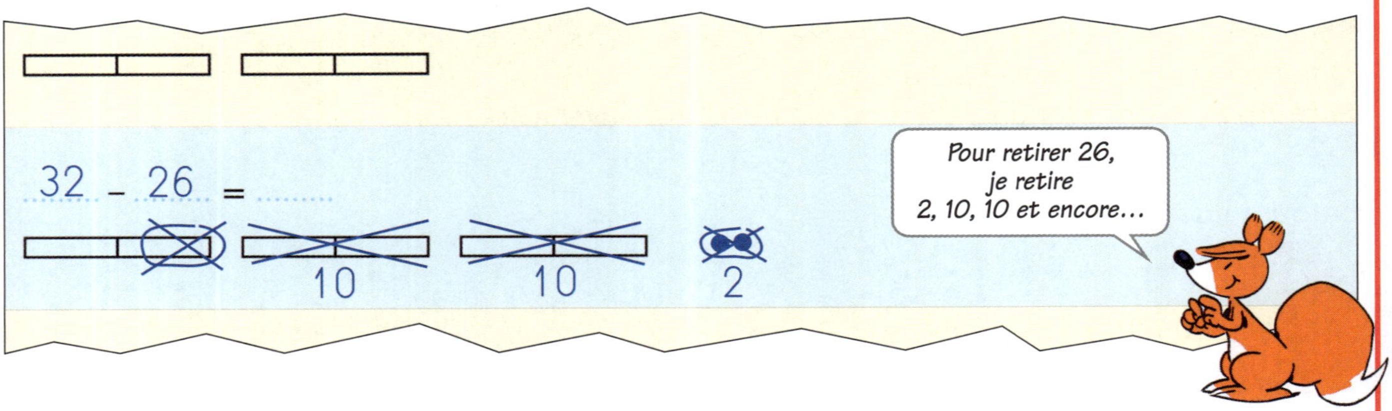

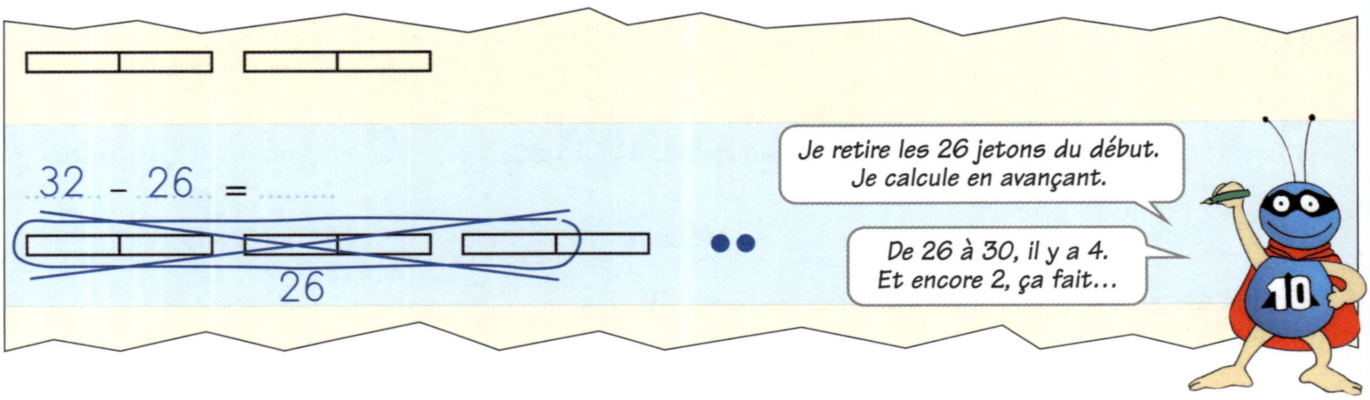

Utilise ton carton pour calculer ces soustractions.

43 – 39 = ...	18 – 9 = ...	40 – 32 = ...	36 – 28 = ...
51 – 36 = ...	45 – 37 = ...	26 – 19 = ...	63 – 46 = ...
16 – 9 = ...	24 – 18 = ...	50 – 33 = ...	17 – 9 = ...

1

Le nombre Mystérieux

32 + 48 = ...	49 + 25 = ...	30 + 55 = ...
45 + 45 = ...	30 + 40 = ...	80 + 15 = ...
72 + 24 = ...	3 + 88 = ...	51 + 35 = ...
78 + 16 = ...	75 + 6 = ...	

70 74 80 81

84 85 86 90

91 94 95 96

Le nombre mystérieux :

2

Additions (*43 + 28*) : idem sq. 42.
Soustractions (*20 – 3 ; 52 – 6*) : idem sq. 38.

1 Les premières soustractions mentales avec des nombres à 2 chiffres qui ont été proposées conduisaient à un « calcul en reculant ». Cependant, très souvent, un « calcul en avançant » est plus facile. C'est notamment le cas lorsqu'on « retire presque tout ». C'est aussi l'occasion de revoir des soustractions élémentaires telles que 16 – 9 ou 17 – 9 dans un contexte un peu différent de celui de la sq. 28 parce que les 10 premiers jetons sont masqués.

Soustractions mentales et comparaison

Soustractions
(*40 – 38 ; 63 – 56*)

Entoure la différence et complète.

J'ai .... jetons.

J'ai .... jetons.

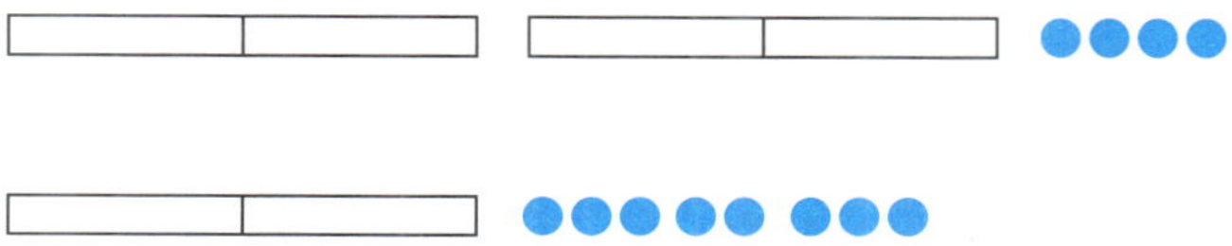

.... – .... = ... *Maxibille a .... jetons de plus que Minibille.*

Entoure la différence et complète.

Léo

J'ai .... images.

Nina

Et moi, j'en ai ....

.... – .... = ...

Invente d'autres problèmes qui conduisent à la même soustraction.

1

Complète.

Maxibille a 25 jetons.
Minibille a 18 jetons.
Imaginez ce que je vois.

Je relie dans ma tête
ce qui est pareil
et je regarde la différence.

Écrivez la soustraction.

..... – ..... = ...

Complète.

....	....
....	....
....	....
....	....

2

Lis et complète. (Si tu en as besoin, utilise ton tableau des groupes de 2, 3, 5 et 10.)

2 bouquets de 5 fleurs et 3 fleurs isolées, c'est .... fleurs en tout.

3 livres à 10 € l'un coûtent ....

4 étuis de 3 stylos et 2 stylos isolés, c'est ....

4 billets de 5 € et encore 2 €, c'est ....

3

Soustractions (*40 – 38 ; 63 – 56*) : les élèves disposent de leur carton. Réponses sur ardoise dans un 1er temps (la vérification se fait après chaque calcul), puis sur le fichier.

1 Comme dans la sq. 30, il s'agit de réactiver la signification « différence » avec les nouvelles valeurs numériques qui ont été travaillées. Pour inventer des problèmes, on peut aussi se rappeler celui des foulards (ARP de la sq. 42).

2 **Situation d'anticipation** : les cas envisagés sont maintenant du type 25 – 18, par ex. La réponse se fait sur ardoise dans un premier temps, puis sur le fichier. Le matériel figure dans le *Livre du maître*, il est également téléchargeable. La vérification se fait en masquant « ce qui est pareil ».

SÉQUENCE 45

Bilan terminal de la première période

Dictée

Écris la table des doubles de 6 + 6 à 10 + 10.

6 + 6 = ...

1

Calcule et écris les résultats en chiffres.

4 + 9 = ...	25 + 8 = ...	*trente + cinquante* = ...	*trente-deux + neuf* = ...
8 + 7 = ...	18 + 6 = ...	*onze + trente* = ...	*soixante + vingt-cinq* = ...
13 + 4 = ...	34 + 6 = ...	*douze + cinquante* = ...	*cinquante + seize* = ...

2

Calcule ces soustractions. Si nécessaire, utilise ton carton.

9 − 7 = ...	53 − 10 = ...	24 − 8 = ...
12 − 9 = ...	48 − 6 = ...	62 − 10 = ...
13 − 4 = ...	35 − 7 = ...	43 − 9 = ...

3

Écris ces nombres en chiffres.

soixante-huit :	quatre-vingt-trois :	quatre-vingt-quatorze : ....
soixante-douze :	soixante-dix :	soixante-cinq : ....
soixante-quinze :	quatre-vingt-un :	quatre-vingt-treize : ....

4

Lis et complète. Si nécessaire, utilise ton tableau des groupes de 2, 3, 5 et 10.

5 bouquets de 3 fleurs, c'est .... *fleurs en tout.*

3 équipes de 2 enfants, c'est ....

4 boîtes de 10 crayons, c'est ....

3 pièces de 2 €, c'est ....

4 billets de 5 €, c'est ....

5

Imagine les boîtes au-dessus de la file numérique et écris.

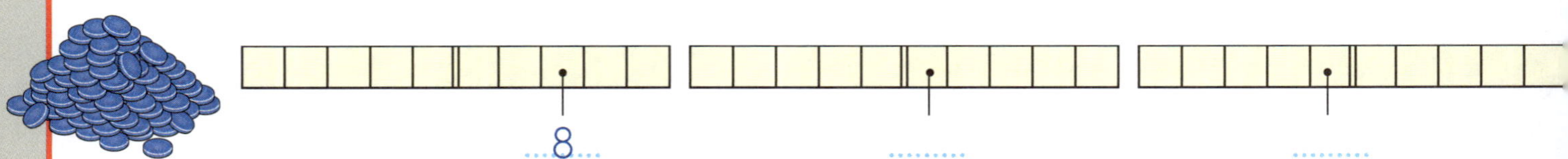

Bilan : on trouve un bilan analogue avec d'autres données numériques dans le *Livre du maître*.
Dictée : les nombres sont compris entre 60 et 99.

La fourmi rouge parcourt le trait AB et la fourmi noire la ligne brisée CDEF.
Qui va parcourir le plus long chemin ?

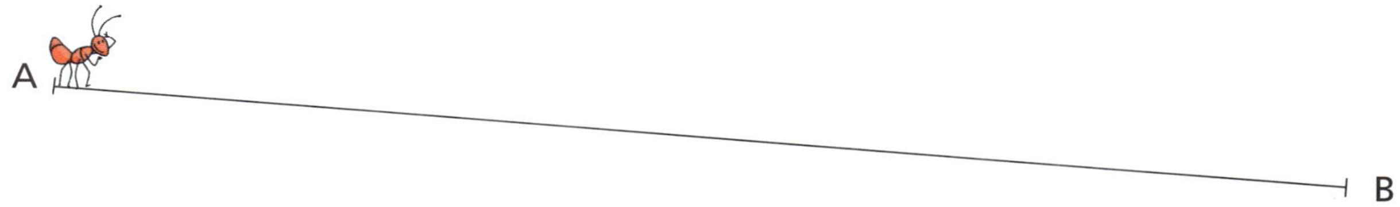

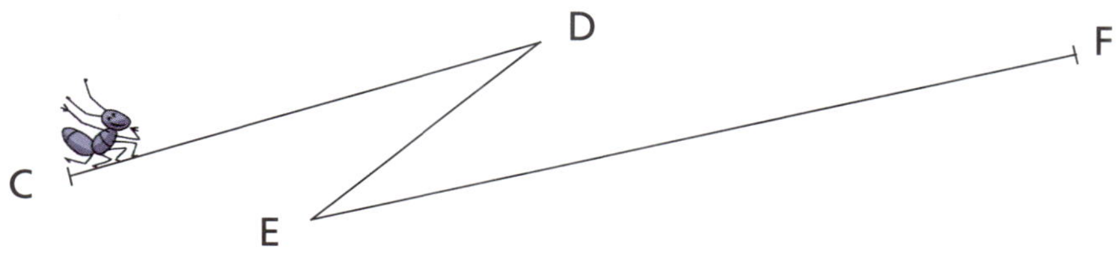

AB mesure .... cm.

CD mesure .... cm.

DE mesure .... cm.

EF mesure .... cm.

La ligne brisée CDEF mesure .... cm.

Qu'est-ce qui est le plus long, la ligne brisée CDEF ou le trait AB ? ....

7

Reproduis le drapeau donné en modèle.

Modèle

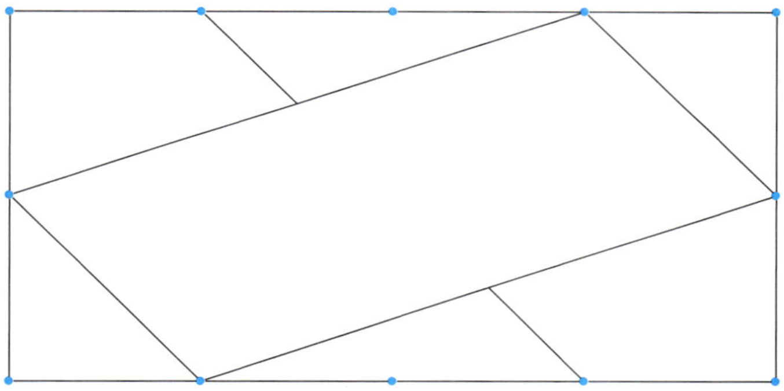

Ton tracé

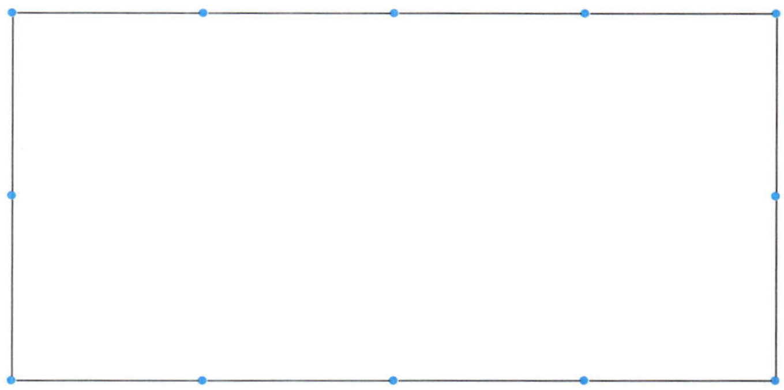

8

Problèmes à résoudre sur le cahier

1 ▶ Dans un zoo, il y a 13 singes.
Le gardien arrive avec 8 bananes.

Combien de singes n'auront pas de bananes ?

2 ▶ Pour un goûter,
Madame Baroux ouvre
4 paquets de 6 gâteaux.

Combien de gâteaux y a-t-il ?

9

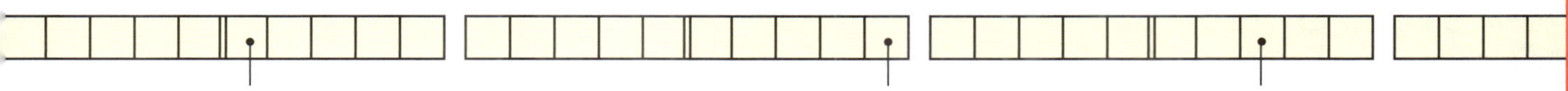

....

6

2e période

Arithmétique : les 200 premiers nombres, addition et soustraction en colonnes, multiplication mentale et en colonnes; partage en 2 ($n \leq 100$).
Géométrie : angle droit, triangles, rectangles, carrés.
Mesure : longueurs (le m), lecture de l'heure.

Observe : Picbille dit combien il y a de groupes de dix et de jetons isolés, la maîtresse et Perrine disent les nombres comme nous.

8 groupes de dix et 9 quatre-vingt-neuf

On ajoute un jeton. Complète.

.... groupes de dix et .... quatre-vingt-................

On ajoute un jeton.

.... groupes de dix et .... quatre-vingt-................

On ajoute un jeton.

.... groupes de dix et .... quatre-vingt-................

Imagine la suite jusqu'à 99.

1

Différences mentales (*et inventer des contextes*) : l'enseignant anime l'activité décrite dans le cadre 2 de la sq. 44 (les élèves écrivent la soustraction). En fin d'activité, 1 ou 2 soustractions sont écrites au tableau et il faut inventer d'autres problèmes qui conduisent à la même soustraction. On pensera à la recherche d'un manque (*cf.* l'ARP de la sq. 42).

1 et 2 Cette sq. se déroule sur 4 pages. Les élèves ont leur compteur ainsi que les couvercles de valise autocollants de la fin du fichier. Les ajouts successifs d'une unité sont réalisés soit avec du matériel, soit par le dessin au tableau. Rappelons l'idée générale de la progression (*cf.* Présentation p. 4). Il est facile de savoir combien un nombre de ▷

Numération décimale jusqu'à 199 (1) : 130, c'est 13 groupes de 10

Différences mentales (*et inventer des contextes*)

....	....	....	....

Écris les nombres comme Picbille et comme nous.

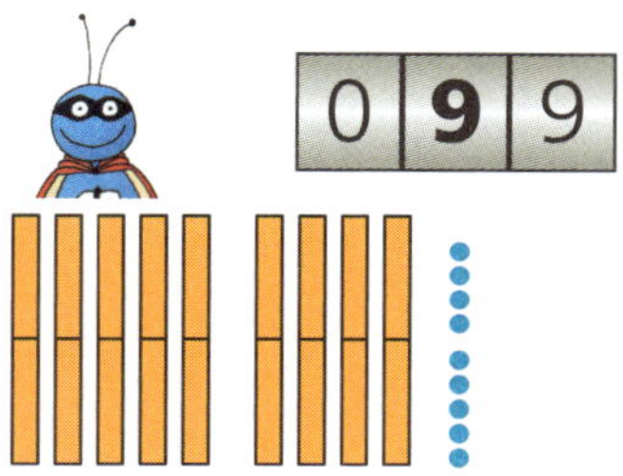

.... groupes de dix et ....

quatre-vingt-..................

Picbille ne dit pas les nombres comme nous.
Il continue à dire combien il y a de groupes de dix.

.... groupes de dix et ....

cent

Continue.

.... groupes de dix et ....

....

.... groupes de dix et ....

....

Imagine la suite jusqu'à 109.

2

▷ 3 chiffres contient de centaines parce que ça s'entend : quand on lit « 234 », par ex., on entend « deux cent... ». Mais il est difficile de savoir que ce nombre contient 23 groupes de 10 parce que ça ne s'entend pas. Durant la « Période jaune », les élèves l'apprennent pour les nombres entre 100 et 200 : 130, c'est 13 groupes de dix. Picbille, en effet, continue à décrire les nombres après 99 à l'aide des groupes de dix : « 10 groupes de dix, 10 groupes de dix et 1, 10 groupes de dix et 2, etc. » Perrine et la maîtresse, en revanche, forment le groupe de 100 de manières différentes : Perrine se contente d'entourer 10 groupes de dix alors que la maîtresse les met dans une valise dont les élèves doivent coller le couvercle.

SUITE

Numération décimale jusqu'à 199 (1) : suite de la séquence 46

Écris les nombres comme Picbille et comme nous.

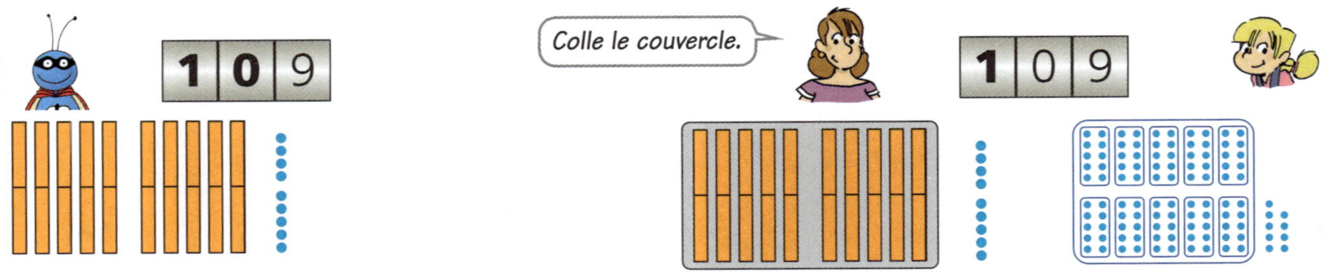

.... groupes de dix et ....

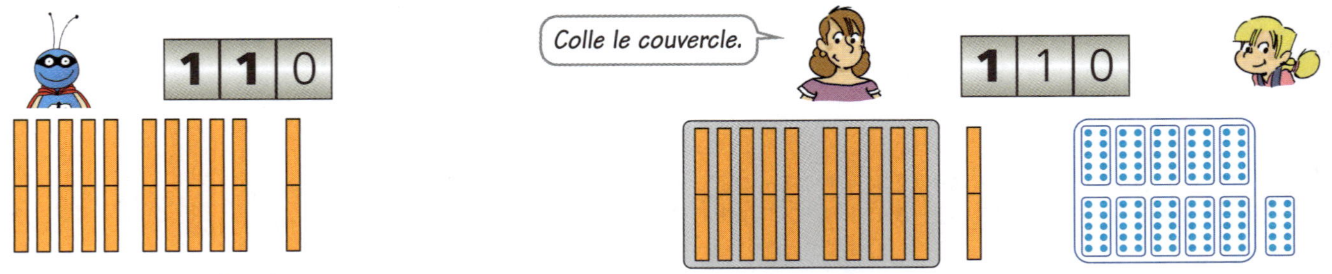

.... groupes de dix et ....

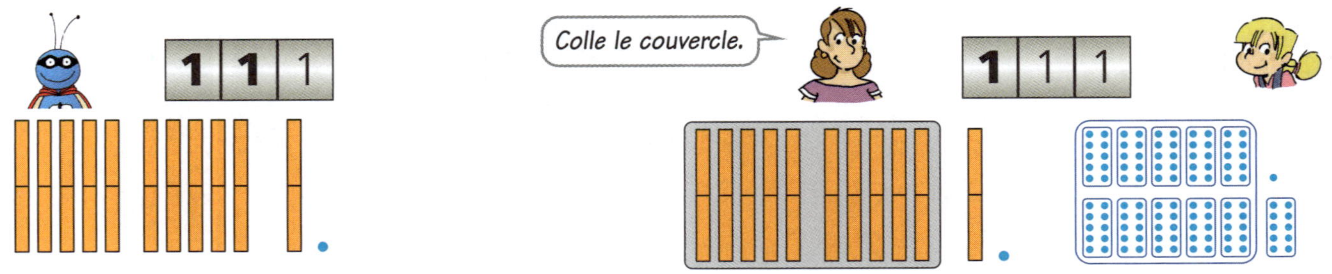

.... groupes de dix et ....

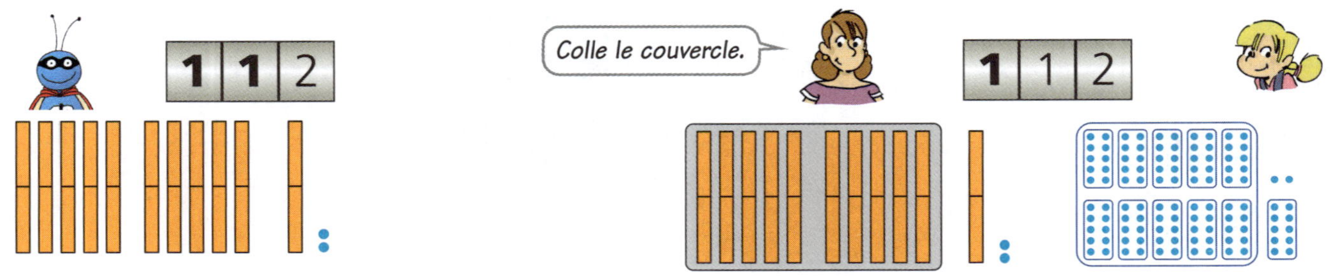

.... groupes de dix et ....

Imagine la suite jusqu'à 119.

3

Dictée de nombres comme Picbille.

5

3 Après que le couvercle de la valise ait été collé, une situation pédagogique intéressante consiste pour l'enseignant à feindre la surprise tout en disant : « *Vous me dites qu'il y a 109 jetons, mais je n'en vois que 9 !* ». Les élèves doivent alors reconstituer mentalement les 10 boîtes avec chacune leurs 10 jetons à l'intérieur. À l'étape suivante, une 1re difficulté surgit : des enfants pensent que le nombre qui succède à 109 est 200.

4 Il est plus facile de trouver le successeur de 119 que celui de 109, mais c'est seulement après 120 que l'analogie avec les 100 premiers nombres rend la tâche aisée.

Écris les nombres comme Picbille et comme nous.

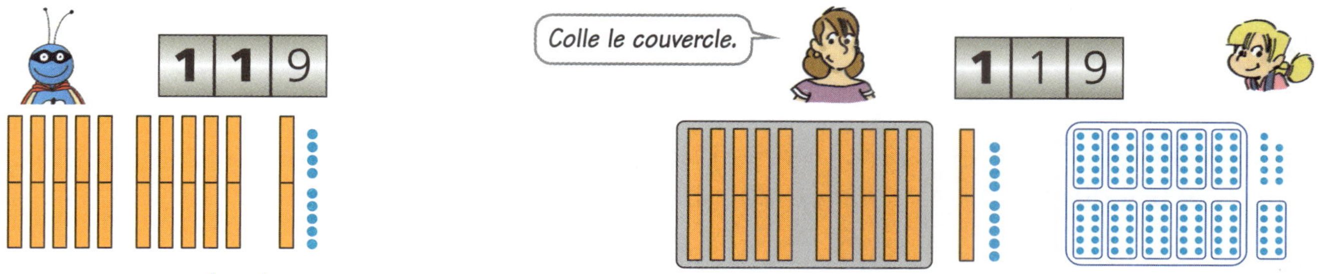

.... groupes de dix et ....

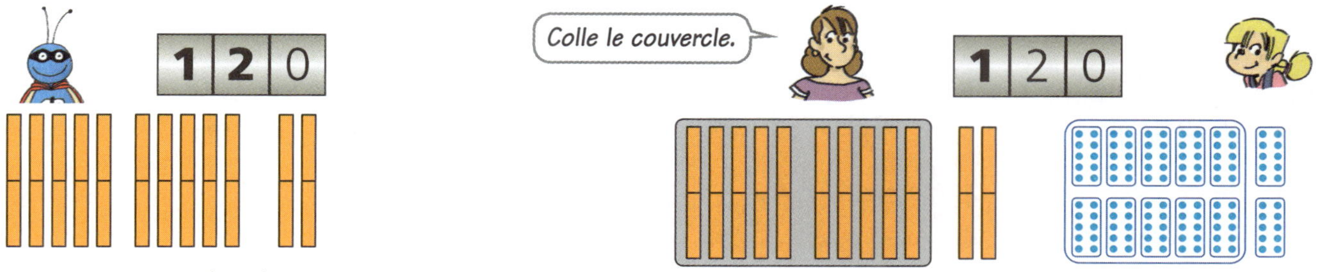

.... groupes de dix et ....

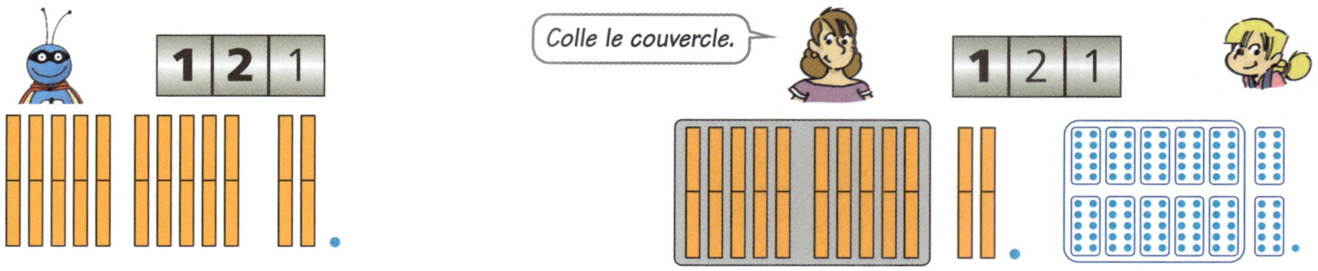

.... groupes de dix et ....

.... groupes de dix et ....

Imagine la suite jusqu'à 199.

4

Dictée de nombres « comme nous ».

6

5 Afin de mieux graver dans le souvenir des élèves le fait que 12 groupes de dix et 6, c'est 126, la première dictée de nombres à 3 chiffres qui leur est proposée au CE1 prend cette forme : il s'agit d'une dictée de nombres « comme Picbille ». Pour chaque nombre, la façon « normale » de le dire est également demandée.

6 L'ordre des interrogations du cadre 5 est inversé : on dicte d'abord les nombres « comme nous » avant de demander comment Picbille les dirait.

SÉQUENCE 47

Numération décimale jusqu'à 199 (2)

Additions
(*97 + 4; 97 + 10*)
Dictées

Léo a essayé d'organiser ses jetons comme Picbille et Nina de les organiser comme Perrine. *Qu'ont-ils oublié de faire ?* Complète et réponds. *Qui a le plus de jetons en tout ? Et le moins ?*

Léo — *J'ai .... jetons.*

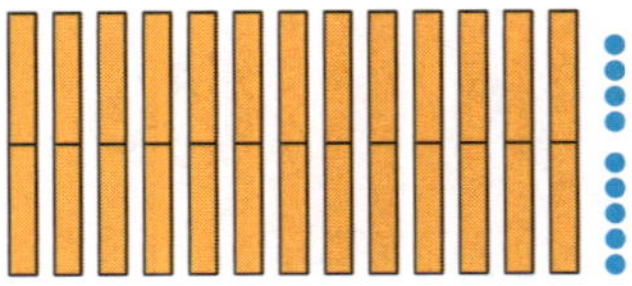

Nina — *J'ai .... jetons.*

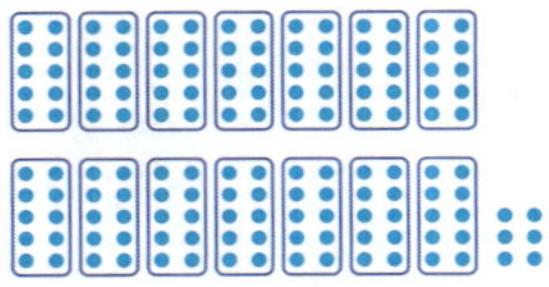

La maîtresse — *J'ai .... jetons.*

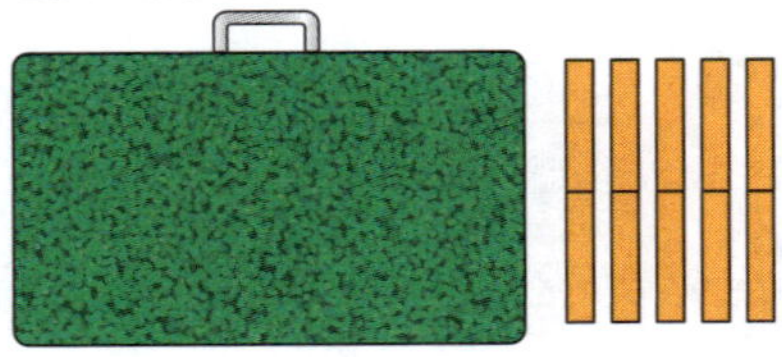

C'est .... qui a le plus de jetons. C'est .... qui en a le moins.

J'ai .... jetons.

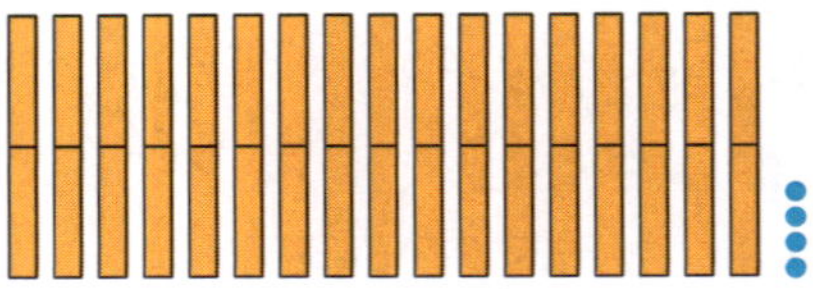

J'ai .... jetons.

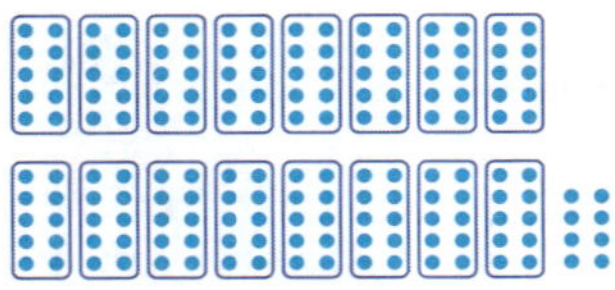

J'ai .... jetons.

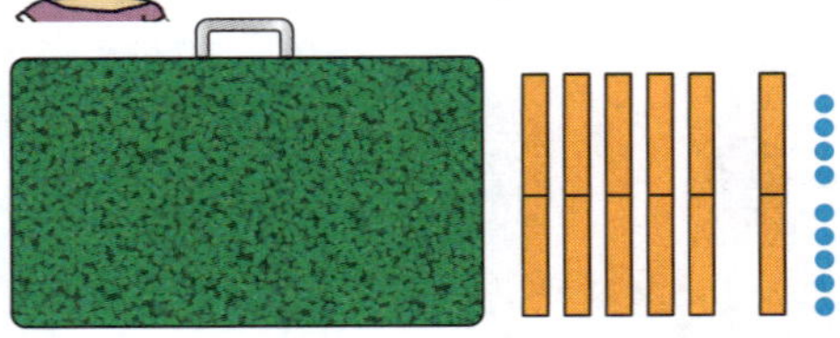

C'est .... qui a le plus de jetons. C'est .... qui en a le moins.

1

Combien y a-t-il de crayons en tout ? Continue à former les groupes de 10 et réponds.

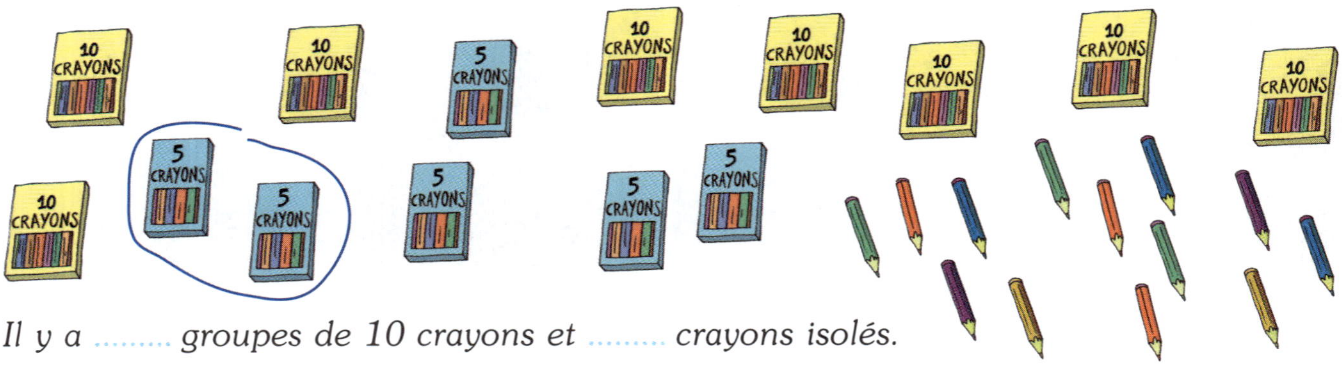

Il y a .... groupes de 10 crayons et .... crayons isolés.

Il y a .... crayons en tout.

Complète.

13 groupes de 10 points et 6 points isolés, c'est .... points en tout.

4 paquets de 5 feutres et 2 feutres isolés, c'est ....

15 bouquets de 10 fleurs et 4 fleurs isolées, c'est ....

10 paquets de 10 gâteaux et 5 gâteaux isolés, c'est ....

2

Additions (*97 + 4; 97 + 10*) : les élèves disposent de leur compteur. Le maître demande d'afficher 97 (ou 95, ou 98...); il vérifie cet affichage avant de dire 97 + 4 (ou : « 4 de plus »). On propose quelques exemples simples où l'on raisonne sur les dizaines : 97 + 10; 97 + 20 (ou 95 + 10 ou 95 + 20...).
Dictées : « comme Picbille » puis « comme nous ».

1 Léo et Nina n'ont pas fait apparaître la centaine.

2 Il y a d'autres groupes de 10 que les boîtes de 10 crayons : ceux formés par 2 boîtes de 5 crayons ou par 10 crayons sortis de leur boîte.

Soixante-dix + cinquante, c'est 7 groupes de dix plus…

SÉQUENCE 48

Additions (97 + 4; 97 + 10)
Différences mentales

……… ……… ……… ………

soixante-dix + cinquante

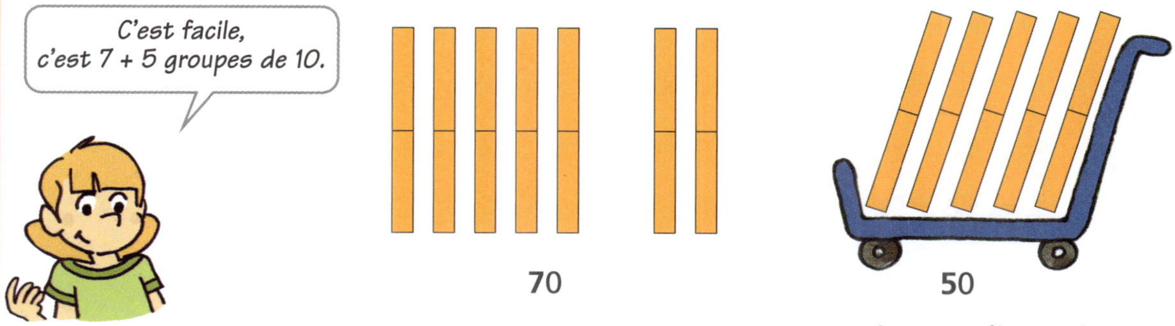

soixante-dix + cinquante = ………

Calcule. Écris les résultats en chiffres.

soixante + soixante = ……… *soixante + quatre-vingts =* ………

quatre-vingt-dix + cinquante = ……… *soixante-dix + soixante-dix =* ………

Calcule (attention aux jetons isolés).

soixante + quarante-trois = ……… *cinquante + soixante-huit =* ………

cinquante + soixante-treize = ……… *quatre-vingts + cinquante-sept =* ………

1

Le nombre Mystérieux*

76 − 58 = ……… 70 + 80 = ………

79 + 60 = ……… 54 − 44 = ………

66 − 58 = ……… 80 + 86 = ……… 35 − 29 = ………

50 + 96 = ……… 73 − 57 = ……… 80 + 69 = ………

6 8 10 16

18 136 139 146

149 150 166

Le nombre mystérieux :

* Tu peux utiliser ton carton pour calculer les soustractions.

2

Complète.

4 pièces de 2 euros et encore 1 €, c'est ………

11 boîtes de 10 feutres et 8 feutres isolés, c'est ………

5 équipes de 2 enfants et 2 enfants isolés, c'est ………

16 carnets de 10 timbres et 9 timbres isolés, c'est ………

3

Additions (*97 + 4; 97 + 10*) : idem sq. 47.
Différences mentales : idem sq. 46.

1 Le calcul mental d'additions du type «soixante-dix + cinquante» est une nouvelle occasion d'utiliser le fait que 12 groupes de dix, c'est 120. Les nombres sont écrits en lettres (*cinquante* + *soixante*, par ex.) pour que ce soient les élèves eux-mêmes qui explicitent combien il y a de groupes de dix dans *cinquante* et *soixante* respectivement.

SÉQUENCE 49

Mesure de longueurs : utiliser le double décimètre

Additions
(80 + 40; 70 + 70)
Soustractions
(40 – 38; 63 – 56)

Couic-Couic a posé son double décimètre pour mesurer le trait AB. Il s'est trompé. Explique pourquoi.

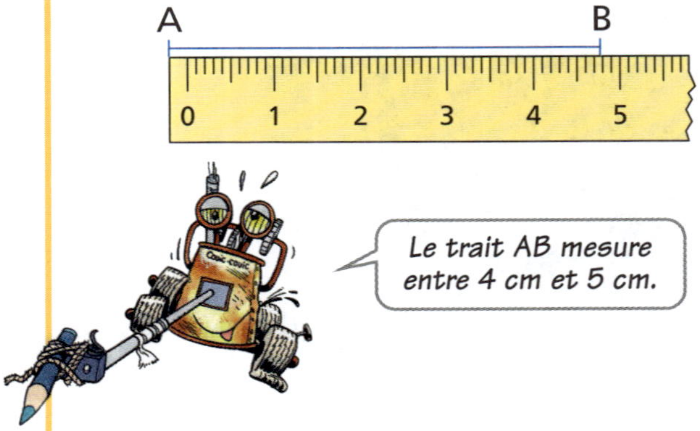

Pour mesurer le même trait AB, Géom a bien posé son double décimètre

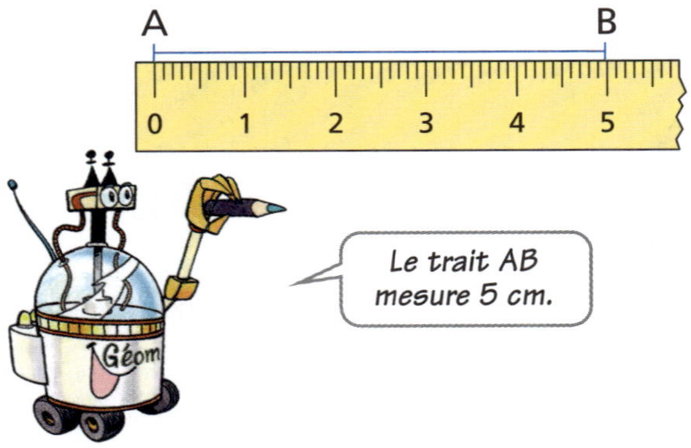

Mesure les traits avec ton double décimètre et finis de compléter le tableau de mesures.

Mesures	Traits
Entre 6 cm et 7 cm	A E
9 cm	....
Entre 9 cm et 10 cm	....
10 cm	....
13 cm	....

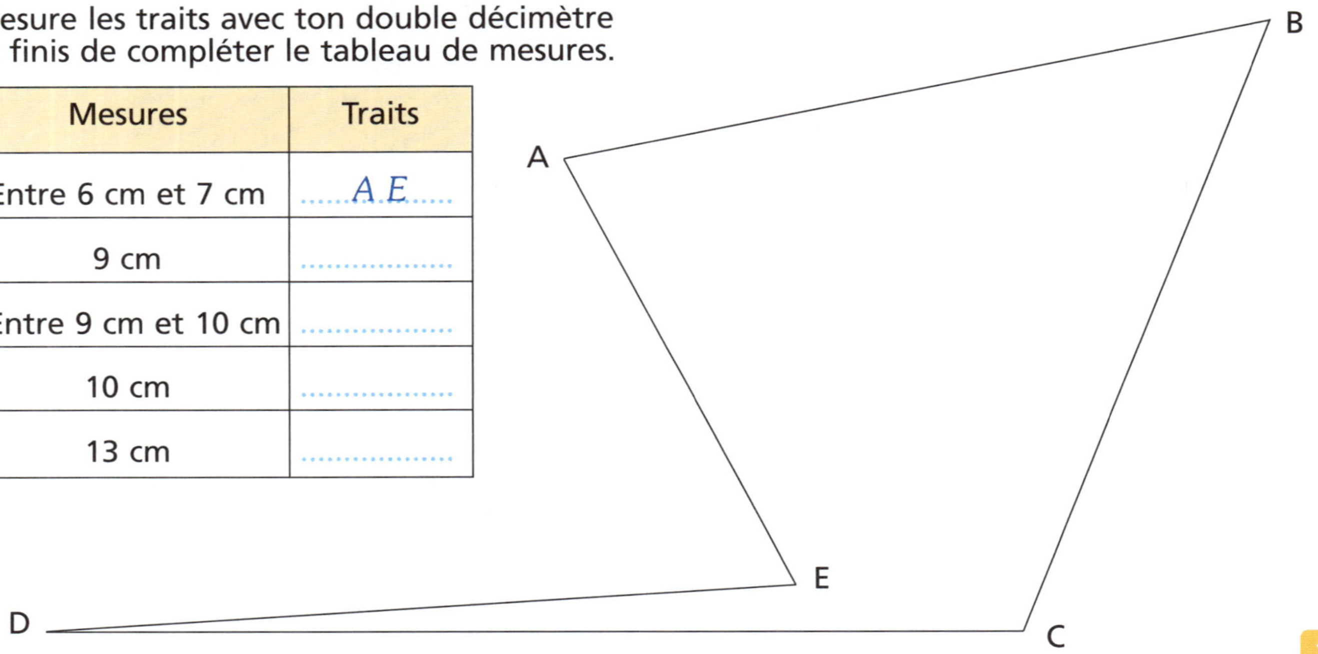

1

Trace ci-dessous un trait horizontal de 8 cm qui commence à 4 carreaux de la marge.
Trace un trait vertical de 3 cm à 2 carreaux de la marge.

2

Additions ***(80 + 40; 70 + 70)*** **:** l'interrogation est orale. La validation se fait en utilisant l'écriture chiffrée. On pensera à poser quelques cas avec la somme ≤ 100.
Soustractions ***(40 – 38; 63 – 56)*** **:** idem sq. 44.

1 Avant de mesurer, le fait de juxtaposer la règle en carton et le double décimètre aide les élèves à comprendre que les « tout petits traits » ne comptent pas, qu'entre deux numéros successifs il y a 1 cm, qu'entre le « 0 » et le « 5 » il y a 5 longueurs de 1 cm,... L'erreur de Couic-Couic amène à expliciter le rôle de la graduation « 0 » : c'est une extrémité du premier cm.

Trace un trait de 16 cm qui soit entièrement situé à l'intérieur de ce rectangle.

3

Combien y a-t-il d'euros en tout? Continue à former les groupes de 10 euros. Réponds.

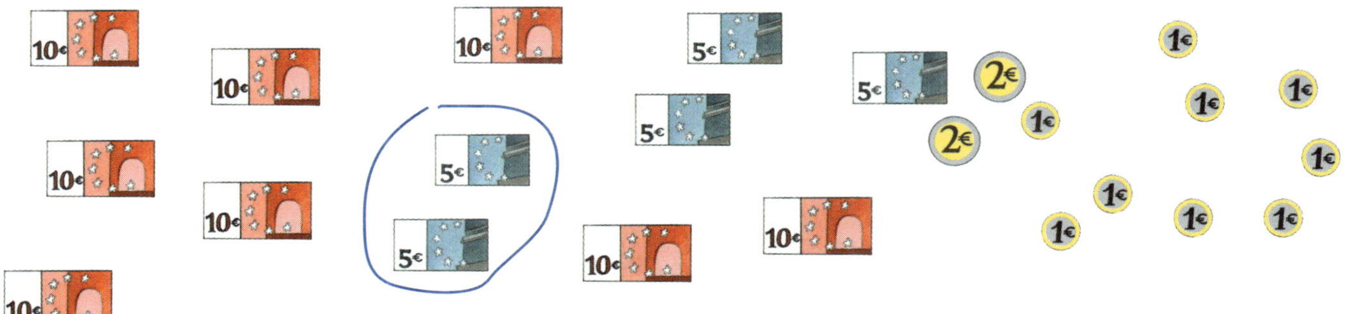

Il y a .... dizaines d'euros et .... euros.

Il y a .... euros en tout.

Complète.

17 billets de 10 euros et encore 4 €, c'est .... euros en tout.

3 billets de 5 euros et encore 3 €, c'est ....

10 carnets de 10 timbres et 4 timbres isolés, c'est ....

4 sachets de 2 images et 1 image isolée, c'est ....

19 équipes de 10 enfants et 9 enfants isolés, c'est ....

4

Qui a le plus de jetons en tout ? Qui en a le moins ?

J'ai .... jetons.

Léo

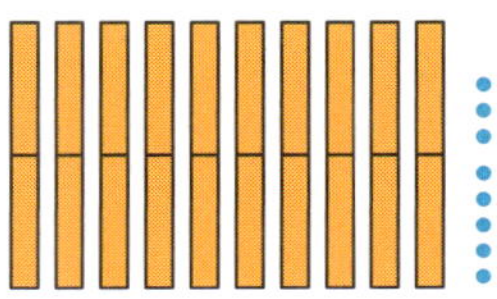

J'ai .... jetons.

Nina

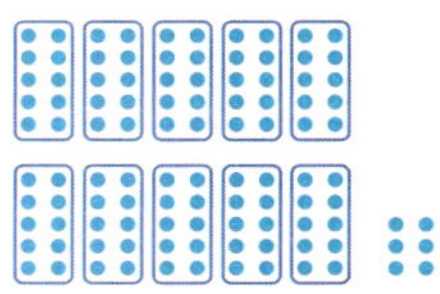

J'ai .... jetons.

La maîtresse

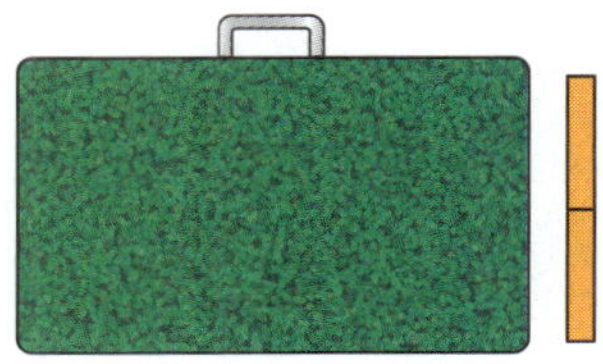

C'est .... qui a le plus de jetons. C'est .... qui en a le moins.

5

2 et 3 Les élèves utilisent le double décimètre pour tracer des traits droits de longueurs données. Dans le cadre 3, pour tracer le trait de 16 cm, ils doivent s'affranchir du prototype du trait horizontal ou vertical.

4 Il y a d'autres groupes de 10 euros que les billets de 10 € : ceux formés avec 2 billets de 5 € ou avec des pièces de 2 € et de 1 €.

SÉQUENCE 50

Calculer une addition en colonnes

Différences mentales
Additions
(80 + 40; 70 + 70)

Picbille calcule 34 + 35 + 9 + 43 « en colonnes »

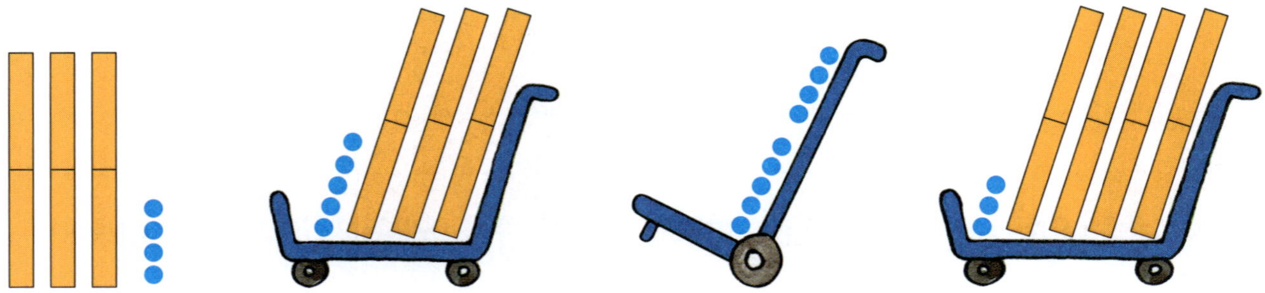

		3	4
+		3	5
+			9
+		4	3
=	…………		

Lis chacun des nombres de l'addition en colonnes et montre-le sur le dessin des boîtes et des jetons.

Réponds :

Pourquoi Picbille a-t-il écrit le chiffre « 9 » dans la colonne de droite ?

Que peut-on dire de la colonne du milieu ? Et de la colonne de gauche ?

Pourquoi a-t-il tracé une barre et écrit le signe « = » au-dessous ?

Il commence par calculer de haut en bas la somme de la colonne de droite et, à la fin, il dit : « *2 nouveaux groupes de dix !* » *Pourquoi ?*

Pourquoi a-t-il commencé par la colonne de droite ?

Termine l'addition en colonnes.

34 + 35 + 9 + 43 = …………

1

Pour chaque nombre, imagine les groupes de dix et les unités puis calcule.

		3	6
+	1	3	0
+		1	7
=	…………		

		5	5
+		3	1
+		2	3
=	…………		

		1	6
+	1	1	5
+		3	5
+		2	4
=	…………		

		5	4
+	1	3	8
=	…………		

2

Différences mentales : idem sq. 46.
Additions *(80 + 40; 70 + 70)* : idem sq. 49.

1 et 2 Si l'addition avait concerné deux nombres à 2 chiffres seulement, de nombreux élèves n'auraient pas compris l'intérêt de cette disposition alors qu'ils sont capables de trouver le résultat mentalement. La présence de nombres à 1 ou 3 chiffres favorise l'analyse du rôle de chaque colonne. Dans la colonne des dizaines, il faut faire exprimer oralement ce que les chiffres représentent : « 2 **groupes de dix** plus 3 **groupes de dix**… ». Pour la 1re addition, on aboutit à 12 groupes de 10 et on écrit « 12 » sous la barre en étant attentif à mettre le « 1 » dans la colonne des centaines.

Poser une addition en colonnes

Furet de 10 en 10
Doubles
(20; 35…)

Observe les additions qui sont posées en bas de la séquence 50.

Où est la colonne des unités ? Celle des groupes de dix ? Et celle des signes opératoires ?

Pourquoi a-t-on laissé une ligne vide en haut avant de commencer à écrire les nombres en colonnes ?

Lorsque les nombres ont deux chiffres, pourquoi laisse-t-on une colonne vide à gauche ?

Imagine, pose et calcule.

79 + 6 + 53 + 14 = ……… 61 + 56 + 3 = ……… 127 + 67 = ……… 86 + 83 = ………

1

Complète.

14 billets de 10 euros et 2 euros isolés, c'est …………… euros en tout.

5 paquets de 3 images et 1 image isolée, c'est ………………………………………

10 paquets de 10 cahiers et 3 cahiers isolés, c'est ………………………………………

2

Mesure les traits en cm et complète le tableau.

Traits	Mesures en cm
AB	………………
………	Entre 5 cm et 6 cm
DE	………………
AE	………………
………	16 cm

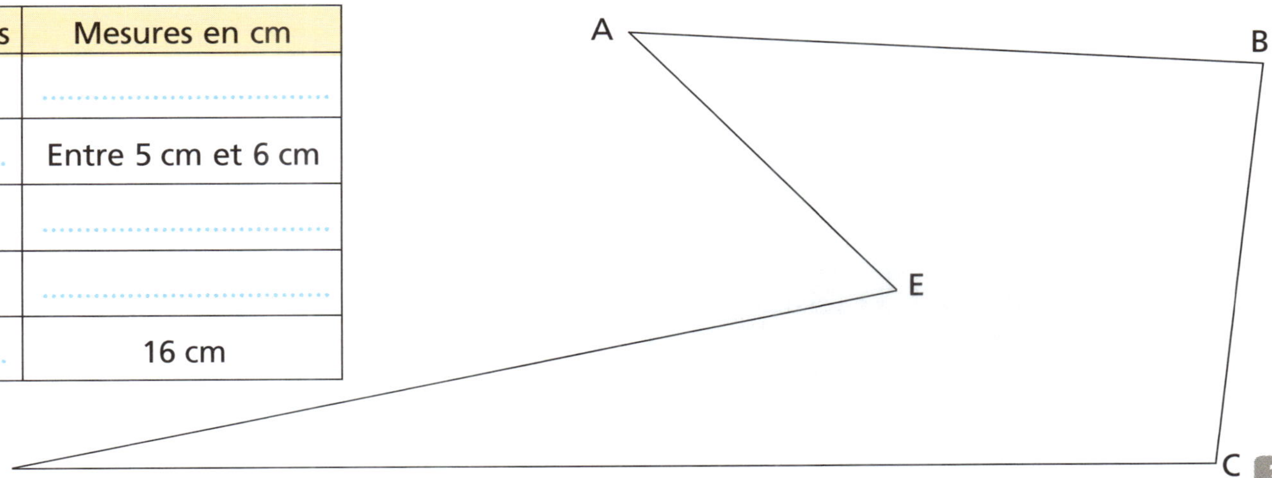

3

Furet de 10 en 10 : on commence à un nombre tel que 57. L'enseignant dit : « 10 de plus » ou « 57 + 10 ». À 197, il dit : « 10 de moins » ou « 197 – 10 ».
Doubles (*20; 35*) : avec une table vide (*cf.* p. 157).

1 Poser une addition en colonnes requiert une organisation spatiale complexe. Elle est facilitée ici parce que les carreaux que les élèves utilisent forment 4 colonnes : une pour les signes opératoires et les trois autres pour l'écriture des nombres. On demande par ailleurs de commencer cette écriture sur la 2e ligne en laissant la 1re vide pour la retenue. Le fait d'imaginer les groupes de dix pour chaque nombre permet de se rappeler les raisons de l'organisation en colonnes.

ARP Atelier de Résolution de Problèmes

Additions
(80 + 40; 70 + 70)
Compléments
à 100

.... + ... = 100	.... + ... = 100	.... + ... = 100	.... + ... = 100

ⓐ Vérifie que, dans les deux quadrillages ci-dessous, les carrés ont 1 cm de côté.

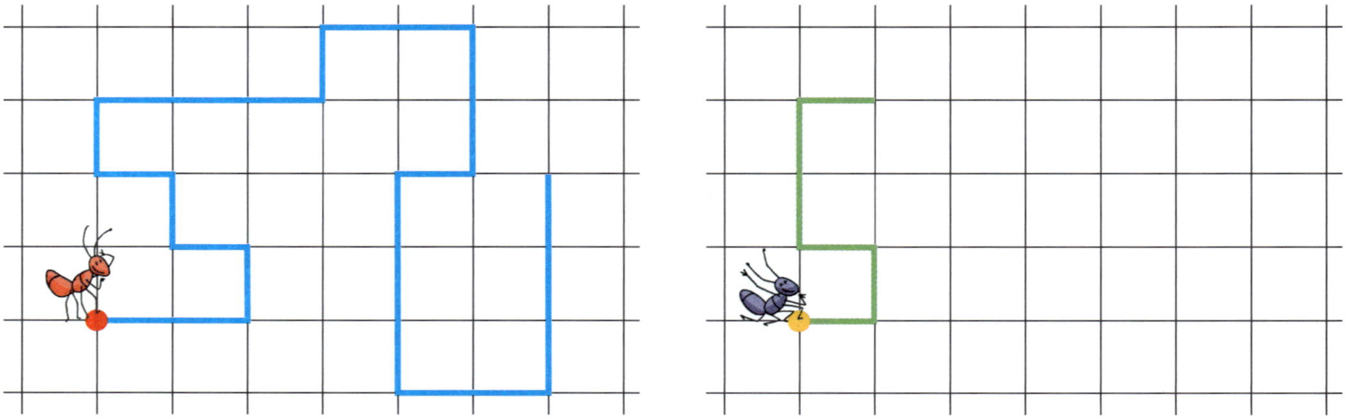

Une fourmi part du point rouge et parcourt le chemin bleu. *Elle parcourt* .... *cm.*

Une autre part du point jaune et parcourt le chemin vert. *Elle parcourt* .... *cm.*

Calcule la différence entre les longueurs des chemins qu'elles parcourent :

....

Le chemin vert sera-t-il **aussi long, moins long** *ou* **plus long** *que le bleu si on le prolonge de :*

9 cm : .... *18 cm :* .... *21 cm :* .... *13 cm :* ....

ⓑ Sur une feuille de papier format A4, trace un trait de 21 cm et un autre de 8 cm comme sur le schéma ci-contre.

Calcule la différence de leurs longueurs : ....

Prolonge le petit trait d'une longueur égale à la différence et vérifie que tu obtiens deux traits de même longueur.

1

Problèmes à résoudre sur le cahier

Réponds (tu peux faire un schéma, écrire une égalité ou expliquer ta solution).

1 ► Céline a une collection de 21 fèves. Vincent a seulement 17 fèves. Il veut avoir autant de fèves que Céline.

Combien de fèves doit-il acheter ?

2 ► 12 équipes de 10 enfants participent à un tournoi de base-ball.

Combien d'enfants participent à ce tournoi ?

2

Additions (*80 + 40; 70 + 70*) : idem sq. 49.
Compléments à 100 : on donne oralement un nombre qui se termine par zéro, 70 par ex.; l'élève trouve le complément à 100 et écrit l'égalité.

1 L'objectif est, d'une part, d'étendre la notion de différence au cas des longueurs, et, d'autre part, de découvrir que la différence c'est aussi ce qu'il faut ajouter au petit nombre pour obtenir le grand.

2 On apprécie tout aussi positivement l'usage d'un schéma que celui d'une opération arithmétique.

Atelier de Résolution de Problèmes ARP

SÉQUENCE 53

Soustractions
(52 – 6; 63 – 56)
Doubles
(20; 35…)

Problème : Alan, Bruno et Clara se partagent équitablement un paquet de bonbons. Dans ce paquet, il y a 19 bonbons.

Combien de bonbons aura chaque enfant ?

Pour résoudre ce problème, Cécile, Mélanie et Sébastien ont fait un schéma.
Qui a réussi à résoudre le problème ?
Entoure le ou les prénoms des enfants qui ont trouvé la solution.

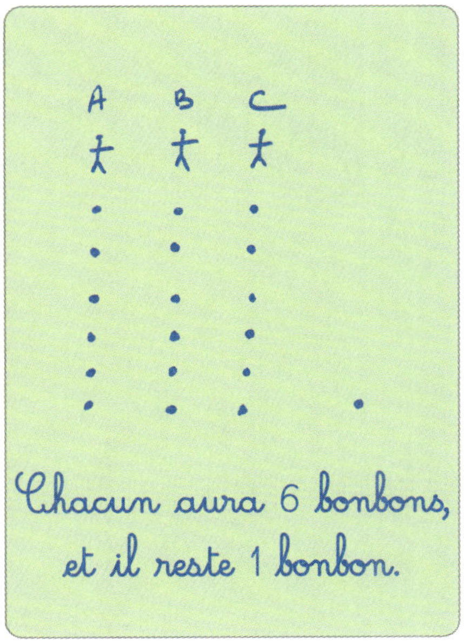

Cécile

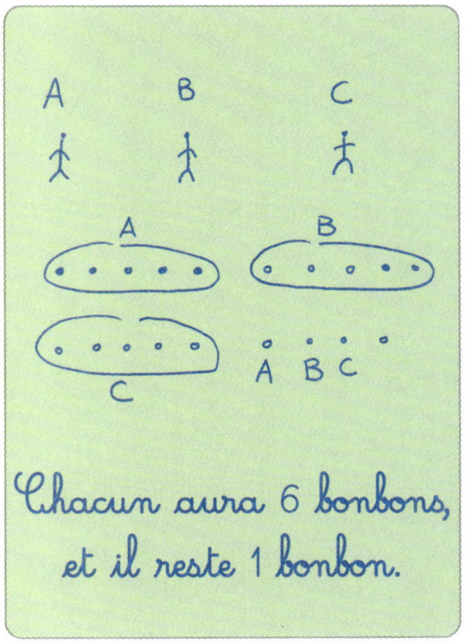

Mélanie

Sébastien

Si tu sais, écris une égalité qui donne cette solution :

....

....

1

Problèmes à résoudre sur le cahier

Réponds (tu peux faire un schéma, écrire une égalité ou expliquer ta solution).

1 ► Un boulanger a fabriqué 32 croissants.
À 10 heures du matin, il a déjà vendu 28 de ces croissants.

Combien de croissants y a-t-il encore dans la boulangerie ?

2 ► 4 enfants se partagent 15 images en parts égales.

Combien d'images aura chaque enfant ?

Restera-t-il des images ?

2

Soustractions (*52 – 6; 63 – 56*) : les élèves disposent de leur carton de files de boîtes. Pour chaque exemple numérique, ils se demandent s'il faut barrer au début ou à la fin.
Doubles (*20; 35*) : avec une table vide (*cf.* p. 157).

1 Cécile et Sébastien procèdent à une distribution 1 à 1 et ils dénombrent les points dessinés pour en contrôler le nombre total. Mélanie dessine le nombre d'unités à partager de façon organisée. Cela lui permet de donner d'emblée 5 unités à chacun.

2 On apprécie tout aussi positivement l'usage d'un schéma que celui d'une opération arithmétique.

SÉQUENCE 54

L'angle droit et l'équerre

Soustractions (*102 – 6; 102 – 95*)
Groupes de 10 (+ unités isolées)

Observe ces paires de ciseaux. Elles sont plus ou moins ouvertes.
On peut dire aussi : **les angles qu'ils forment sont plus ou moins grands**.

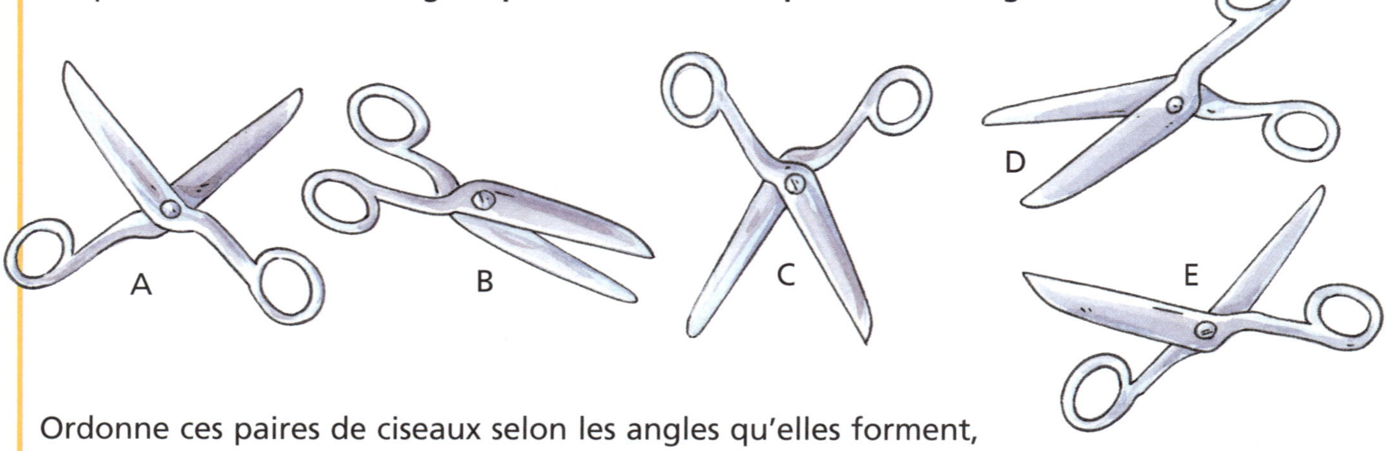

Ordonne ces paires de ciseaux selon les angles qu'elles forment,

du plus petit au plus grand : ....

Ordonne les angles que forment ces traits

du plus petit au plus grand : ....

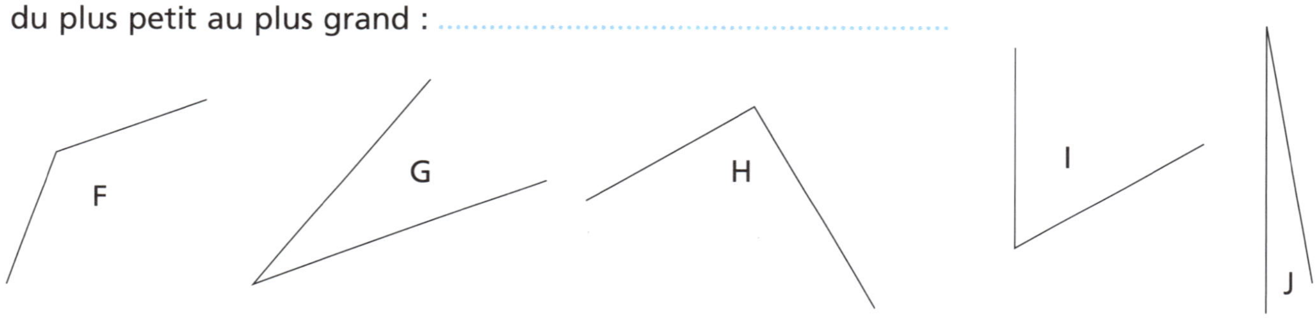

1

Voici un angle droit : 

C'est l'angle que forme une paire de ciseaux ouverte comme le plus grand angle d'une équerre.

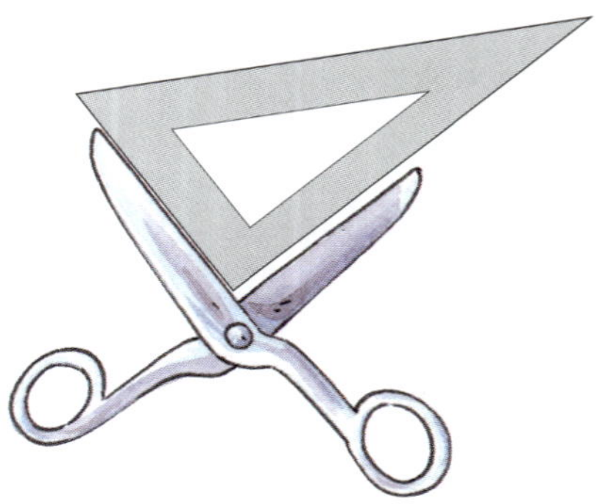

Tu vas apprendre pourquoi on dit que cet angle est « droit ».

À quelle condition un angle qui a l'un de ses côtés horizontal est-il droit ?

2

Soustractions (*102 – 6; 102 – 95*) : le carton de « files de boîtes » des élèves, côté verso, permet de représenter 101, 102, 103…
Les élèves peuvent l'utiliser pour calculer les deux sortes de soustractions conduisant à un « passage de la centaine ».
Groupes de 10 (+ unités isolées) : l'interrogation de base est : « *Combien y a-t-il de gâteaux dans 14 paquets de 10 gâteaux et 3 gâteaux isolés ?* »
Cependant, quelques interrogations concernant 3 groupes de 2, 4 groupes de 5, etc. sont intercalées pour éviter les automatismes.

1 Approche intuitive de la notion d'angle : un angle, comme les branches d'une paire de ciseaux, peut être plus ou moins ouvert.

Observe comment on fabrique une équerre avec une feuille de papier.

ⓐ Prends une feuille de papier et plie-la comme ceci :

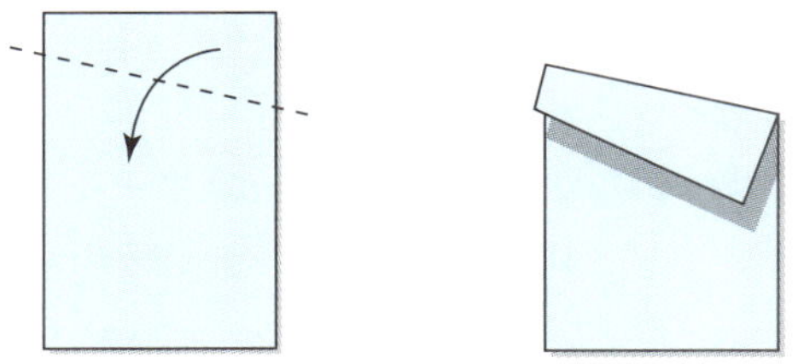

ⓑ Fais un deuxième pli en mettant bien bord à bord et repère l'angle droit.

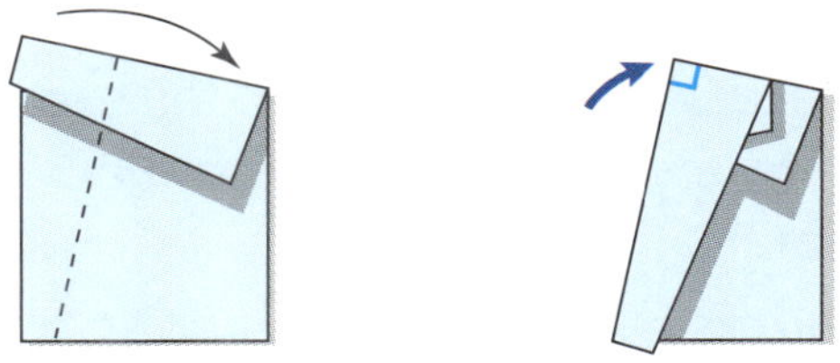

ⓒ Vérifie les angles avec ton équerre. Indique ceux qui sont droits comme ceci : 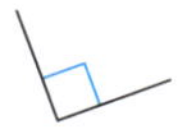

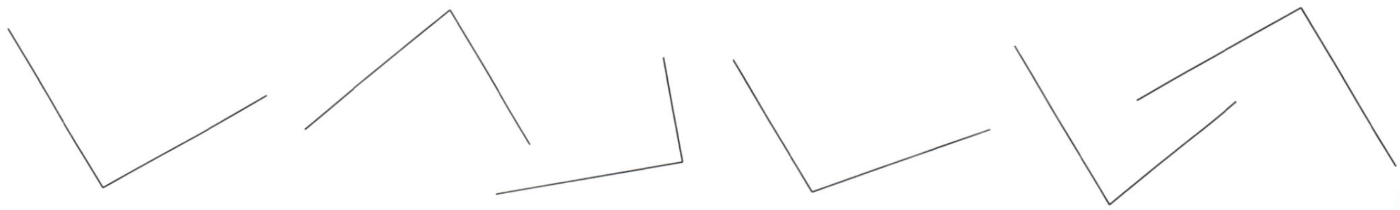

3

Imagine, pose et calcule.

20 + 62 + 5 + 21 = ……… 19 + 129 + 5 = ……… 27 + 133 = ……… 148 + 37 = ………

4

Le nombre Mystérieux*

64 + 70 = …………

104 + 10 = …………

84 + 60 = …………

60 + 90 = …………

90 + 80 = …………

80 + 74 = …………

83 – 20 = …………

84 – 6 = …………

72 – 14 = …………

83 – 30 = …………

65 – 58 = …………

54 – 37 = …………

7 17 53

58 63 68 78

114 134 144

150 154

170

Le nombre mystérieux :

* Tu peux utiliser ton carton pour calculer les soustractions.

5

2 et 3 Un angle particulier : l'angle droit. Le mot « droit » lui-même est explicité : un angle droit n'a pas toujours l'un des ses côtés « droit », au sens de vertical. Il est facile de fabriquer une équerre avec une feuille de papier.

SÉQUENCE **55**

Polygones, triangles et quadrilatères

Additions (*80 + 40; 80 + 42*)
Différences mentales

....	....	....	....

Un **polygone** est une figure dont **tous les côtés sont droits.**
Un **triangle** est un polygone qui a **3 côtés**. Un **quadrilatère** est un polygone qui a **4 côtés**.
Complète.

Les figures .... *ne sont pas des polygones.*

Les figures .... *sont des triangles.*

Les figures .... *sont des quadrilatères.*

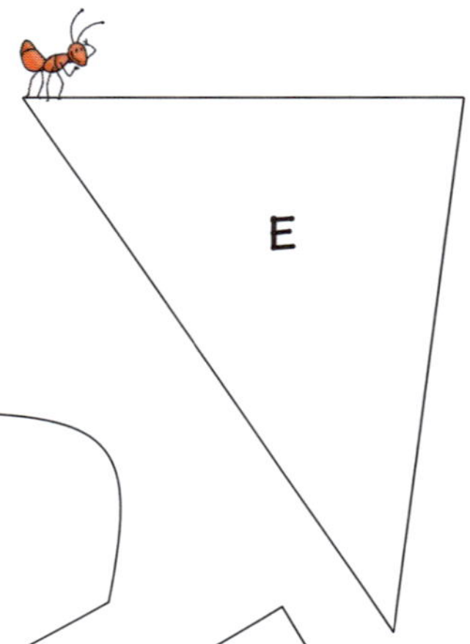

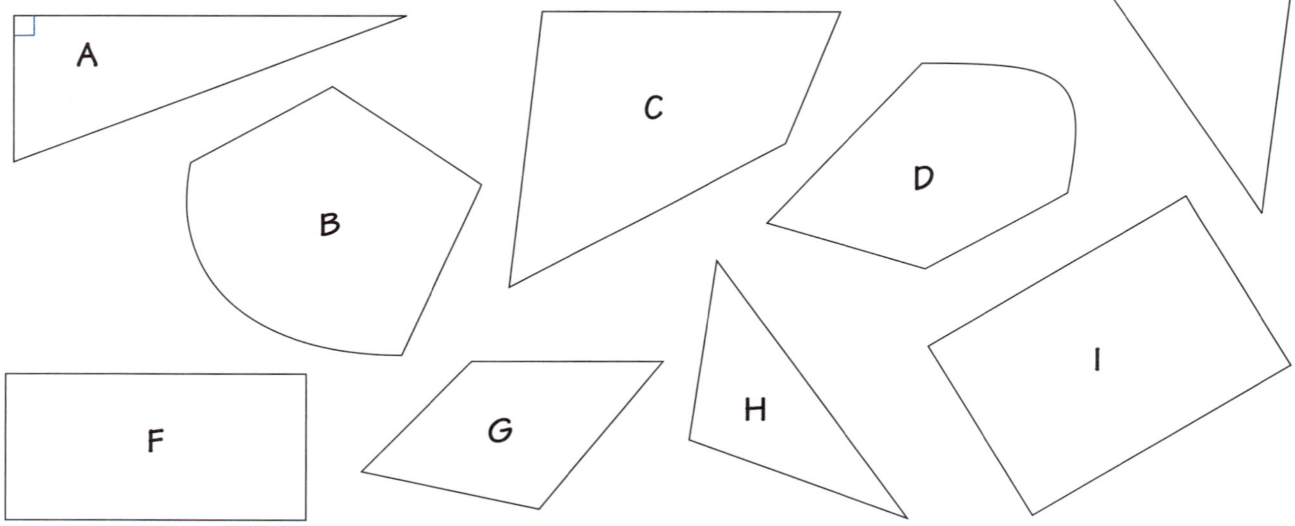

On a indiqué l'angle droit de la figure A. Indique les autres angles droits (il y en a 8).

La fourmi fait le tour de la figure E. *Quelle longueur parcourt-elle ?*

....

Trace un trait droit qui a la même longueur.

1

Imagine, pose et calcule.

28 + 48 + 25 = ... 34 + 46 + 55 + 53 = ... 86 + 106 = ... 128 + 64 = ...

2

Additions (*80 + 40; 80 + 42*) : l'interrogation est orale. On pourra commencer par interroger successivement sur 80 + 40 puis 80 + 42 avant d'interroger directement sur ces derniers cas.
Différences mentales : idem sq. 46. Pour l'invention de quelques contextes, on pensera à suggérer ceux où l'on compare des longueurs (*cf.* ARP sq. 52) et des euros (en prévision de la sq. 56).

1 Outre découvrir les mots *polygone* et *quadrilatère*, les élèves apprennent à distinguer divers usages du mot « droit » selon qu'il qualifie un trait ou un angle. Un trait (ou une ligne) droit(e) s'oppose à un trait courbe ou curviligne (ou à une ligne brisée) alors que l'angle droit est l'angle de l'équerre.

Invariance de la différence et soustraction à retenue ($n \leq 99$)

Groupes de 10
(+ unités isolées)
Soustractions
(*102 – 6; 102 – 95*)

Pour calculer les soustractions de cette page, tu peux utiliser le carton avec des files de boîtes.

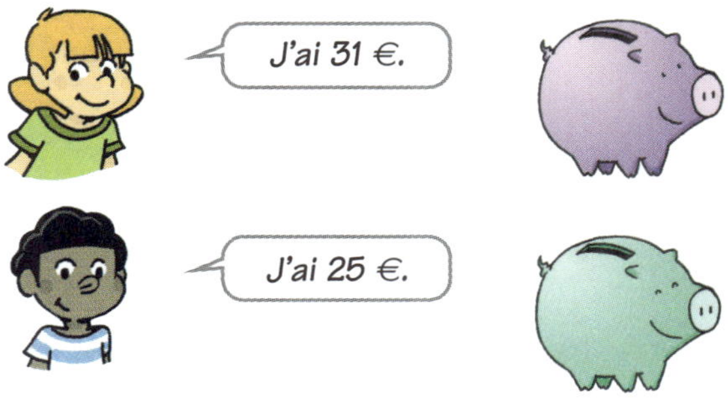

Qui a le plus d'argent ?
Combien de plus ?

Calcule la soustraction pour savoir combien Nina a de plus que Léo.

31 – 25 = ...

Leur grand-mère leur donne 1 € à chacun.

Nina a ....

Léo a ....

La différence est : .... – .... = ...

Leur papy leur donne 2 € à chacun.

Nina a ....

Léo a ....

La différence est : .... – .... = ...

Leur maman leur donne 10 € à chacun.

Nina a ....

Léo a ....

La différence est : .... – .... = ...

1

Calcule.

41 – 39 = ...	64 – 59 = ...	46 – 20 = ...	67 – 30 = ...
51 – 49 = ...	74 – 69 = ...	56 – 30 = ...	77 – 40 = ...

Que remarques-tu ?

2

Groupes de 10 (+ unités isolées) : idem sq. 54.
Soustractions (*102 – 6; 102 – 95*) : idem sq. 54.

1 et 2 Le choix a été fait d'enseigner la technique de la soustraction où le phénomène de la retenue aux unités est géré en ajoutant 10 à chacun des deux nombres (*cf.* sq. 57). Les raisons de ce choix pédagogique sont, d'une part, que les élèves ont étudié la notion de différence depuis le CP (ils sont donc bien préparés à comprendre cette technique), et, d'autre part, qu'elle s'automatise plus facilement que les autres. Pour anticiper la sq. 57, Nina et Léo acquièrent 10 euros sous une forme différente (10 unités et 1 dizaine).

SÉQUENCE 57

La soustraction en colonnes avec des nombres à 2 chiffres

Additions
(43 + 28)

Il y a des **soustractions faciles** que l'écureuil sait calculer en ligne et en colonnes.

Écris le résultat.

56 – 32 = ...

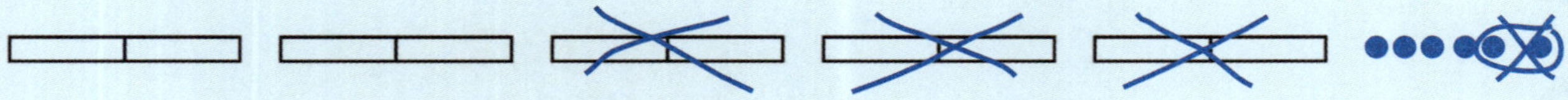

	5	6
–	3	2
	...	...

6 unités moins 2 unités…
Termine cette soustraction en colonnes.

1

Calcule ces soustractions en colonnes. Vérifie la première soustraction en ligne.

	4	7
–	3	6
	...	...

	5	4
–	1	4
	...	...

	4	8
–	3	5
	...	...

	6	6
–	2	3
	...	...

47 – 36 = ...

2

Prends ton équerre et complète.

Les figures .... ne sont pas des polygones.

Les figures .... sont des triangles.

Les figures .... sont des quadrilatères.

Indique tous les angles droits (il y en a 7).

L'une de ces figures a un côté qui mesure 4 cm.

Laquelle ? ....

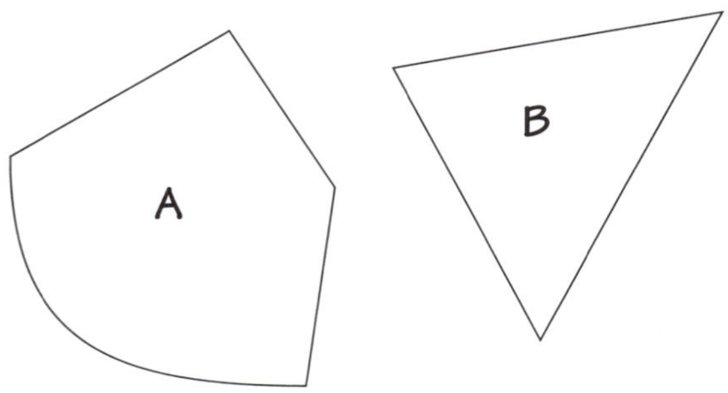

Additions (*43 + 28*) : les calculs proposés sont écrits sous forme littérale au tableau. Le résultat est inférieur à 100. La vérification se fait en utilisant les écritures chiffrées (43 + 28 = 43 + 20 + 8) comme dans la sq. 41.

1 à 3 Il n'y aurait pas pire choix pédagogique que d'enseigner pendant une longue durée les soustractions sans retenue. Ce qui conduirait à n'aborder les soustractions avec retenue qu'en fin d'année (*cf.* le *Livre du maître*). Les deux sortes de soustractions sont enseignées ici dans la même séquence : les premières sont les soustractions que l'écureuil sait ▷

Il y a des **soustractions difficiles** que l'écureuil ne sait pas calculer en colonnes.

	8	2
–	4	7

Pour pouvoir calculer la soustraction en colonnes, Nina et Léo imaginent leurs tirelires.

a

	8	2
–	4	7
	......	......

b

	8	12
–	4 (+1)	7
	......	5

Calcule ces soustractions comme Nina et Léo.
Si tu n'es pas sûr(e), vérifie ton résultat en ligne avec le carton des files de boîtes.

	5	1
–	3	9
	......	......

	7	2
–	5	8
	......	......

	8	5
–	4	9
	......	......

	9	3
–	6	4
	......	......

3

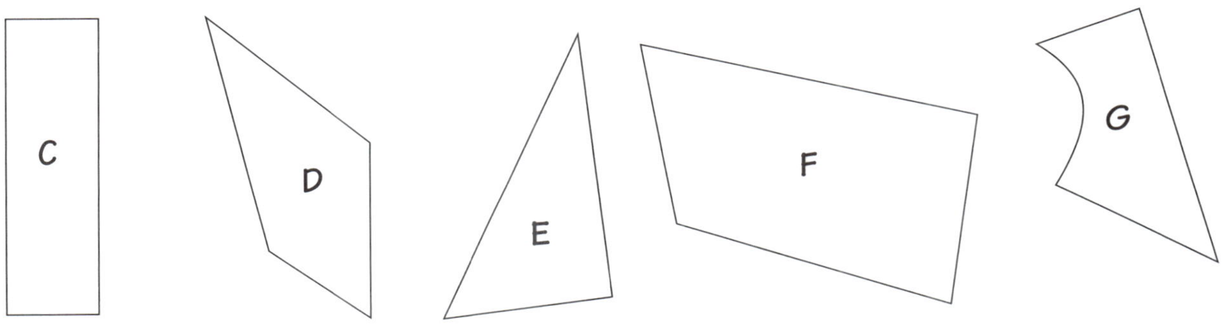

4

▷ calculer, les secondes celles qu'il ne sait pas calculer mais que Nina et Léo, eux, savent calculer en se rappelant leur tirelire : on ne change pas la différence en ajoutant 10 aux deux nombres. On insistera sur le fait que 10 n'est pas ajouté de la même manière aux deux nombres : dans le nombre du haut (celui de Nina), on a ajouté **10 unités** (2 est devenu 12) ; dans le nombre du bas (celui de Léo), on a ajouté **1 dizaine** (on retirera 5 dizaines au lieu de 4 dizaines). Il est facilitant d'évoquer explicitement le contexte de la tirelire.

SÉQUENCE 58

Distinguer les soustractions avec et sans retenue

Furet de 10 en 10
Additions
(120 + 30; 120 + 32)

Ci-dessous :

1°) On a repéré les soustractions que l'écureuil sait calculer en colonnes et celles qu'il faut calculer comme Nina et Léo.

2°) On a « préparé » les soustractions qu'il faut calculer comme Nina et Léo.

Vérifie qu'il n'y a pas d'erreur et termine de calculer les soustractions.

	6	16
−	4 (+1)	9
	......	......

	8	5
−	4	0
	......	......

	7	6
−	5	2
	......	......

	9	11
−	5 (+1)	6
	......	......

1°) Repère les soustractions que l'écureuil sait calculer en colonnes (écris un « E » à côté).

2°) Prépare les soustractions qu'il faut calculer comme Nina et Léo (mets les retenues).

3°) Termine les calculs.

	4	3
−	2	6
	......	......

	8	9
−	6	5
	......	......

	6	0
−	3	8
	......	......

	7	8
−	4	7
	......	......

1

Qui a le plus de jetons ? Qui a le moins de jetons ?

J'ai .... jetons.

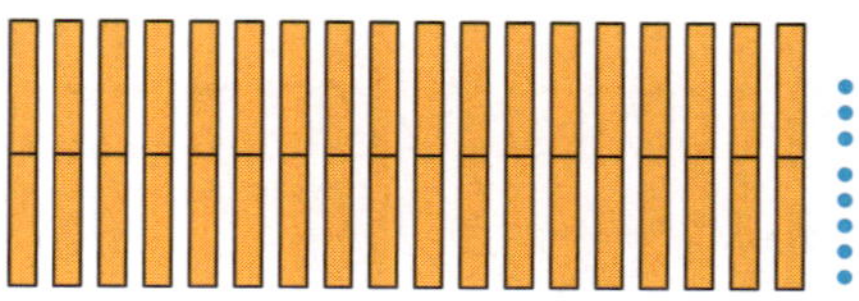

J'ai .... jetons.

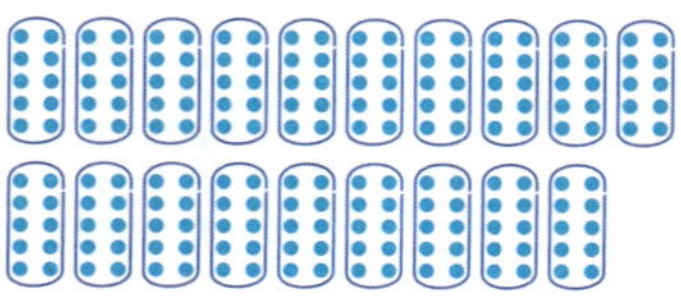

J'ai .... jetons.

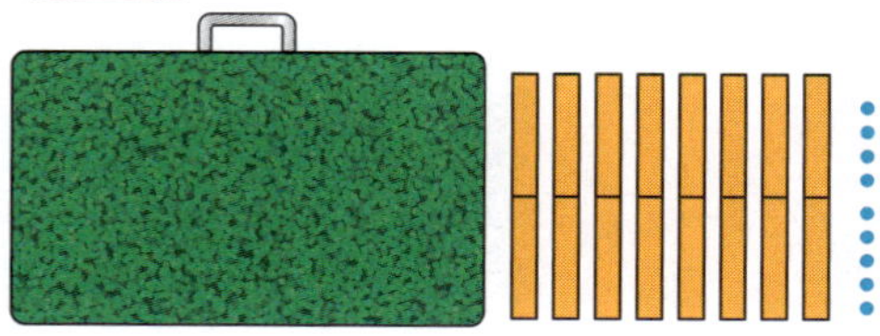

C'est .... qui a le plus de jetons. C'est .... qui en a le moins.

2

Continue la frise.

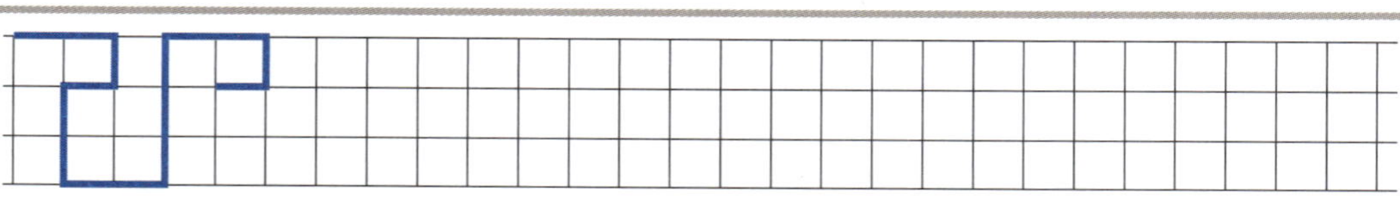

3

Furet de 10 en 10 : le maître dit : « *57 + 10* » ou « *10 de plus* ». À 197 : « *10 de moins* » ou « *197 – 10* ».
Additions (*120 + 30; 120 + 32*) : l'interrogation est orale, la validation se fait en utilisant les écritures chiffrées et en soulignant qu'il faut calculer 20 + 30 (**120 + 30 = 150**). Ce type de calcul (120 + 32) sera utilisé dans la sq. 75 pour le calcul en ligne de multiplications du type 38 x 4.

1 Dans une addition en colonnes, le phénomène de la retenue est indépendant de l'ordre des nombres. Ce n'est pas le cas de la soustraction et il convient donc d'attirer fortement l'attention des élèves sur ce phénomène. Une façon de le faire consiste à « préparer » les soustractions avant de mener les calculs.

Le mètre : 1 m, c'est 10 fois 10 cm ou encore 100 cm

Additions
(*120 + 30; 120 + 32*)
Groupes de 10
(+ unités isolées)

Quelle est la longueur en centimètres de la ligne brisée tracée par Mme Dixcentimètres ?

Cette ligne brisée mesure .... *cm.*

- Vérifie en repassant d'une couleur une longueur de 100 cm ou 1 mètre.

1 mètre (1 m), c'est 100 cm (ou 1 centaine de cm).

- Montre entre tes doigts une longueur de 1 cm; de 10 cm; de 1 m.
- Exprime la longueur de la ligne brisée de Mme Dixcentimètres en m et cm : ....
- *L'élève le plus grand de la classe mesure* .... *m et* .... *cm, c'est aussi* .... *cm.*
- *Est-il (elle) plus grand(e) ou plus petit(e) que cette ligne brisée ?* ....

1

Barre les mesures impossibles.

Un taille-crayon

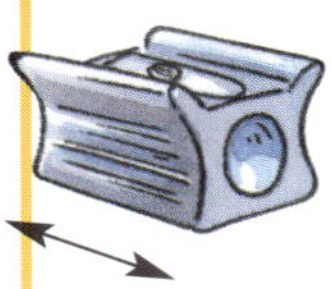

3 cm
30 cm
3 m

Une cour de récréation

30 cm
3 m
30 m

2

Commence par préparer ces soustractions quand c'est nécessaire, puis calcule-les.

	9	8
−	5	1

	8	1
−	6	4

3

Additions (*120 + 30; 120 + 32*) : idem sq. 58.
Groupes de 10 (+ unités isolées) : idem sq. 54.

1 et 2 Soit l'on compte de 10 en 10 comme l'écureuil, soit l'on remarque qu'il y a 17 traits de 10 cm (ou 17 « groupes de 10 cm »), donc 170 cm. C'est l'occasion d'introduire le mètre comme « groupe de 100 cm » (ou centaine de cm). Les élèves se donnent aussi une intuition du mètre en comparant la longueur de la ligne brisée « dépliée » avec la taille de l'élève le plus grand (l'usage d'un mètre pliant facilite l'évocation de l'action consistant à déplier la ligne pour la rendre droite). La comparaison peut également se faire avec diverses longueurs (porte, tableau etc.).

SÉQUENCE 60

Le mètre : 13 fois 10 cm, c'est 130 cm ou 1 m et 30 cm

Différences mentales
Additions
(43 + 28)

Vérifie que chacun des traits ci-dessous mesure 3 cm.
Combien y a-t-il de traits de 3 cm ? Quelle est la longueur totale de la ligne brisée ?

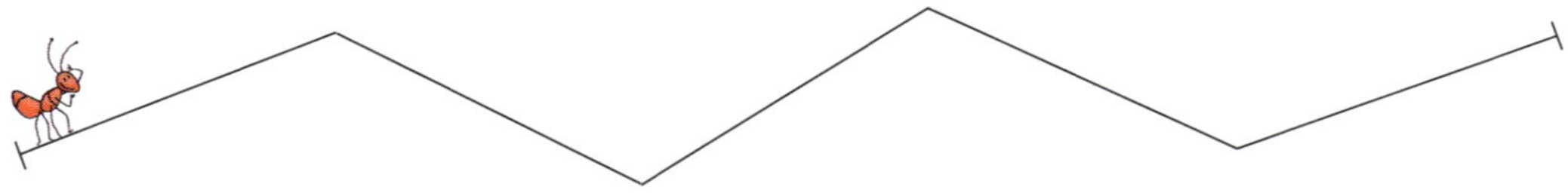

...... *traits de 3 cm qui sont mis bout à bout mesurent* .... *cm en tout.*

Vérifie-le en reportant 5 fois une longueur de 3 cm sur le grand trait ci-dessous.

1

Rappelle-toi comment Mme Dixcentimètres trace les lignes brisées et complète.

17 traits de 10 cm mis bout à bout mesurent .... *cm en tout ou* .... *m et* .... *cm.*

6 traits de 2 cm mis bout à bout mesurent ....

11 traits de 10 cm mis bout à bout mesurent ....

5 traits de 5 cm mis bout à bout mesurent ....

13 traits de 10 cm mis bout à bout mesurent ....

2

Le nombre Mystérieux*

80 + 72 = ...
35 + 12 + 21 + 42 = ...
80 + 41 = ...
120 + 72 = ...

15 + 35 + 5 + 26 = ...
95 + 90 = ...
37 + 64 = ...
140 + 42 = ...

81	101	110
121	152	162
182	185	192

* Certaines de ces additions n'ont pas besoin d'être posées.
Poses les autres sur ton cahier de brouillon.

Le nombre mystérieux :

3

Prépare ces soustractions quand c'est nécessaire, puis calcule-les.

$$\begin{array}{r} 86 \\ -\ 56 \\ \hline \ldots \end{array} \qquad \begin{array}{r} 92 \\ -\ 28 \\ \hline \ldots \end{array} \qquad \begin{array}{r} 76 \\ -\ 42 \\ \hline \ldots \end{array} \qquad \begin{array}{r} 54 \\ -\ 36 \\ \hline \ldots \end{array}$$

4

Différences mentales : idem sq. 46. Pour l'invention de quelques contextes, on pensera à suggérer ceux où l'on compare des longueurs et des euros.
Additions (*43 + 28*) : les calculs proposés sont écrits sous forme littérale au tableau. Le résultat est inférieur à 100. La vérification se fait en utilisant les écritures chiffrées comme dans la sq. 41.

1 et **2** Le 1er problème aide à comprendre qu'en mettant bout à bout des traits de même longueur (3 cm, par ex.), on forme des groupes de 3 cm (il s'agit d'une généralisation de ce qui a été vu avec 10 cm dans la sq. 59). On remarquera que 25 cm peut s'écrire 0 m 25 cm.

L'euro : 13 pièces de 10 centimes, c'est 130 centimes ou 1 € 30

Additions
(*120 + 30; 120 + 32*)
Différences
mentales

....

Observe ces pièces. Ce ne sont pas des euros. Ce sont des **centimes d'euro**.

1 centime *2 centimes* *5 centimes* *10 centimes* *20 centimes* *50 centimes*

Quand on a 100 centimes, on a 1 €.
Y a-t-il assez d'argent pour acheter ce journal à 1 € ?

.... *parce qu'il y a* .... *centimes en tout.*

Réponds.

Pour acheter le journal, il faut .... *pièces de 10 centimes.*

Pour acheter le journal, il faut .... *pièces de 50 centimes.*

Pour acheter le journal, il faut .... *pièces de 1 centime.*

1

Il y a deux façons d'écrire un prix de 91 centimes ou de 145 centimes. Observe.

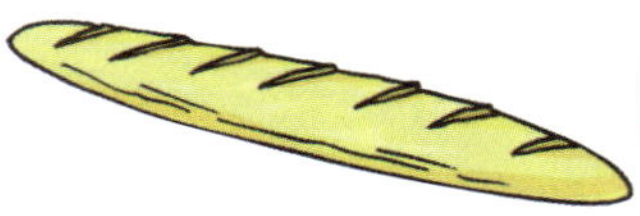

0 € 91 ou **91 centimes**

1 € 45 ou **145 centimes**

Pourquoi écrit-on un zéro avant € ?

Pourquoi écrit-on un 1 avant € ?

Complète.

132 centimes c'est 1€32

57 centimes c'est ....

109 centimes c'est ....

98 centimes c'est ....

1 € 80 c'est .... *centimes.*

0 € 47 c'est .... *centimes.*

0 € 08 c'est .... *centimes.*

1 € 07 c'est .... *centimes.*

2

Réponds.

3 pièces de 5 centimes, c'est .... *centimes ou* ..... *€* ....

8 pièces de 10 centimes, c'est .... *centimes ou* ..... *€* ....

5 pièces de 2 centimes, c'est .... *centimes ou* ..... *€* ....

10 pièces de 10 centimes, c'est .... *centimes ou* ..... *€* ....

13 pièces de 10 centimes, c'est .... *centimes ou* ..... *€* ....

152 pièces de 1 centime, c'est .... *centimes ou* ..... *€* ....

Barre
ce qui est en trop.

3

Additions (*120 + 30; 120 + 32*) :
idem sq. 58.
Différences mentales :
idem sq. 46.

1 à 3 L'euro et le centime d'euro forment un système qui a la même structure que le mètre et le centimètre. Les notations sont également très proches. C'est volontairement que la notation *CENT* sur les pièces a été estompée pour éviter au maximum la confusion avec la centaine. Au cas où des élèves s'interrogeraient, le plus simple est peut-être de leur expliquer qu'il s'agit de la façon de dire *centime* dans d'autres pays européens.

ARP Atelier de Résolution de Problèmes

Traits de 10 cm, pièces de 10 centimes	..... m	..... m	..... €	..... €	..... € ....

Pour aller de France en Grande-Bretagne, on peut traverser la Manche en montant sa voiture sur un bateau qu'on appelle un *ferry-boat*.

Ci-dessous, des voitures attendent sur le quai avant d'entrer dans le *ferry-boat*...

... les voitures vont monter sur le bateau 3 par 3.

Il y a 50 rangées de 3 voitures qui attendent sur le quai.

Combien y a-t-il de voitures sur le quai ?

....

....

1

Problèmes à résoudre sur le cahier

Réponds (tu peux faire un schéma, écrire une égalité ou expliquer ta solution).

1 ► Dans un restaurant, il y a 4 tables.
Il y a 6 chaises autour de chaque table.
Combien de personnes peuvent s'asseoir dans ce restaurant ?

2 ► Samuel part à l'école avec 14 billes.
Dans la journée, il gagne des billes.
Le soir, il compte ses billes : il en a 21.
Combien de billes a-t-il gagnées dans la journée ?

3 ► Entoure la carte sur laquelle :
– il y a 2 cœurs (♥);
– il y a 1 carreau (♦) en bas à gauche;
– il n'y a pas de trèfle (♣).

2

Traits de 10 cm, pièces de 10 centimes : l'enseignant emploie des expressions proches de celles qui ont été utilisées dans les sq. 60 et 61 : «*Quelle est la longueur totale de 13 traits de 10 cm mis bout à bout ?*», «*Combien d'argent y a-t-il en tout dans...*», par ex. Des problèmes avec des traits de 2 cm ou des pièces de 5 c sont intercalés pour éviter les automatismes.

1 «Eureka problème» qui est une 1re rencontre avec la commutativité de la multiplication (*cf.* le *Livre du maître*). À la fin, on peut dire aux élèves qu'ils vont bientôt apprendre cette opération et que ce nombre sera noté 50 x 3 ou 3 x 50.

2 Pour le problème 3, on fera expliciter pourquoi les autres cartes ne conviennent pas.

Traits de 10 cm, pièces de 10 centimes

.... m	.... m	.... m	.... €	.... € ....

Problème : Dans un parking, il y a 40 places pour garer les voitures.
17 places sont occupées.

Combien y a-t-il de places libres dans le parking ?

Cécile et Mélanie ont fait un schéma. Sébastien a écrit une égalité.
Qui a réussi à résoudre le problème ?
Entoure le ou les prénoms des enfants qui ont trouvé la solution.

Il reste 23 places libres.

Cécile

40+17=57

Il y a 57 places libres.

Sébastien

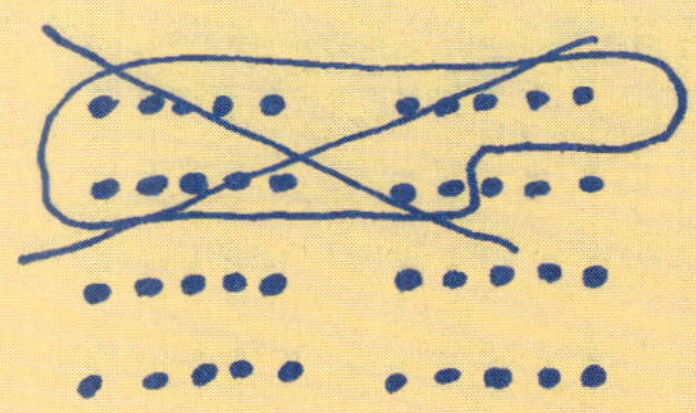

Il y a 23 places libres.

Mélanie

Si tu sais, écris une autre égalité qui donne cette solution :

....

1

Problèmes à résoudre sur le cahier

Réponds (tu peux faire un schéma, écrire une égalité ou expliquer ta solution).

1 ▶ On partage équitablement 20 dragées entre 4 enfants.

Combien de dragées chaque enfant reçoit-il ?

2 ▶ Mme Charlet a 16 €.
Chez le boucher, un rôti coûte 20 €.

Combien d'euros manque-t-il à Mme Charlet pour acheter ce rôti ?

3 ▶ Entoure la carte sur laquelle :
– il y a 1 seul trèfle (♣);
– il y a 2 carreaux (♦);
– il n'y a pas de pique (♠).

2

Traits de 10 cm, pièces de 10 centimes : idem sq. 62.

1 La solution de Mélanie est plus économique que celle de Cécile. L'erreur de Sébastien permet de préciser que les places occupées sont *une partie* de l'ensemble des places. En fin d'activité, on peut s'interroger sur d'autres façons de formuler la question en parlant de voitures plutôt que de places libres.

2 On apprécie tout aussi positivement l'usage d'un schéma que celui d'une opération arithmétique.

SÉQUENCE 64

Le rectangle

Soustractions
(Où vais-je barrer ?)

Prends ton équerre et complète.

Les quadrilatères .... *ont 4 angles droits.*
Les quadrilatères .... *ont 3 angles droits.*
Les quadrilatères .... *ont 2 angles droits.*
Le quadrilatère .... *a 1 angle droit.*

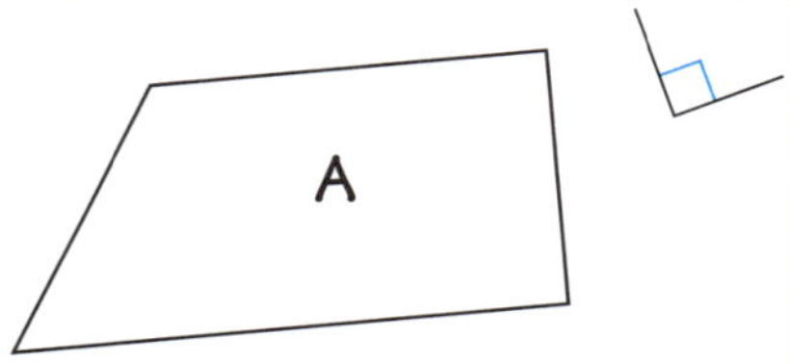

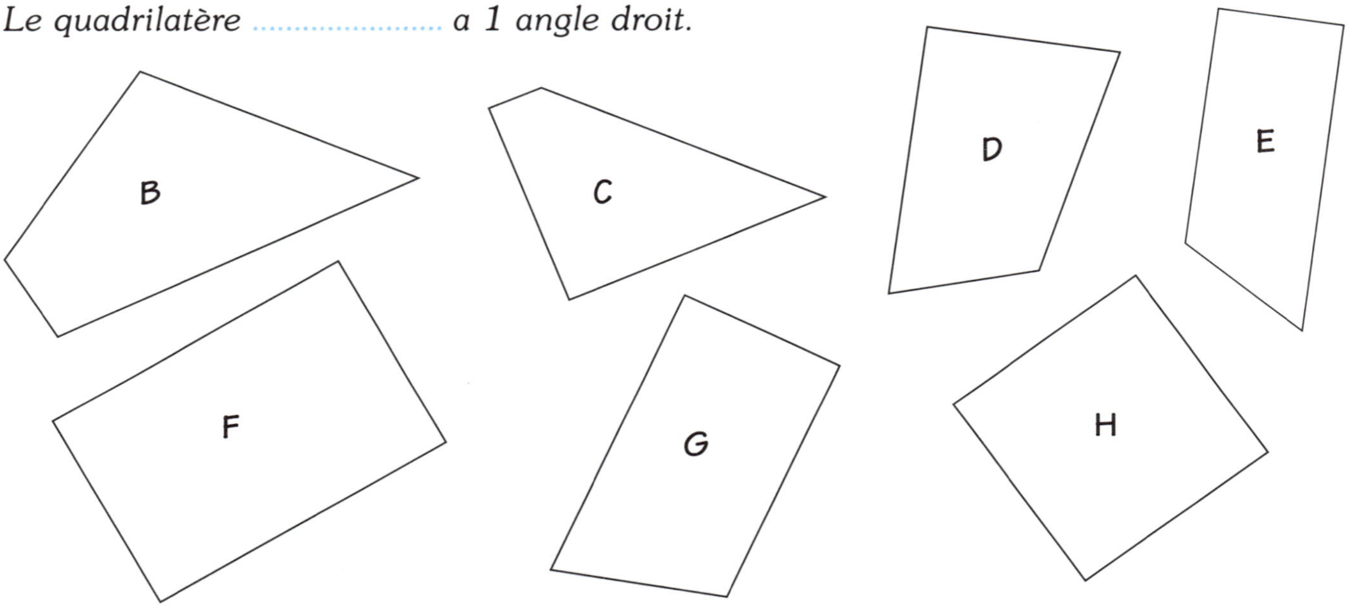

J'ai appris : Les quadrilatères qui ont **4 angles droits** s'appellent des **rectangles**.

1

Complète.

14 traits de 10 cm mis bout à bout, c'est .... *cm en tout.*
5 traits de 2 cm mis bout à bout, c'est ....
16 pièces de 10 centimes, c'est ....
4 pièces de 2 centimes, c'est ....
12 pièces de 10 centimes, c'est ....

2

Barre les mesures impossibles.

Une gomme

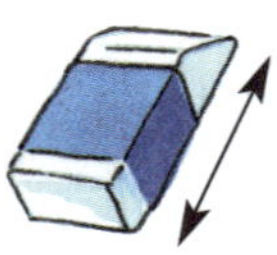

6 cm
60 cm
6 m

Ton fichier

3 cm
30 cm
3 m

Un tableau de classe

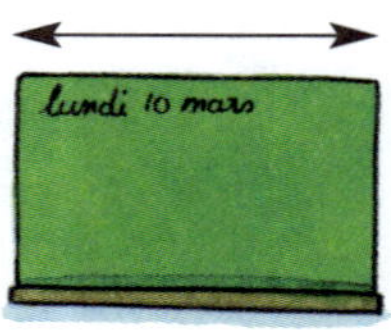

40 cm
4 m
40 m

Une piscine olympique

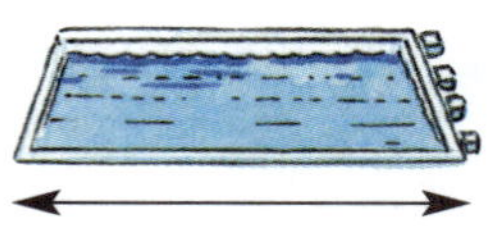

50 cm
5 m
50 m

3

Soustraction *(Où vais-je barrer ?)* : Les cas proposés sont variés : du type 72 – 6 ; 72 – 10 ; 72 – 68 (avec quelques cas du type : 102 – 6 ; 102 – 10 ; 102 – 98). De plus, les élèves qui le peuvent n'effectuent plus le retrait sur leur carton de file de boîtes : ils imaginent l'endroit où ils l'effectueraient. La validation commence par cette procédure mentale (72 – 6, c'est 72 – 2, 70 et il faut encore retirer 4...) avant que le retrait soit effectué par le dessin.

1 Définir le rectangle par la propriété d'avoir 4 angles droits permet de considérer d'emblée le carré comme un rectangle particulier. On donnera l'intuition du fait qu'un quadrilatère ne peut pas avoir 2 angles droits exactement.

Le triangle rectangle

Doubles et moitiés
Additions
(43 + 28)

- Quand on découpe un **quadrilatère** en suivant une diagonale, on obtient…

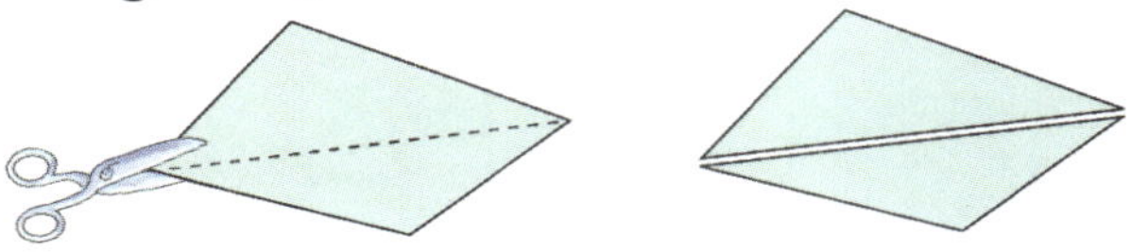

… deux triangles.

- Quand on découpe un **rectangle** en suivant une diagonale, on obtient…

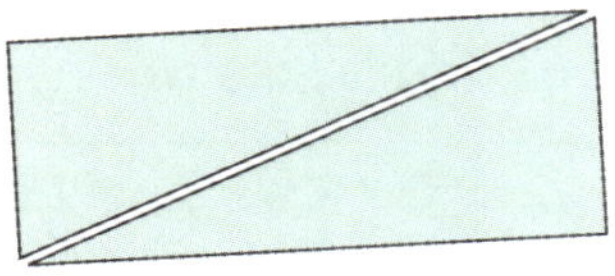

… deux triangles qui sont des demi-rectangles.

Comment reconnaît-on qu'un triangle est un demi-rectangle ?

....

Indique l'angle droit sur les triangles rectangles, barre les autres triangles.

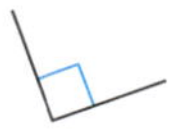

Essaie de tracer au brouillon un triangle qui aurait 2 angles droits.

J'ai appris : Un triangle a 0 angle droit ou 1 angle droit.
Un triangle qui a 1 angle droit s'appelle un **triangle rectangle**.

1

Pose les soustractions suivantes :

90 – 58 = ... 71 – 8 = ... 85 – 63 = ... 53 – 28 = ...

2

Le nombre Mystérieux*

120 + 41 = ... 50 + 88 = ... 33 + 43 + 72 = ...

90 + 80 = ... 123 + 37 = ... 147 + 24 = ...

138 148 158 160

161 170 171

Le nombre mystérieux :

* Certaines de ces additions n'ont pas besoin d'être posées.

3

Doubles et moitiés : on commence par les doubles (de 20, 35…). Ils sont écrits au tableau dans l'ordre jusqu'à avoir une table complète. Puis, on interroge sur des moitiés (en vue de la sq. 78).
Additions *(43 + 28)* : idem sq. 42.

1 Le mot composé « triangle rectangle » est difficile à comprendre (comment un triangle pourrait-il être un rectangle ?) si l'on ne relie pas ce triangle au demi-rectangle.

2 C'est la 1re fois que les élèves posent eux-mêmes des soustractions en colonnes. Le cas 71 – 8 permet de rappeler qu'il y a la colonne des unités et celle des dizaines. Il permet aussi de confronter le calcul mental avec un usage systématique de la technique.

SÉQUENCE 66

Le signe x (« multiplié par ») comme symbole de la commutativité

Soustractions
(Où vais-je barrer ?)

Dessine 6 fois 4 jetons.

Ici, en tout, j'ai dessiné .... jetons.

Dessine 4 fois 6 jetons.

Ici, en tout, j'ai dessiné .... jetons.

Dessine 6 rangées de 4 jetons.

Ici, en tout, j'ai dessiné .... jetons.

Que remarques-tu ? Saurais-tu l'expliquer en utilisant la boîte ci-dessous ?

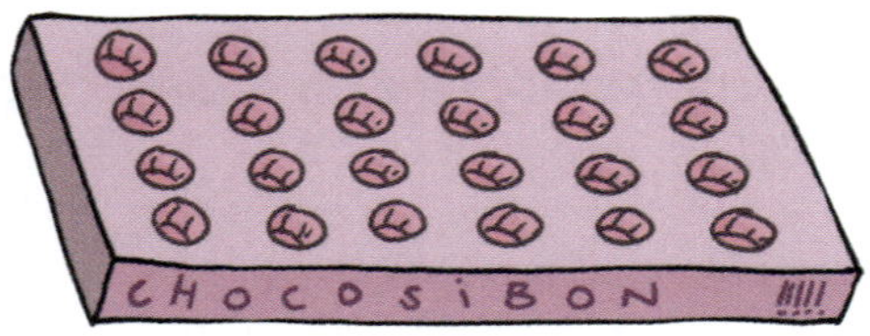

Et si tu dessinais 50 fois 3 jetons et 3 fois 50 jetons, qu'observerais-tu ?

J'ai appris : Dans 6 fois 4, il y a le même nombre que dans 4 fois 6.
On le voit bien quand les groupes qu'on forme sont des rangées.
Ce nombre s'écrit **6 x 4** (« 6 multiplié par 4 »)
ou **4 x 6** (« 4 multiplié par 6 »).

1

Complète.

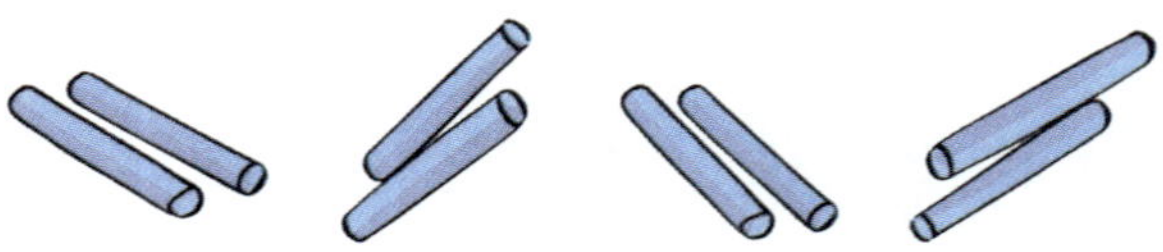

Ici, il y a .... fois .... craies.
Ce nombre s'écrit ...... x ...... ou ...... x ......

Ici, il y a .... groupes de .... verres.
Ce nombre s'écrit ...... x ...... ou ...... x ......

Ici, il y a .... fois .... bonbons.
Ce nombre s'écrit ...... x ...... ou ...... x ......

Ici, il y a .... groupes de .... citrons.
Ce nombre s'écrit ...... x ...... ou ...... x ......

2

Soustractions ***(Où vais-je barrer ?)*** : idem sq. 64.

1 et 2 Les dessins de 6 fois 4 jetons et de 4 fois 6 jetons conduisent respectivement à 6 groupes de 4 jetons et 4 groupes de 6 jetons, qui apparaissent très différents d'un point de vue perceptif. Et pourtant, ils contiennent le même nombre de jetons. On le comprend lorsque ceux-ci sont alignés en rangées : 6 rangées (verticales) de 4, c'est aussi 4 rangées (horizontales) de 6. Ou encore lorsqu'on pense à une boîte ▷

Écris l'une des deux multiplications possibles et complète.

Il y a .... groupes de .... points,
c'est .... x .... = ... points en tout.

Il y a .... fois .... points,
c'est .... x .... = ... points en tout.

Il y a .... groupes de .... points,
c'est .... x .... = ... points en tout.

Il y a .... fois .... points,
c'est .... x .... = ... points en tout.

Il y a .... dizaines .... de points,
c'est .... x .... = ... points en tout.

Complète en écrivant une multiplication.

4 équipes de 2 enfants, c'est .... x .... = ... enfants en tout.

2 paquets de 4 gâteaux, c'est ....

3 billets de 10 euros, c'est ....

10 traits de 3 cm mis bout à bout, c'est ....

3

Entoure le nombre de points indiqué.

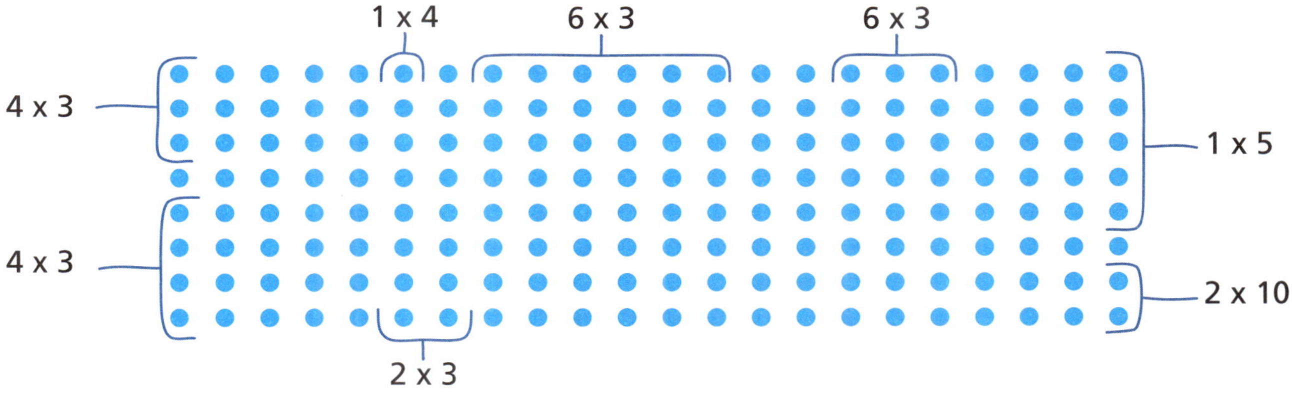

Et si on t'avait demandé d'entourer 0 x 6 points ? Et 13 x 0 points ?

4

Le nombre Mystérieux*

153 – 10 = ...

43 + 80 = ...

93 – 20 = ...

59 + 29 + 72 = ...

95 – 28 = ...

40 + 68 = ...

67 73 107 108

123 143 160

Le nombre mystérieux :

* Certaines de ces opérations n'ont pas besoin d'être posées.

5

▷ comme celle qui est dessinée : 6 fois 4 et 4 fois 6 correspondent aux 2 principales façons de la remplir, colonne par colonne et ligne par ligne. Les mêmes manipulations sont possibles mentalement avec les nombres 3 et 50 par ex. (*cf.* le problème du ferry sq. 62). Le signe « x », qui se dit « multiplié par », symbolise le fait que la formation de *a* groupes de *b* et celle de *b* groupes de *a* conduisent au même nombre.

3 Le lien est fait avec les connaissances antérieures des élèves sur le groupement.

SÉQUENCE 67

Penser à un quadrillage pour comprendre la commutativité

Additions (*43 + 28*) ……… ……… ……… ………

Différences mentales

Nina et Léo ont une boîte qui peut contenir 4 x 5 chocolats.
Nina la remplit colonne par colonne et Léo ligne par ligne.

Termine leur travail et complète les égalités.

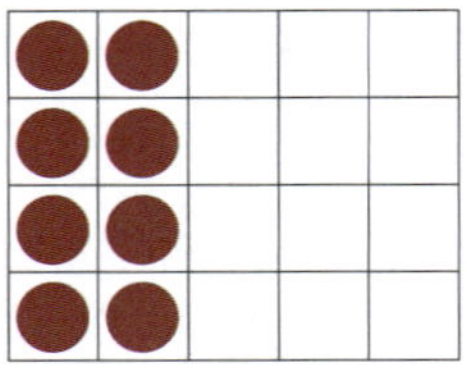

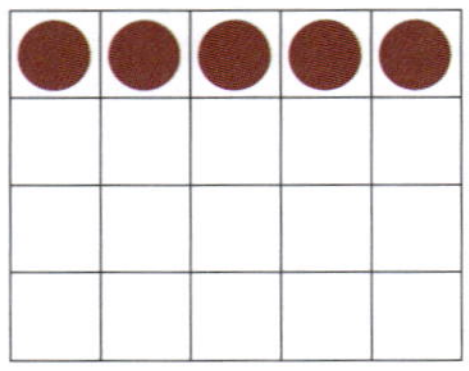

4 x 5 = 4 + 4 + ……… 4 x 5 = 5 + ………

Il y a ……… chocolats. *Il y a ……… chocolats.*

Quel est le calcul le plus facile ? ………

1

Imagine les deux façons de remplir les boîtes et écris-les sous forme d'additions.

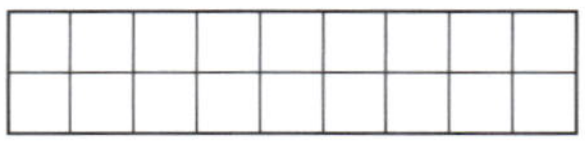

9 x 2 = ………

9 x 2 = ………

Cette boîte peut contenir ……… chocolats.

13 x 10 = ………

13 x 10 = ………

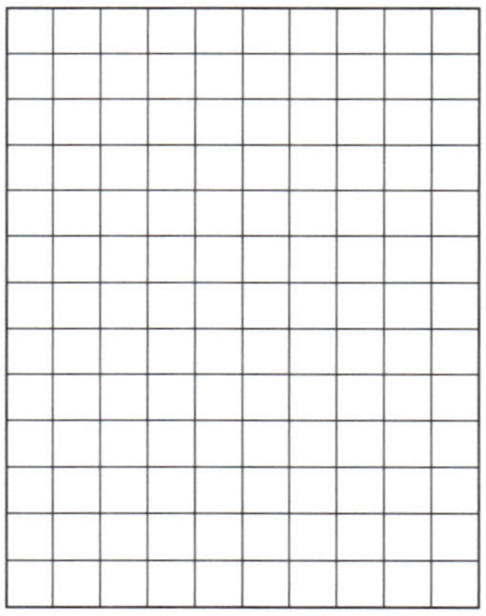

Cette boîte peut contenir ……… chocolats.

J'ai appris :

7 x 2 se lit : « **7 multiplié par 2** ».
On peut calculer ce nombre :
– soit comme **7 groupes de 2** (ou **7 fois 2**)
– soit comme **2 groupes de 7** (ou **2 fois 7**).
Souvent, une façon de calculer est plus facile que l'autre.

2

Imagine les deux façons de calculer et choisis la plus facile.

10 x 6 = ………	12 x 10 = ………	8 x 2 = ………	1 x 9 = ………	50 x 2 = ………
2 x 6 = ………	4 x 0 = ………	5 x 3 = ………	8 x 10 = ………	10 x 17 = ………
15 x 10 = ………	3 x 4 = ………	5 x 1 = ………	0 x 10 = ………	2 x 9 = ………

3

Additions (*43 + 28*) : idem sq. 42.
Différences mentales : idem sq. 46.

1 à 3 Quand on utilise le mot *multiplié*, *a* x *b* se lit toujours de gauche à droite : « *a* multiplié par *b* ». En revanche, le mot « fois » et l'expression « groupes de » servent à décrire le calcul qui se fait tantôt « de gauche à droite », tantôt l'inverse. Ainsi, pour 2 x 7, il est plus facile de calculer 2 *fois* 7 (de gauche à droite) que 7 *fois* 2. Mais pour 10 x 4, il est plus facile de calculer 4 *fois* 10 (de droite à gauche) que 10 *fois* 4. Pour décrire le mode de calcul, on dit tantôt « *a* groupes de *b* », tantôt « *a* fois *b* ».

Utiliser la multiplication pour calculer une addition répétée

SÉQUENCE **68**

Soustractions
(Où vais-je barrer ?)
Additions
(43 + 28)

L'écureuil et Léo cherchent le résultat de cette addition répétée :

3 + 3 + 3 + 3 + 3 + 3 + 3 + 3 + 3 + 3 = ...

Trois plus trois, six.
Six plus trois, neuf.
Neuf plus trois, douze…
Ça va être long !

Je cherche combien de fois il y a 3 dans cette addition… C'est 10 fois 3.

On écrit 3 x 10 ou 10 x 3 et on pense aux deux façons de remplir une boîte : il vaut mieux calculer 3 fois 10 que 10 fois 3.

3 + 3 + 3 + 3 + 3 + 3 + 3 + 3 + 3 + 3 = 3 × 10
= ....

Écris une multiplication qui résume l'addition répétée et calcule-la.

2 + 2 + 2 + 2 + 2 + 2 + 2 + 2 = ...
= ....

7 + 7 + 7 + 7 + 7 + 7 + 7 + 7 + 7 + 7 = ...
= ....

14 + 14 + 14 + 14 + 14 + 14 + 14 + 14 + 14 + 14 = ...
= ....

1

Complète.

Il y a ...... groupes de ...... points.
C'est ...... x ...... = ... points en tout.

Il y a ...... pièces de ...... euros.
C'est ...... x ...... = ... euros en tout.

Complète en écrivant une multiplication.

10 groupes de 3 points, c'est .... x .... = ... *points en tout.*

8 sachets de 2 images, c'est ....

10 bouquets de 9 fleurs, c'est ....

6 rangées de 2 enfants, c'est ....

13 pièces de 10 centimes, c'est ....

10 traits de 15 cm mis bout à bout, c'est ....

2

Soustraction ***(Où vais-je barrer ?)*** **:** idem sq. 64.
Additions ***(43 + 28)*** **:** idem sq. 42.

1 et **2** Pour traiter la situation de départ, Léo invite à évoquer une boîte avec 3 rangées de 10 unités. Depuis la sq.15, les élèves savent déterminer combien il y a d'unités dans 3 groupes de 2 unités par ex., mais ils ne savent pas le faire pour 7, 8, 9 ou 10 groupes de 2 unités. Ils apprennent à le faire en écrivant, dans le cas de 7 groupes, la multiplication 7 x 2 et en calculant 2 fois 7 plutôt que 7 fois 2. En utilisant la commutativité de la multiplication, ils peuvent ainsi résoudre de nouveaux problèmes à partir des mêmes connaissances numériques.

SÉQUENCE 69

Les tables de multiplication de 5, 3 et 4

Furet de 20 en 20
Doubles et moitiés

Complète la table de multiplication par 5, ligne après ligne :
pour chaque ligne, dessine d'abord les ronds, puis complète le résultat de table.

Table de 5

5 fois 1, 5
5 fois 2, ...
5 fois 3, ...
5 fois 4, ...
5 fois 5, ...
5 fois 6, ...
5 fois 7, ...
5 fois 8, ...
5 fois 9, ...
5 fois 10, ...

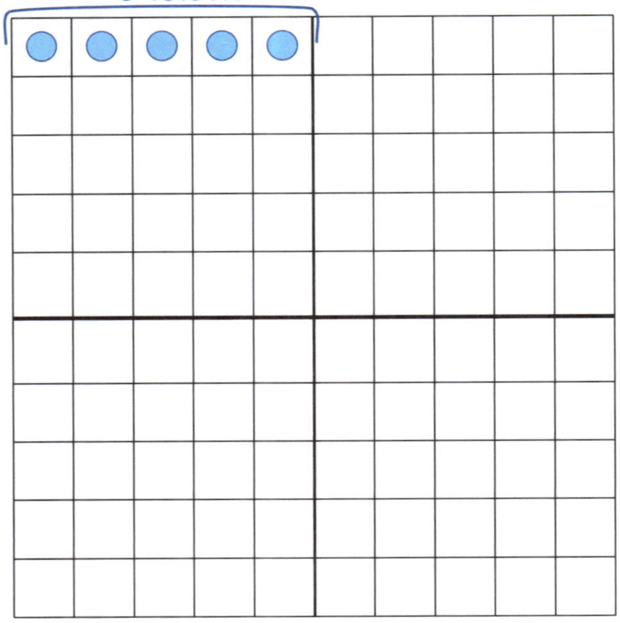

J'ai appris : Dans la table de 5, les nombres se suivent de 5 en 5 : 5, 10, 15, 20, etc.
C'est facile d'apprendre à réciter les tables de multiplication.
Pour connaître « ***5 fois 6*** », on peut calculer 6 + 6 + 6 + 6 + 6.
Il vaut mieux chercher à la **6e ligne de la table de 5** : c'est juste après 25, c'est 30.

Complète de la même façon les tables de multiplication par 3 et 4.

Table de 3

3 fois 1, 3
3 fois 2, ...
3 fois 3, ...
3 fois 4, ...
3 fois 5, ...
3 fois 6, ...
3 fois 7, ...
3 fois 8, ...
3 fois 9, ...
3 fois 10, ...

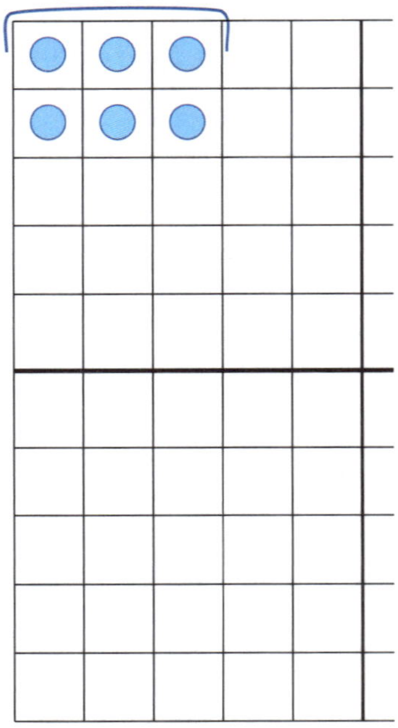

Table de 4

4 fois 1, 4
4 fois 2, ...
4 fois 3, ...
4 fois 4, ...
4 fois 5, ...
4 fois 6, ...
4 fois 7, ...
4 fois 8, ...
4 fois 9, ...
4 fois 10, ...

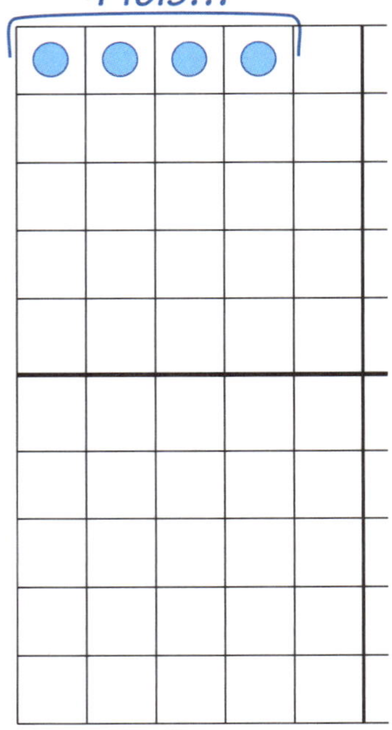

1

Furet de 20 en 20 : on commence à un nombre tel que 57. L'enseignant dit : « *20 de plus* » ou « *57 + 20* ». À 197, il dit : « *20 de moins* » ou « *197 – 20* ». On recommence avec comme point de départ 43, par ex.
Doubles et moitiés : idem sq. 65.

1 Il est intéressant de commencer par la table de 5 parce que c'est celle pour laquelle on a le moins envie de calculer 5 fois 3, par ex., sous la forme 3 + 3 + 3 + 3 + 3. Il vaut mieux s'appuyer sur le fait que, dans la table de 5, les résultats vont de 5 en 5. L'apprentissage des tables de multiplication est ainsi une nouvelle occasion d'apprendre la commutativité : on ne mémorise pas 5 fois 3 en s'appuyant ▷

Si tu as besoin, cherche le résultat dans les tables de 3, 4 ou 5.

9 x 4 = ...	8 x 1 = ...
5 x 7 = ...	5 x 3 = ...
3 x 7 = ...	8 x 4 = ...
0 x 6 = ...	4 x 9 = ...
4 x 10 = ...	8 x 3 = ...

Écris une des multiplications possibles et calcule.

7 + 7 + 7 + 7	→	.... x .... = ...
9 + 9 + 9 + 9 + 9	→	.... x .... = ...
6 + 6 + 6 + 6	→	.... x .... = ...
8 + 8 + 8 + 8 + 8	→	.... x .... = ...
9 + 9 + 9	→	.... x .... = ...
6 + 6 + 6 + 6 + 6	→	.... x .... = ...

2

Complète.

Il y a ..... groupes de ..... points.

C'est ..... x ..... = ... points en tout.

Il y a ..... pièces de ..... centimes.

C'est ..... x ..... = ... centimes en tout.

Complète en écrivant la multiplication.

6 groupes de 5 points, c'est .... x .... = ... *points en tout.*

9 équipes de 3 enfants, c'est ....

10 bouquets de 4 fleurs, c'est ....

10 traits de 16 cm mis bout à bout, c'est ....

3

Complète.

L'une de ces figures est un triangle rectangle qui a un côté de 5 cm. *Laquelle ?* ....

Une autre de ces figures est un rectangle qui a un côté de 7 cm. *Laquelle ?* ....

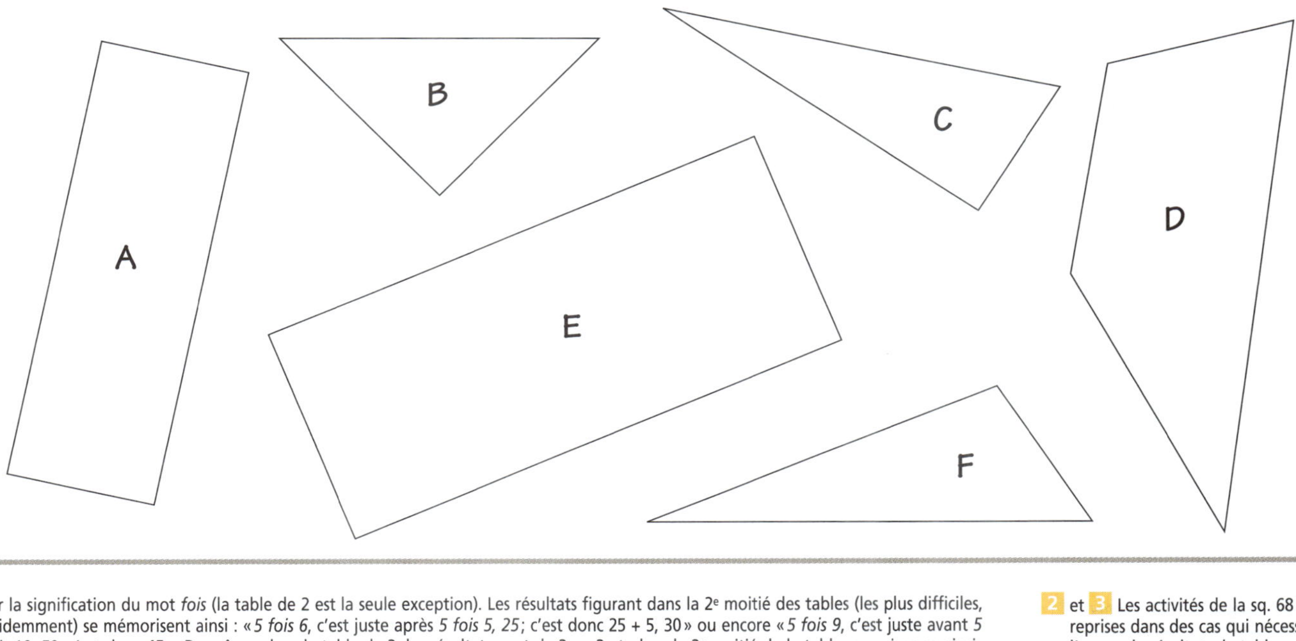

4

▷ sur la signification du mot *fois* (la table de 2 est la seule exception). Les résultats figurant dans la 2e moitié des tables (les plus difficiles, évidemment) se mémorisent ainsi : « *5 fois 6*, c'est juste après *5 fois 5, 25*; c'est donc 25 + 5, 30 » ou encore « *5 fois 9*, c'est juste avant *5 fois 10, 50*; c'est donc 45. » De même, dans la table de 3, les résultats vont de 3 en 3 et, dans la 2e moitié de la table, on raisonne ainsi : « *3 fois 6*, c'est juste après *3 fois 5, 15*; c'est donc 18 » (*cf.* les activités de haut de page des sq. suivantes).

2 et 3 Les activités de la sq. 68 sont reprises dans des cas qui nécessitent l'usage de résultats de tables.

SÉQUENCE 70

Somme, différence et produit (nombres de 2 chiffres)

Furet de la table de 5
Table de 5

Problème : Nina a 58 billes et Léo en a 74.
Combien ont-ils de billes ensemble ?

Écris en ligne l'opération qui donne le résultat;
pose cette opération en colonnes et complète.

....

En tout, Nina et Léo ont .... billes.

Vérifie que, dans le dessin, Nina a 58 billes et que Léo en a 74.
Vérifie ton calcul en faisant apparaître le groupe de 100 et le nouveau groupe de 10.

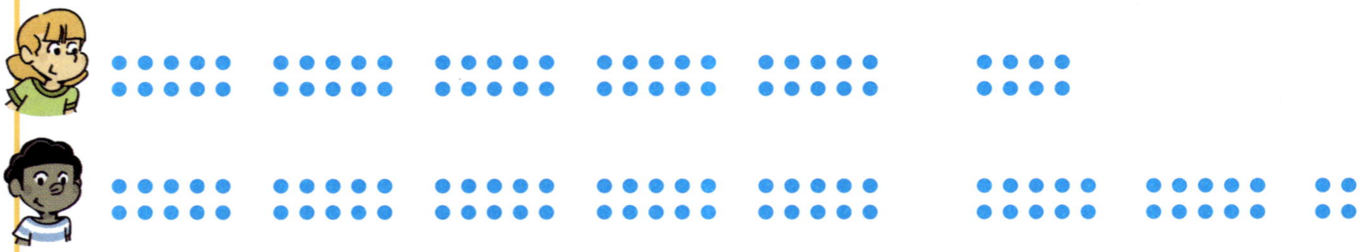

Invente d'autres problèmes qui conduisent à cette addition.

1

Problème : Nina a 58 billes et Léo en a 74.
Combien Léo a-t-il de billes de plus que Nina ?

Écris en ligne l'opération qui donne le résultat;
pose cette opération en colonnes et complète.

....

Léo a .... billes de plus que Nina.

Vérifie que, dans le dessin, Nina a 58 billes et que Léo en a 74.
Vérifie ton calcul en entourant la différence.

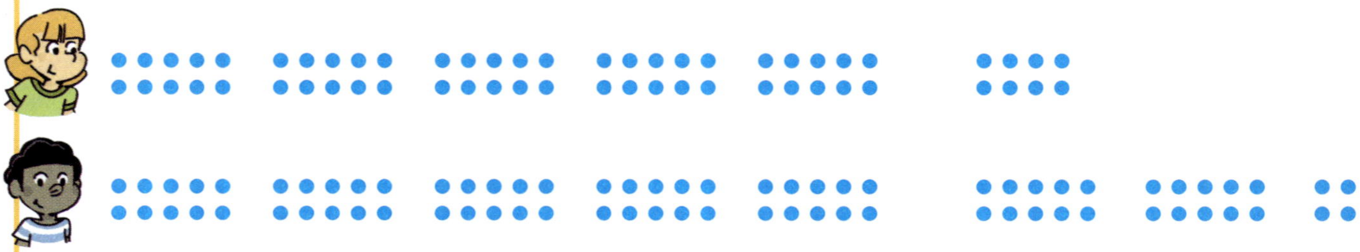

Invente d'autres problèmes qui conduisent à cette soustraction.

2

Furet de la table de 5 : les résultats vont de 5 en 5. Le 1er élève dit «*5 fois 1, 5*»; le suivant: «*5 fois 2, 10*»... Après «*5 fois 10, 50*», on redescend. On commence toujours par «*5 fois...*».
Table de 5 : utilisation de la table de 5 incomplète de la fin du fichier, pour expliciter la stratégie permettant de trouver 5 fois 6 et 5 fois 9 à partir des repères 25 et 50 : «*5 fois 6, c'est juste après 5 fois 5, 25; c'est donc 30*» et «*5 fois 9, c'est juste avant 5 fois 10, 50; c'est donc 45*». L'interrogation porte également sur 5 fois 7 et 5 fois 8. Elle se fait d'abord sur ardoise puis sur le fichier dans le désordre.

Problème : Chez le boulanger, une sucette coûte 13 centimes.
Madame Dialo achète 10 sucettes.
Combien doit-elle payer ?

Écris en ligne l'opération qui donne le résultat et complète.

.... *Elle doit payer* .... *centimes ou* .... € ....

On a dessiné les sucettes et les pièces nécessaires.
Vérifie et complète.

Il faut :

.... pièces de 10 c = ...

.... pièces de 2 c = ...

.... pièces de 1 c = ...

Total : ....

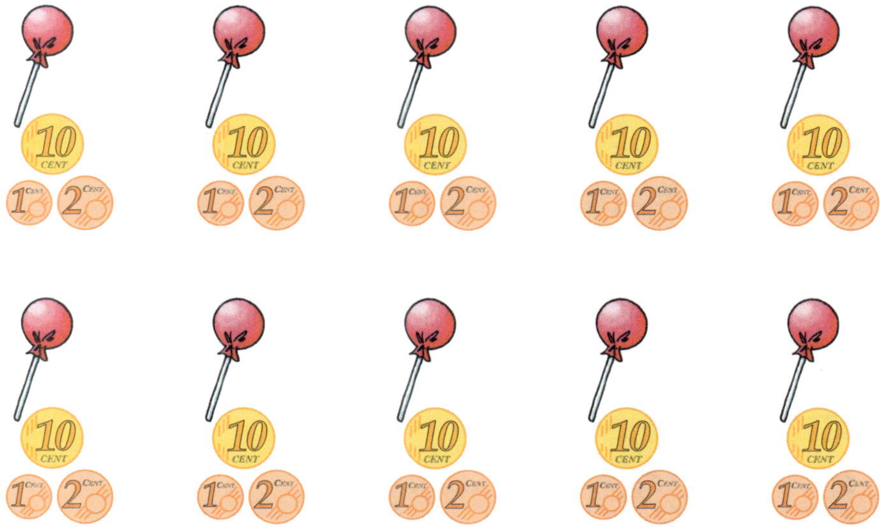

Invente d'autres problèmes qui conduisent à cette multiplication.

3

Prends ton équerre, repère les angles droits et complète.

Les figures .... *sont des triangles rectangles.*

Les figures .... *sont des rectangles.*

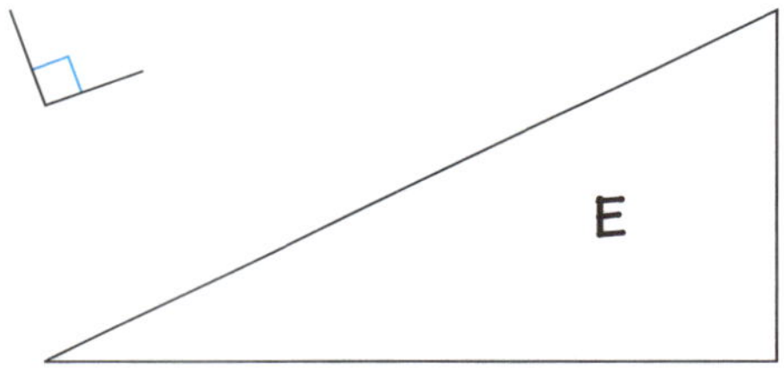

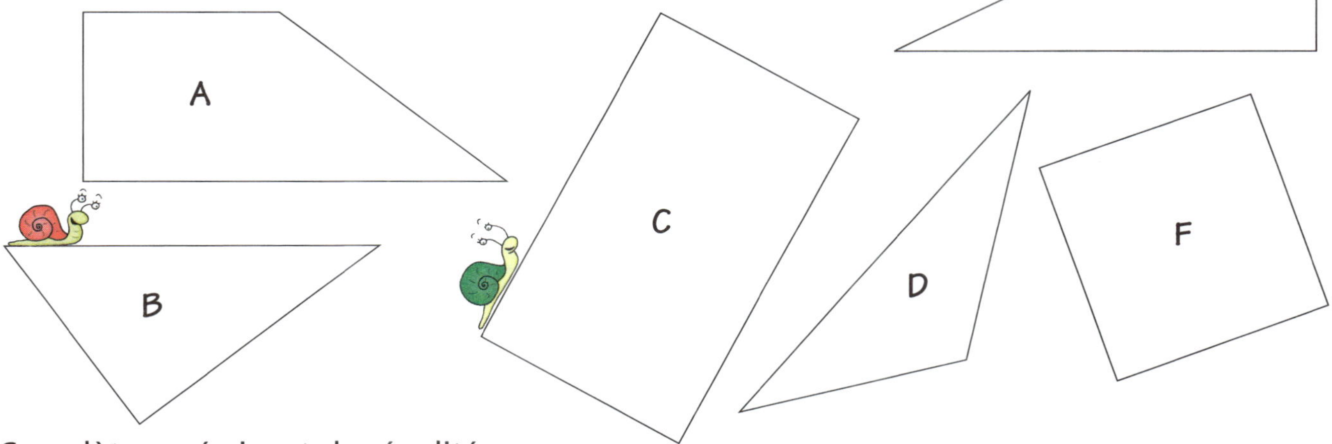

Complète en écrivant des égalités.

L'escargot rouge fait le tour de la figure B. Il parcourt .... *cm.*

L'escargot vert fait le tour de la figure C. Il parcourt .... *cm.*

Combien de centimètres l'escargot vert a-t-il parcouru de plus que l'escargot rouge ?

....

4

1 à 3 Les situations proposées sont familières aux élèves et il leur est demandé de résoudre les problèmes en posant l'opération arithmétique correspondante. Cependant, dans un 2e temps, ils sont invités à contrôler leur résultat en résolvant le même problème par l'action. Lors de l'invention de problèmes de soustraction, on pensera à l'utilisation de l'expression « de moins que » pour les problèmes de comparaison, ainsi qu'aux situations de type parties-tout (nombre total de places, places occupées et places libres, par ex.).

SÉQUENCE
71

ARP Atelier de Résolution de Problèmes

Furet de la table de 5;
table de 5
Additions
(*120 + 30; 120 + 32*)

Observe l'image.

Le livreur pèse 75 kg. Son chariot pèse 10 kg.

Les sacs de farine pèsent tous le même poids.

Combien de sacs de farine peut-il monter en un trajet de monte-charge ?

1

Problèmes à résoudre sur le cahier

Réponds (tu peux faire un schéma, écrire une égalité ou expliquer ta solution).

1 ▶ Salima a un album-photo tout neuf.
Il y a 42 places pour coller des photos.
Elle colle 4 photos dans son album.

Combien de photos peut-elle encore coller dans son album ?

2 ▶ Un jardinier a 7 planches de bois qui ont la même longueur : 3 m.
Il les pose bout à bout pour former une petite allée entre ses légumes.
Il veut que son allée fasse 20 m.

A-t-il assez de planches ?

2

Furet de la table de 5; table de 5 : idem sq. 70.
Additions (*120 + 30; 120 + 32*) : idem sq. 58.
Ce type de calcul est repris en prévision de la sq. 75 (calculs du type 38 x 4).

1 Problème dont la résolution nécessite de prélever des données numériques dans une image. Un prolongement possible consiste à s'interroger sur le nombre de montées et sur ce que le livreur emporte à chacune d'elles.

2 On apprécie tout aussi positivement l'usage d'un schéma que celui d'une opération arithmétique.

Furet de la table de 3
Table de 3

Problème : 13 équipes de boulistes participent à un tournoi.
Dans chaque équipe, il y a 2 joueurs.

Combien de personnes participent à ce tournoi ?

Sébastien a fait un schéma, Mélanie et Cécile ont écrit une égalité.

Qui a réussi à résoudre le problème ?

Entoure le ou les prénoms des enfants qui ont trouvé la solution.

28 personnes participent à ce tournoi.

Sébastien

2+2+2+2+2+2+2+2+2+2+2+2 = 24

24 personnes participent à ce tournoi.

Mélanie

C'est 13 groupes de 2.
Je calcule la multiplication :
2 × 13 = 26

26 personnes participent à ce tournoi.

Cécile

1

Problèmes à résoudre sur le cahier

Réponds (tu peux faire un schéma, écrire une égalité ou expliquer ta solution).

1 ▶ Adrien a 23 feutres.
Mais il n'a que 10 capuchons.

Combien de capuchons manque-t-il à Adrien ?

2 ▶ Mme Leleu a 150 €.
Elle veut acheter un fauteuil à 89 € et un lampadaire à 67 €.

A-t-elle assez d'argent ?

3 ▶ *Combien d'œufs y a-t-il dans 17 boîtes de 10 œufs ?*

4 ▶ 25 enfants sont en classe de neige.
Il faut des bâtons de ski pour tous ces enfants.

Combien faut-il de bâtons de ski ?

2

Furet de la table de 3 : les résultats vont de 3 en 3. Le 1er élève dit « *3 fois 1, 3* » ; le suivant : « *3 fois 2, 6* »... Après « *3 fois 10, 30* », on redescend. On commence toujours par « *3 fois...* ».
Table de 3 : utilisation de la table de 3 incomplète de la fin du fichier, pour expliciter la stratégie permettant de trouver 3 fois 6 et 3 fois 9 à partir des repères 15 et 30 : « *3 fois 6, c'est juste après 3 fois 5, 15 ; c'est donc 18* » et « *3 fois 9, c'est juste avant 3 fois 10, 30 ; c'est donc 27* ». L'interrogation porte également sur 3 fois 7 et 3 fois 8. Elle se fait d'abord sur ardoise puis sur le fichier dans le désordre.

SÉQUENCE 73

Calcul des multiplications du type 6 x 20 ou 20 x 6

Furet de la table de 3 ; table de 3

Additions (*120 + 30 ; 120 + 32*)

6 x 20 ou 20 x 6

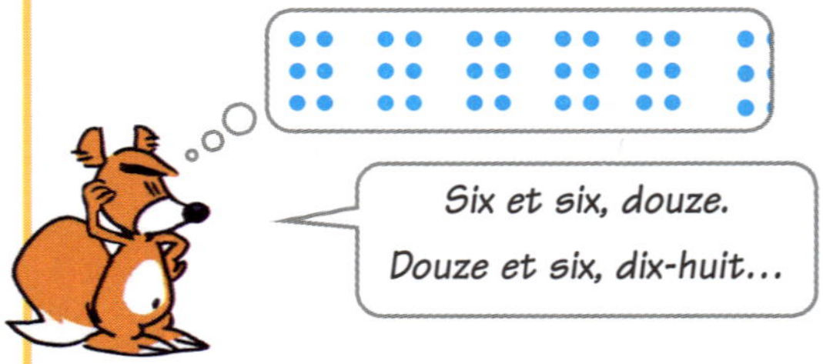

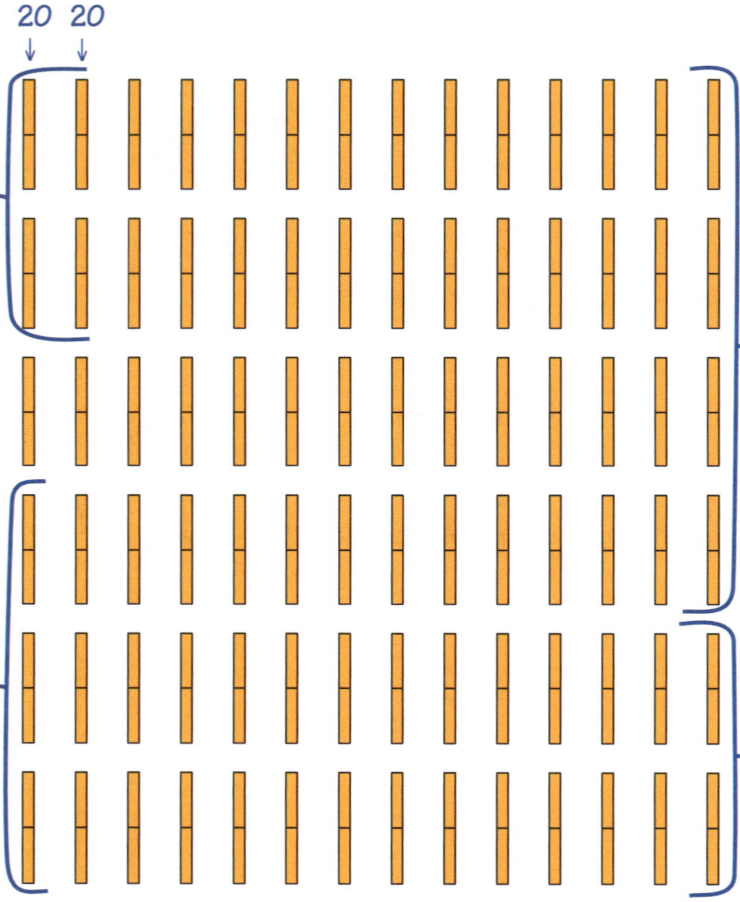

20 x 6 c'est .... dizaines.
20 x 6 = ...

40 x 7 c'est .... dizaines.
40 x 7 = ...

5 x 30 c'est .... dizaines.
5 x 30 = ...

20 x 8 c'est .... dizaines.
20 x 8 = ...

J'ai appris :

Pour calculer 7 x 20, on calcule 7 x 2 et on obtient le nombre de groupes de 10 : **7 x 20 = 140**

Pour calculer 3 x 50, on calcule 3 x 5 et on obtient le nombre de groupes de 10 : **3 x 50 = 150**

Pour calculer 60 x 3, on calcule 6 x 3 et on obtient le nombre de groupes de 10 : **60 x 3 = 180**

1

Furet de la table de 3 ; table de 3 : idem sq. 72.
Additions (*120 + 30 ; 120 + 32*) : idem sq. 58.
Ce type de calcul est repris en prévision de la sq. 75 (calculs du type 38 x 4).

1 et 2 Pour apprendre à calculer 24 x 8, il faut savoir calculer respectivement 20 x 8 et 4 x 8. Le calcul de 20 x 8 est facile lorsqu'on sait que celui de 2 x 8 donne le nombre de dizaines. L'utilisation d'un ensemble de boîtes disposées en lignes et colonnes permet aux élèves de le découvrir. C'est bien préférable à l'enseignement dogmatique d'une « règle du zéro ».

Calcule (si tu as besoin, utilise les tables de la page 90).

8 x 20 = ...	30 x 5 = ...	6 x 30 = ...	20 x 7 = ...
10 x 9 = ...	20 x 9 = ...	50 x 3 = ...	60 x 2 = ...
4 x 30 = ...	40 x 4 = ...	20 x 3 = ...	5 x 20 = ...
3 x 60 = ...	2 x 90 = ...	40 x 2 = ...	6 x 10 = ...

2

Complète.

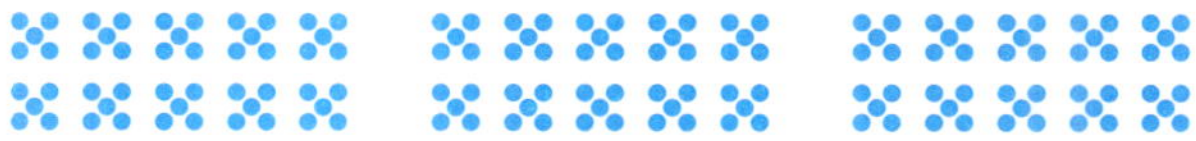

Il y a .... *groupes de 5 points, c'est* .... x .... = ... *points en tout.*

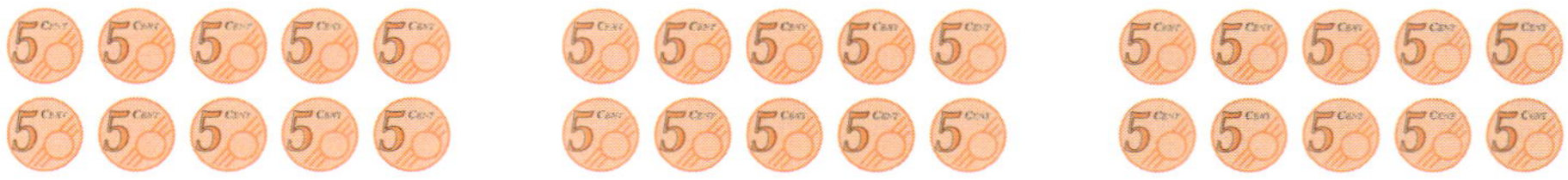

Il y a .... *pièces de 5 centimes, c'est* .... x .... = ... *centimes ou* .... € ....

Complète en écrivant une multiplication.

30 équipes de 4 enfants, c'est .... x .... = ... *enfants en tout.*

20 paquets de 3 gâteaux, c'est ....

70 pochettes de 2 images, c'est ....

20 billets de 5 euros, c'est ....

40 paquets de 3 gâteaux, c'est ....

3

On a commencé à reproduire cette figure. Continue.

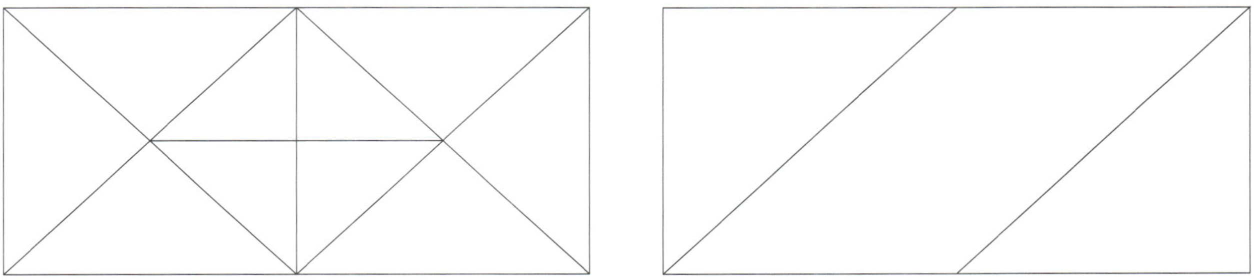

4

Le nombre Mystérieux*

53 + 19 + 40 + 82 = ... 66 + 50 + 51 = ...

167 − 10 = ... 83 − 9 = ... 91 − 27 = ...

92 − 38 = ... 50 + 98 = ... 140 + 38 = ...

54 64 74 98

148 157 167

178 194

Le nombre mystérieux :

* Certaines de ces opérations n'ont pas besoin d'être posées.

5

3 Il y a 30 groupes de 5 points; ce nombre se calcule avec la multiplication 30 x 5; à titre de vérification, les points peuvent également être directement dénombrés. Dans le cas des billets de 5 €, on peut imaginer que chacun d'eux peut être remplacé par un groupe de 5 pièces de 1 €. De façon plus générale, depuis la sq.15, les élèves savent déterminer combien il y a d'unités dans 3 groupes de 2. Depuis la sq. 68, ils savent le faire pour 7, 8, 9 ou 10 groupes en écrivant, dans le cas de 7 groupes de 2, la multiplication 7 x 2 et en calculant 2 fois 7 plutôt que 7 fois 2. Ils apprennent ici à calculer combien il y a d'unités dans 70 groupes de 2 unités en écrivant la multiplication 70 x 2.

SÉQUENCE 74

Le rectangle et le carré : propriétés métriques

Furet de la table de 4
Table de 4

Géom et Couic-Couic ont tracé un rectangle.
Quels instruments peut-on utiliser pour vérifier que Couic-Couic s'est encore trompé ?

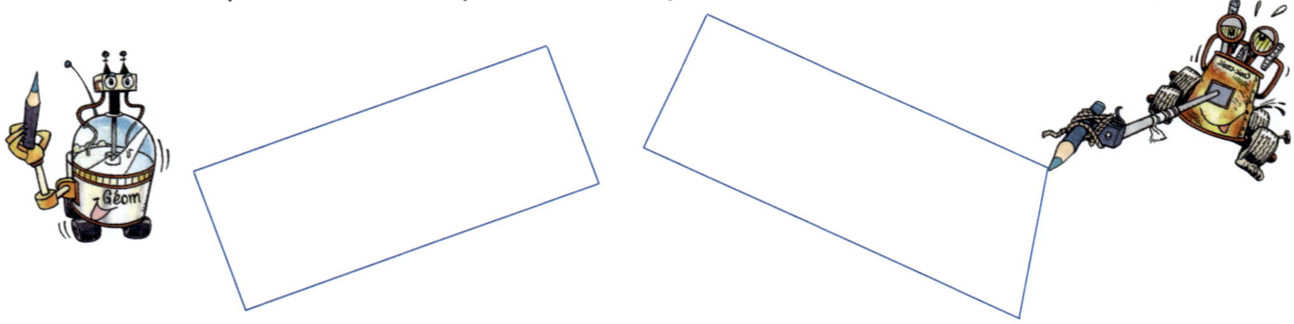

J'ai appris: Dans un rectangle, les côtés opposés ont la même grandeur.
Le grand côté est appelé la longueur, elle est notée L;
le petit côté est appelé la largeur, elle est notée ℓ.

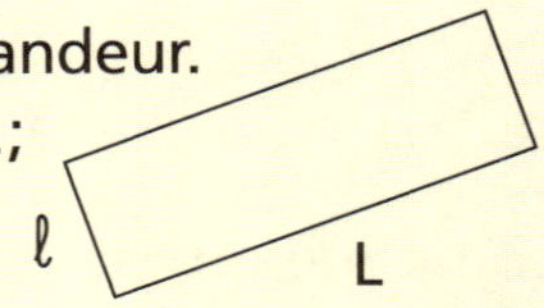

Trace une croix bleue à l'intérieur des rectangles tels que L = 5 cm et ℓ = 1 cm.
Trace une croix rouge à l'intérieur des rectangles tels que L = 4 cm et ℓ = 2 cm.
Trace une croix verte à l'intérieur des rectangles tels que L = 3 cm et ℓ = 3 cm.

J'ai appris: Les rectangles tels que L = ℓ ont leurs 4 côtés de même grandeur.
Ces rectangles particuliers s'appellent des **carrés**.

1

Calcule.

20 x 6 = ...	2 x 80 = ...	3 x 30 = ...	9 x 20 = ...
60 x 3 = ...	50 x 2 = ...	20 x 8 = ...	20 x 5 = ...
5 x 30 = ...	8 x 10 = ...	40 x 3 = ...	4 x 20 = ...

3

Furet de la table de 4 : les résultats vont de 4 en 4. Le 1er élève dit «*4 fois 1, 4*»; le suivant: «*4 fois 2, 8*»... Après «*4 fois 10, 40*», on redescend. On commence toujours par «*4 fois...*».
Table de 4 : utilisation de la table de 4 incomplète de la fin du fichier, pour expliciter la stratégie permettant de trouver 4 fois 6 et 4 fois 9 à partir des repères 20 et 40: «*4 fois 6, c'est juste après 4 fois 5, 20; c'est donc 24*» et «*4 fois 9, c'est juste avant 4 fois 10, 40; c'est donc 36*». L'interrogation porte également sur 4 fois 7 et 4 fois 8. Elle se fait d'abord sur ardoise puis sur le fichier dans le désordre.

Tu vas apprendre à construire un rectangle
quand tu connais les mesures de sa longueur et de sa largeur.

Voici un rectangle ABCD.
Sa longueur mesure 6 cm et sa largeur 2 cm.

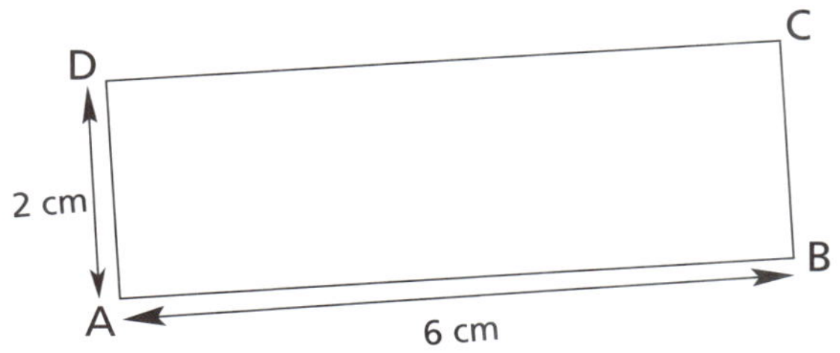

Trace ce rectangle sur une feuille blanche.

a Trace le côté AB de 6 cm de longueur.

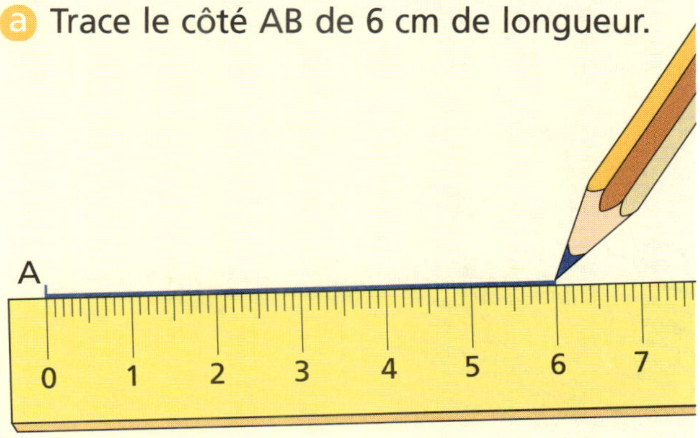

b Pose ton équerre sur le trait AB et trace un trait depuis le point A.

c Retourne ton équerre et trace un trait depuis le point B.

d Place un point C à 2 cm de B et un point D à 2 cm de A.

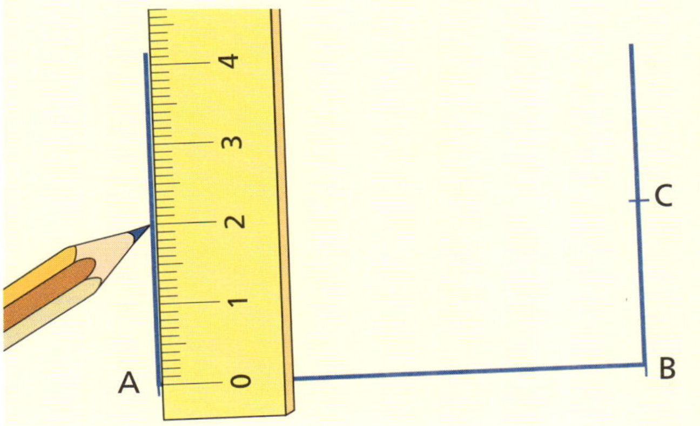

e Relie à la règle les points C et D puis gomme ce qui dépasse.

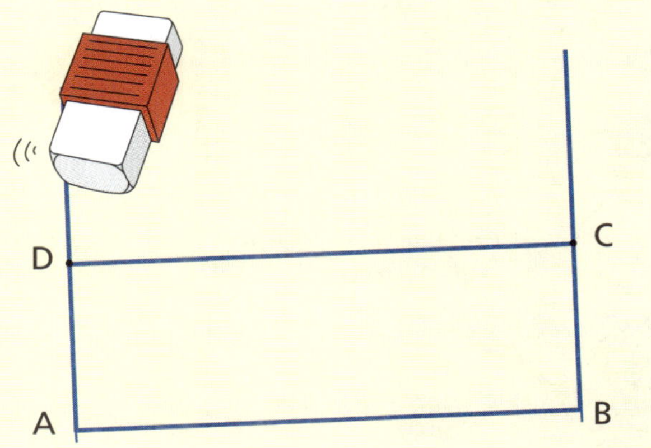

2

Le nombre Mystérieux

127 128 130 138 143 157

110 + 47 = ... 88 + 39 = ... 120 + 18 = ...

45 + 6 + 79 = ... 80 + 63 = ...

Le nombre mystérieux :

4

1 Le rectangle a été défini par ses propriétés angulaires. Les élèves découvrent ici que les côtés opposés ont la même grandeur (le mot *grandeur* plutôt que *longueur* est employé pour éviter la confusion avec la longueur du rectangle). Les carrés apparaissent comme des rectangles particuliers : ceux dont tous les côtés ont la même grandeur.

2 Lors des étapes b et c, on recommandera aux élèves de tracer des traits suffisamment grands pour qu'ils soient sûrs de ne pas avoir à les prolonger : mieux vaut gommer.

SÉQUENCE 75

Calcul en lignes des multiplications du type 36 x 4

Furet de la table de 4
Table de 4

Picbille et la fée Magibille calculent 36 x 4

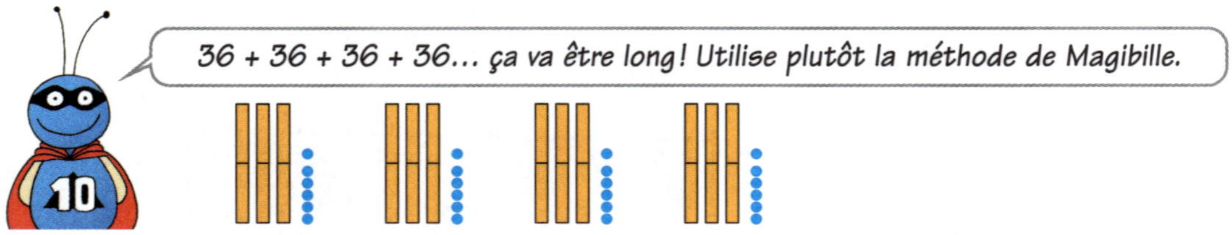

Que sont devenus les 4 groupes de 36 jetons dans le dessin de Magibille ?

Est-ce le même nombre ?

Complète :

36 x 4 = *30 x 4* + *6 x 4*

36 x 4 = *120* + *24*

36 x 4 = ______

1

Picbille et la fée Magibille calculent 23 x 7

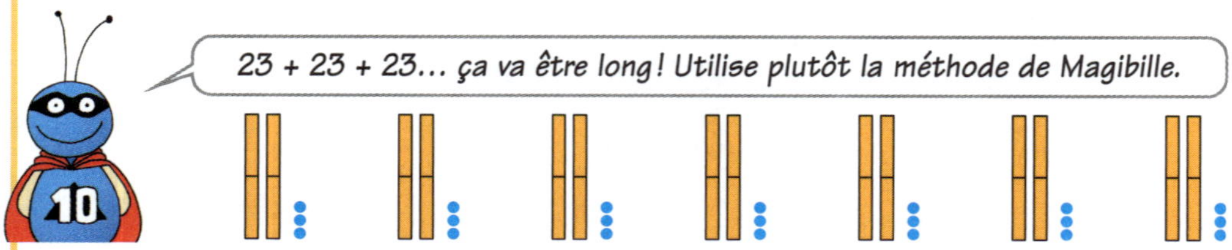

Dessine les dizaines et les unités comme Magibille et complète.

23 x 7 = ______ + ______

23 x 7 = ______

23 x 7 = ______

2

Furet de la table de 4 : idem sq. 74.
Table de 4 : idem sq. 74.

1 et 2 Pour calculer 36 x 4, l'addition répétée est possible mais il vaut mieux multiplier 30 par 4 puis 6 par 4 avant de sommer le tout. Cette façon de calculer, en commençant par les dizaines, est importante parce que c'est celle qui est privilégiée dans le calcul mental. Les deux multiplications sont représentées par des « pierres multiplicatives » de tailles différentes. Il importe de vérifier que le calcul de Picbille et celui de Magibille ▷

Calcule comme Magibille en imaginant les pierres multiplicatives.

27 x 5 = ______ + ______
27 x 5 = ______
27 x 5 = ______

43 x 3 = ______ + ______
43 x 3 = ______
43 x 3 = ______

83 x 2 = ______ + ______
83 x 2 = ______
83 x 2 = ______

25 x 6 = ______ + ______
25 x 6 = ______
25 x 6 = ______

Dans le premier calcul, on a remplacé les rectangles jaunes par des parenthèses.
Termine ce premier calcul et effectue les trois autres.

38 x 5 = (30 × 5) + (8 × 5)
38 x 5 = ……………………
38 x 5 = ……………

14 x 9 = ……………………
14 x 9 = ……………………
14 x 9 = ……………

41 x 4 = ……………………
41 x 4 = ……………………
41 x 4 = ……………

62 x 3 = ……………………
62 x 3 = ……………………
62 x 3 = ……………

3

Trace un rectangle dont la longueur est L = 9 cm et la largeur ℓ = 5 cm.

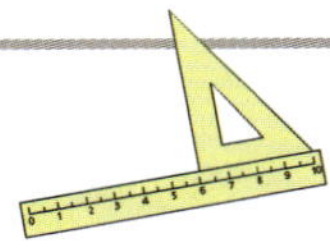

4

▷ sont équivalents : ils conduisent au même nombre de boîtes et de billes. Les élèves ont fréquemment calculé (mentalement et par écrit) le type d'additions auxquelles on est conduit (120 + 24 dans le cadre 1).

3 En évoquant le scénario des « pierres multiplicatives », les élèves sont conduits à multiplier les dizaines puis les unités. Notons qu'ils rencontrent pour la première fois les parenthèses, dans un contexte où leur emploi est facile.

SÉQUENCE 76

Lecture de l'heure (2)

Soustractions
(Où vais-je barrer ?)
Tables de 5, 3 et 2

*Les horloges ci-dessous ont une aiguille des heures (h)
et une aiguille des minutes (min).*

Sur les deux premières horloges, la position de la petite aiguille est presque la même, et pourtant, ce n'est pas la même heure ! Complète.

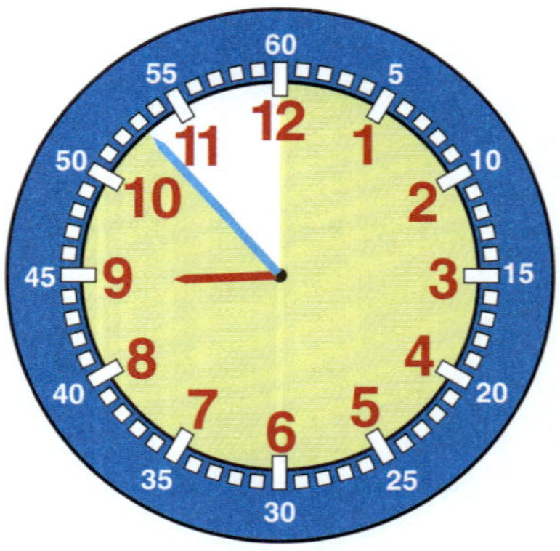

.... *minutes* **avant** .... *h,*

il est .... *h* .... *min.*

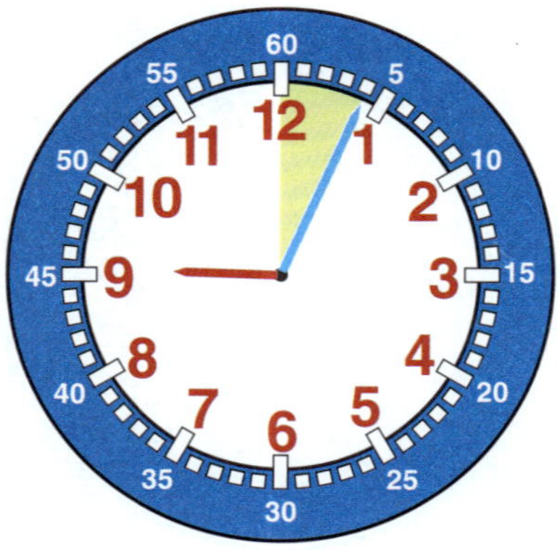

.... *minutes* **après** .... *h,*

il est .... *h* .... *min.*

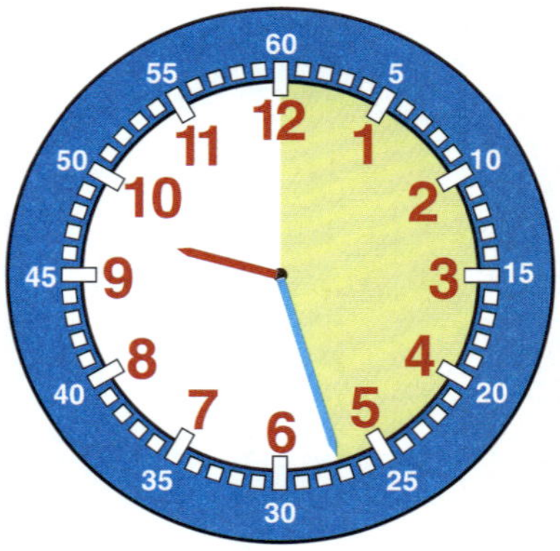

.... *minutes* **après** .... *h,*

il est .... *h* .... *min.*

Je me rappelle :

Quand la petite aiguille est dirigée vers le chiffre « 9 »,
il est presque 9 heures.

L'heure exacte dépend de la position de la grande aiguille :
- soit c'est seulement dans quelques minutes qu'il sera 9 heures ;
il est donc 8 heures et un grand nombre de minutes en plus.
- soit quelques minutes se sont écoulées depuis qu'il était 9 heures ;
il est donc 9 heures et un petit nombre de minutes en plus.

La journée continue… Complète.

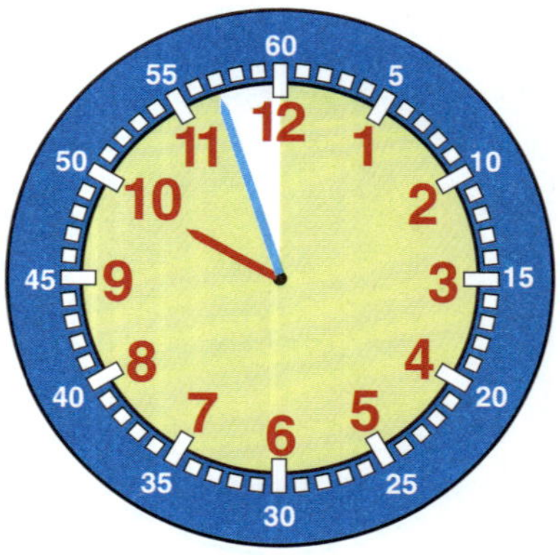

.... *minutes* **avant** .... *h,*

il est .... *h* .... *min.*

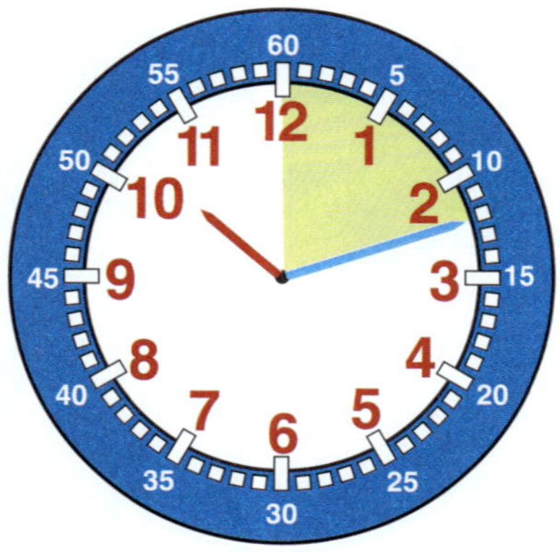

.... *minutes* **après** .... *h,*

il est .... *h* .... *min.*

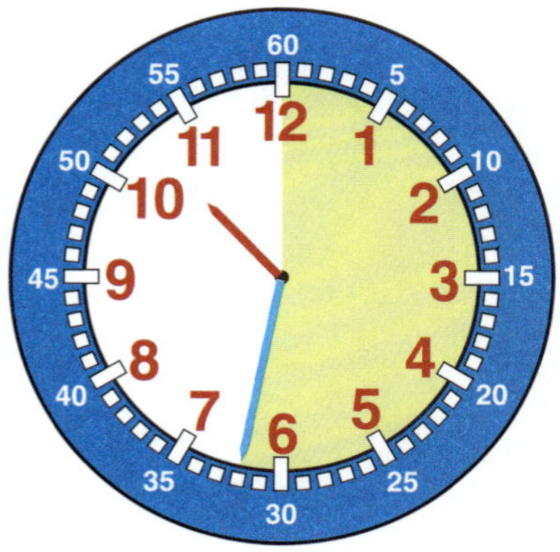

.... *minutes* **après** .... *h,*

il est .... *h* .... *min.*

1

Soustractions ***(Où vais-je barrer ?)*** **:** idem sq. 64.
Tables de 5, 3 et 2 : l'enseignant anime un furet de la table de 5, puis de 3 et enfin de 2. Il interroge ensuite sur ces 3 tables de façon mélangée (les élèves disposent de leurs tables vides).

1 Tout au long des 2-3 derniers mois, les élèves ont été conduits à anticiper la position de la grande aiguille en analysant celle de la petite (*cf.* sq. 39). Ils ont pu s'apercevoir que lorsque la petite aiguille est sur le chiffre « 9 », très souvent, il n'est pas encore 9 heures : il est, par ex, « 9 heures moins 6 min ». Il est donc « 8 h et… ». Il y a un obstacle langagier à concevoir que l'heure exacte commence par « 8 » alors que la petite aiguille est sur le « 9 ». ▷

La journée continue… Complète.

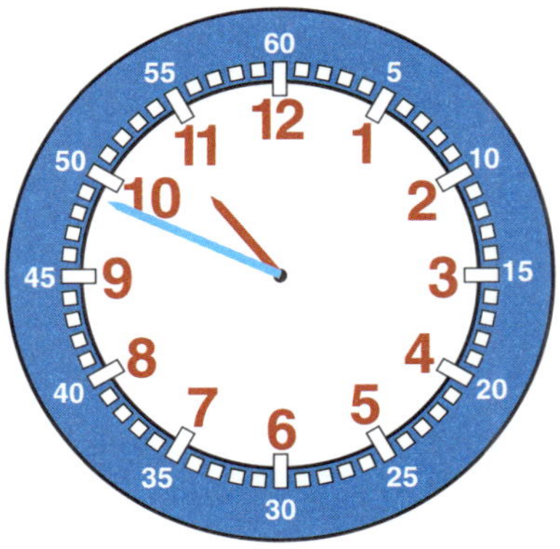

.... minutes **avant** *........ h,*

il est .... h .... min.

.... minutes **après** *........ h,*

il est .... h .... min.

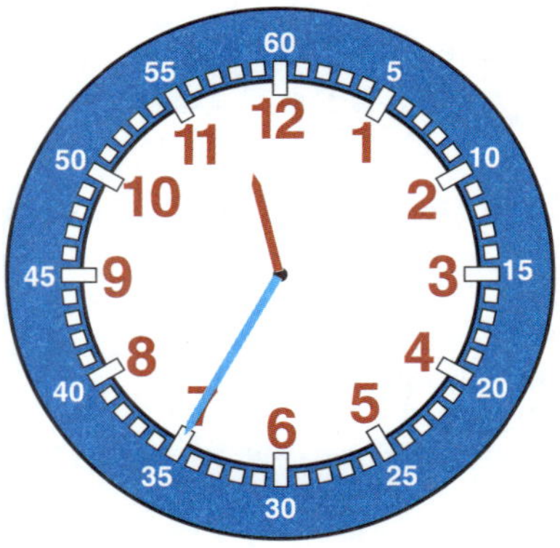

.... minutes **après** *........ h,*

il est .... h .... min.

2

Termine le premier calcul et effectue les trois autres.

74 x 2 = (70 x 2) + (4 x 2)

74 x 2 = ...

74 x 2 = ...

15 x 8 = ...

15 x 8 = ...

15 x 8 = ...

48 x 4 = ...

48 x 4 = ...

48 x 4 = ...

65 x 3 = ...

65 x 3 = ...

65 x 3 = ...

3

Relie à la règle 4 de ces points pour former un carré.

4

Le nombre Mystérieux

27 28 30 38 42 48

92 – 64 = ... 86 – 38 = ... 54 – 27 = ...

73 – 31 = ... 95 – 65 = ...

Le nombre mystérieux :

5

▷ En utilisant l'horloge en carton des élèves (du côté où figure la graduation chiffrée en min), il est possible de reconstituer les déplacements récents des 2 aiguilles à partir de 8 h : à 8 h 30, la petite aiguille était au milieu des chiffres « 8 » et « 9 » ; à 8 h 45, elle était déjà très proche du chiffre « 9 » et, dans la position du fichier, la petite aiguille est sur le chiffre « 9 » alors que la grande n'a parcouru que 54 min : il est 8 h 54. Des positions proches de 9 h ont été choisies afin de favoriser l'observation en début de journée.

2 La tâche est plus difficile du fait que le déplacement de la grande aiguille, depuis la dernière heure, n'est plus représenté par une portion de disque jaune.

SÉQUENCE 77

Quadrillages : codage de nœuds et de déplacements

Doubles
(2 fois 15…)
Tables de 5, 3 et 2

Observe le quadrillage ci-dessous.

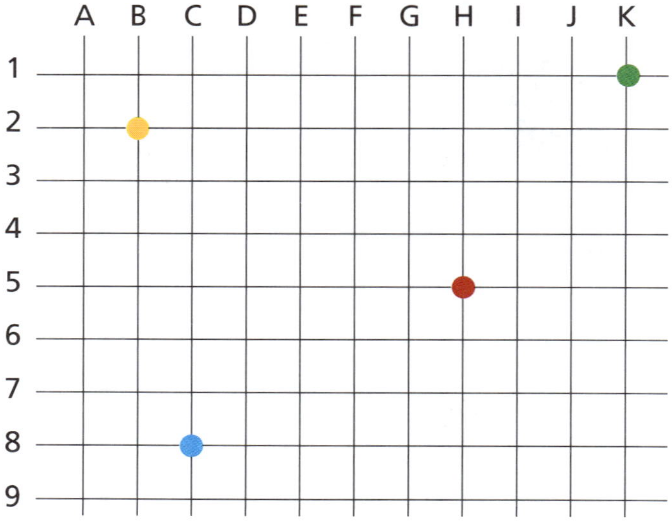

Le code du point rouge est ● (H,5).

Quel est le code des points suivants ?

● (…… , ……)   ● (…… , ……)   ● (…… , ……)

Place les points : (C,4), (J,8) et (F,6).

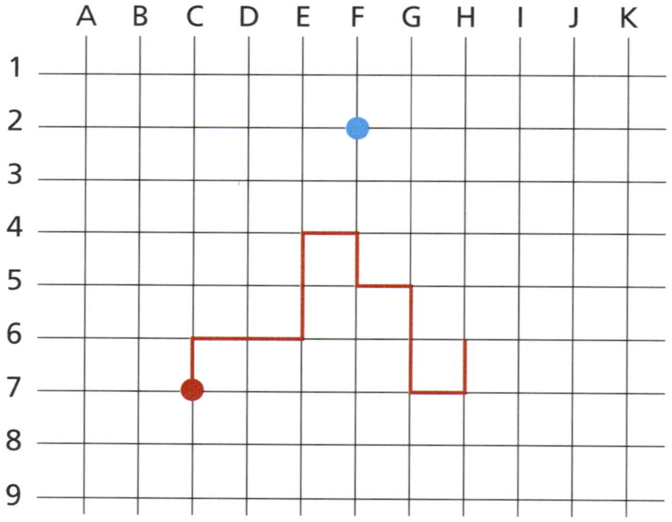

On a commencé à coder le chemin rouge à partir du point rouge. Continue.

↑	→										

Trace un chemin bleu à partir du point bleu.

→	→	↓	→	→	↓	↓	↓	←	↑	←	↓

1

Pose et calcule.

87 + 53 = ……… 128 + 58 = ………

Pose et calcule.

82 − 59 = ……… 71 − 27 = ………

2

Calcule.

27 x 4 = ……………………………………
27 x 4 = ……………………………………
27 x 4 = ………………

39 x 5 = ……………………………………
39 x 5 = ……………………………………
39 x 5 = ………………

24 x 8 = ……………………………………
24 x 8 = ……………………………………
24 x 8 = ………………

48 x 3 = ……………………………………
48 x 3 = ……………………………………
48 x 3 = ………………

3

Doubles : la nouveauté réside dans le fait que les doubles sont énoncés sous la forme 2 fois 15, 2 fois 40… Ils sont écrits au tableau dans l'ordre sous cette forme jusqu'à avoir une table complète. Puis, on interroge sur des moitiés (en vue de la sq. 78).
Tables de 5, 3 et 2 : l'enseignant anime un furet de la table de 5, puis de 3 et enfin de 2. Il interroge ensuite sur ces 3 tables de façon mélangée (les élèves disposent de leurs tables vides).

1 Coder un nœud par une lettre et un chiffre ; décoder et coder un chemin par des flèches qui représentent un déplacement d'un carreau dans une direction donnée.

Partager en 2 les nombres 30, 50, 70…

Soustractions
(Où vais-je barrer ?)
Tables de 5, 4 et 2

Tu vas apprendre à calculer la moitié de 30, 50… sans remplir la table.

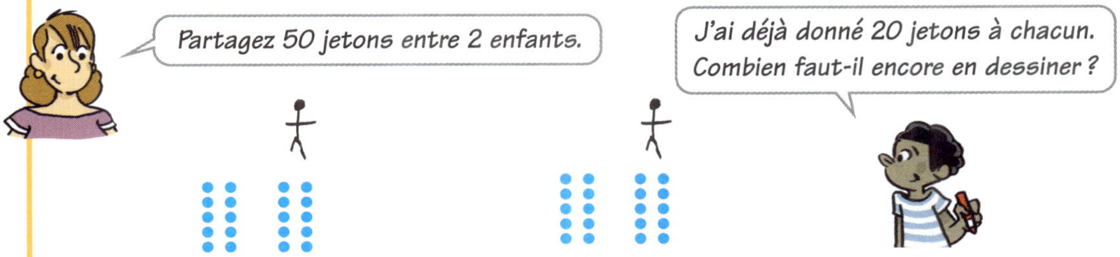

Table de moitiés

2 fois	*5*	*10*
2 fois	……..	***20***
2 fois	……..	*30*
2 fois	……..	***40***
2 fois	……..	*50*
2 fois	……..	***60***
2 fois	……..	*70*
2 fois	……..	***80***
2 fois	……..	*90*
2 fois	……..	***100***

Dessine les jetons qui manquent et complète.

50 partagé en 2, c'est ……

Calcule une multiplication qui permet de le vérifier.

Complète. Si tu n'es pas sûr(e), écris une multiplication au brouillon.

30 partagé en 2, c'est …… *100 partagé en 2, c'est ……* *90 partagé en 2, c'est ……*

70 partagé en 2, c'est …… *10 partagé en 2, c'est ……* *80 partagé en 2, c'est ……*

1

Pose les soustractions suivantes :

85 – 37 = …….. 70 – 34 = …….. 89 – 63 = …….. 67 – 48 = ……..

2

Calcule.

92 x 2 = ……………………………………………

92 x 2 = ……………………………………………

92 x 2 = ……………

33 x 6 = ……………………………………………

33 x 6 = ……………………………………………

33 x 6 = ……………

3

Soustractions *(Où vais-je barrer ?)* : idem sq. 64.
Tables de 5, 4 et 2 : l'enseignant anime un furet de la table de 5, puis de 4 et enfin de 2. Il interroge ensuite sur ces 3 tables de façon mélangée (les élèves disposent de leurs tables incomplètes).

1 En début d'année, les doubles et les moitiés étaient notés le plus souvent en utilisant l'addition. Dorénavant la notation multiplicative sera privilégiée. La moitié de 50 s'obtient facilement lorsqu'on connaît celle de 40 : il faut partager les 10 unités restantes. Les moitiés de 20, 40, 60… qui peuvent servir de points d'appui sont en gras dans la table. Le lien sera systématiquement fait avec les doubles (2 fois 25, 50).

SÉQUENCE 79

ARP Atelier de Résolution de Problèmes

Tables de 3 et 4

Observe ce calendrier.

OCTOBRE					
L	1	Thérèse	M	16	Edwige
M	2	Léger	M	17	Baudouin
M	3	Gérard	J	18	Luc
J	4	François	V	19	René
V	5	Fleur	S	20	Adeline
S	6	Bruno	**D**	**21**	**Céline**
D	**7**	**Serge**	L	22	Élodie
L	8	Pélagie	M	23	Jean de C.
M	9	Denis	M	24	Florentin
M	10	Ghislain	J	25	Crépin
J	11	Firmin	V	26	Dimitri
V	12	Wilfried	S	27	Émeline
S	13	Géraud	**D**	**28**	**Simon**
D	**14**	**Juste**	L	29	Narcisse
L	15	Thérèse A.	M	30	Bienvenue
			M	31	Quentin

NOVEMBRE					
J	1	TOUSSAINT	V	16	Marguerite
V	2	Défunts	S	17	Élisabeth
S	3	Hubert	**D**	**18**	**Aude**
D	**4**	**Charles**	L	19	Tanguy
L	5	Sylvie	M	20	Edmond
M	6	Bertille	M	21	Pres. Marie
M	7	Carine	J	22	Cécile
J	8	Geoffroy	V	23	Clément
V	9	Théodore	S	24	Flora
S	10	Léon	**D**	**25**	**Catherine**
D	**11**	**ARMISTICE**	L	26	Delphine
L	12	Christian	M	27	Séverin
M	13	Brice	M	28	Jacques
M	14	Sidoine	J	29	Saturnin
J	15	Albert	V	30	André

DÉCEMBRE					
S	1	Florence	**D**	**16**	**Alice**
D	**2**	**Avent**	L	17	Gaël
L	3	Xavier	M	18	Gatien
M	4	Barbara	M	19	Urbain
M	5	Gérald	J	20	Abraham
J	6	Nicolas	V	21	Pierre C.
V	7	Ambroise	S	22	HIVER
S	8	Im. Conc.	**D**	**23**	**Armand**
D	**9**	**P. Fourier**	L	24	Adèle
L	10	Romaric	M	25	NOËL
M	11	Daniel	M	26	Étienne
M	12	Jeanne	J	27	Jean
J	13	Lucie	V	28	Innocents
V	14	Odile	S	29	David
S	15	Ninon	**D**	**30**	**Roger**
			L	31	Sylvestre

Combien y a-t-il de jours en octobre ? .... *En novembre ?*..............................

En décembre ? ....

Coche la bonne réponse. Cette année-là, le 31 octobre était :
- ☐ un lundi.
- ☐ un mardi.
- ☐ un mercredi.

Quelle est la date de Noël sur ce calendrier ? (Écris le nom du jour, le numéro et le mois.)

....

Combien y a-t-il de dimanches en octobre ? .... *En novembre ?* ....

En décembre ? ....

Cette année-là, les vacances d'automne commencent le 27 octobre au matin.
Elles se terminent le 4 novembre au soir. *Combien de jours durent-elles ?*

....

1

Problèmes à résoudre sur le cahier

Réponds (tu peux faire un schéma, écrire une égalité ou expliquer ta solution).

1 ▶ Une fermière a ramassé 28 œufs.
Elle les range dans des boîtes qui peuvent contenir 6 œufs.

Combien de boîtes peut-elle remplir ?

2 ▶ Une école achète 30 classeurs à 2 € le classeur.

Combien l'école dépense-t-elle ?

2

Tables de 3 et 4 : l'enseignant anime un furet de la table de 3, puis de la table de 4. Il interroge ensuite sur ces 2 tables de façon mélangée (les élèves disposent de leurs tables incomplètes).

1 Rechercher dans un document les informations pertinentes pour résoudre un problème : comprendre l'organisation d'un calendrier.

2 On apprécie tout aussi positivement l'usage d'un schéma que celui d'une opération arithmétique.

Tables de 3 et 4
Partager en 2
(cas du type 40; 70)

Problème : Un parking a 3 étages.
64 voitures peuvent se garer à chacun des étages.

Combien y a-t-il de voitures dans le parking quand il est complet ?

Pour résoudre ce problème, Cécile, Sébastien et Mélanie ont écrit des égalités.
Qui a réussi à résoudre le problème ?
Entoure le ou les prénoms des enfants qui ont trouvé la solution.

Cécile	Sébastien	Mélanie
$64 + 3 = 67$ Il y a 67 voitures.	$64+64+64=$ $64 + 64 + 64 = 192$ (retenue 1) Le parking contient 192 voitures.	$64\times3=(60\times3)+(4\times3)$ $=180+12$ $=192$ Il y a 192 voitures dans le parking quand il est complet.

1

Problèmes à résoudre sur le cahier

Réponds (tu peux faire un schéma, écrire une égalité ou expliquer ta solution).

1 ▶ Pour emmener les élèves au musée, le directeur d'une école a réservé 3 cars.
59 élèves montent dans le premier car, 64 élèves montent dans le deuxième et 48 montent dans le troisième.

Combien d'élèves vont au musée ?

2 ▶ Karine a 34 perles bleues et 6 perles rouges.

Combien de perles bleues a-t-elle de plus que de perles rouges ?

3 ▶ M. Lesieur travaille à 17 km de chez lui. Le midi, il rentre manger à la maison.

Combien de trajets fait-il chaque jour ?
Combien de km parcourt-il en tout ?

4 ▶ 2 frères se partagent équitablement un paquet de 52 images.

Combien d'images chacun a-t-il ?

2

Tables de 3 et 4 : interrogation sur ces 2 tables de façon mélangée (les élèves disposent de leurs tables incomplètes).
Partager en 2 (*cas du type 40; 70*) : les élèves disposent de leur table incomplète (cf. p. 157).

1 Expliquer pourquoi un enfant s'est trompé lorsque cette erreur est un choix erroné d'opération est une tâche difficile. Elle peut être conduite collectivement et prendre la forme : «*La solution de Cécile conviendrait si l'énoncé parlait de...*».

2 On apprécie tout aussi positivement l'usage d'un schéma que celui d'une opération arithmétique.

SÉQUENCE 81

Le début des tables de multiplication de 6, 7, 8, 9 et 10

Soustractions
(Où vais-je barrer ?)
Partager en 2
(cas du type 40; 70)

Pour chaque ligne, dessine d'abord les ronds, puis complète le résultat de table.

Table de 6 — *6 fois…*

6 fois 1, 6
6 fois 2, ...
6 fois 3, ...
6 fois 4, ...
6 fois 5, ...

Table de 8 — *8 fois…*

8 fois 1, 8
8 fois 2, ...
8 fois 3, ...
8 fois 4, ...
8 fois 5, ...

Table de 7 — *7 fois…*

7 fois 1, 7
7 fois 2, ...
7 fois 3, ...
7 fois 4, ...
7 fois 5, ...

Table de 9 — *9 fois…*

9 fois 1, 9
9 fois 2, ...
9 fois 3, ...
9 fois 4, ...
9 fois 5, ...

Table de 10 — *10 fois…*

10 fois 1, 10
10 fois 2, ...
10 fois 3, ...
10 fois 4, ...
10 fois 5, ...

Dans la table de 6, les résultats vont de 6 en 6.
Dans celle de 7, ils vont de 7 en 7…
La table de 10, c'est la plus facile !

1

Pose et calcule.

86 + 85 = ... 106 + 84 = ...

Pose et calcule.

99 − 67 = ... 63 − 49 = ... 82 − 36 = ...

2

Soustractions *(Où vais-je barrer ?)* : idem sq. 64.
Partager en 2 (*cas du type 40; 70*) : avec table incomplète (*cf.* p. 157).

1 Il est important, jusqu'en fin d'année, de jouer au jeu du furet avec le début des tables de 6, 7, 8 et 9. Chacun des résultats peut évidemment être retrouvé en utilisant les premières tables et la commutativité de la multiplication. Cependant, il est préférable, pour *6 fois 3* par ex., de le calculer comme 12 (*6 fois 2*) + 6; pour *6 fois 4*, de le calculer comme 18 (*6 fois 3*) + 6 ou 30 (*6 fois 5*) − 6. Au-delà de la connaissance des tables, c'est celle du début de la suite des nombres de 6 en 6, de 7 en 7… qui est en jeu dans cette activité.

La multiplication en colonnes

Tables de 2, 3, 4 et 5
Partager en 2
(cas du type 40; 70)

L'écureuil, Picbille et Magibille calculent 24 x 8

Termine.

```
    3
   24
 + 24
 + 24
 + 24
 + 24
 + 24
 + 24
 + 24
 ----
 ....2
```

```
   2 4
 x   8
 -----
 ....2
```

Calcule comme Picbille et comme Magibille et vérifie en comparant les résultats.

```
   23       38       14       21
 + 23     + 38     + 14     + 21
 + 23     + 38     + 14     + 21
 + 23     + 38     + 14     + 21
 + 23     + 38     + 14     + 21
 + 23     -----    + 14     -----
 + 23     ......   + 14     ......
 -----             + 14
 ......            + 14
                   -----
                   ......
```

```
   2 3        3 8
 x   7      x   5
 -----      -----
 ......     ......

   1 4        2 1
 x   9      x   5
 -----      -----
 ......     ......
```

1

Calcule en colonnes, vérifie en ligne.

```
   8 7     87 x 2 = ....................
 x   2     87 x 2 = ....................
 -----     87 x 2 = ..........
 ......

   2 3     23 x 4 = ....................
 x   4     23 x 4 = ....................
 -----     23 x 4 = ..........
 ......
```

2

Calcule.

97 – 47 = ... 72 – 55 = ...

3

Tables de 2, 3, 4 et 5 : interrogation sur les tables mélangées.
Partager en 2 (*cas du type 40; 70*) : sans table si possible.

1 et 2 Que l'opération soit posée sous la forme d'une addition répétée ou d'une multiplication, le calcul est le même : on calcule *8 fois 4, 32* ; on retient 3 dizaines pour un traitement ultérieur et on écrit 2 unités, etc. La seule différence est que la retenue de la multiplication n'est pas écrite, elle est faite sur les doigts. Cela est justifié aux élèves : au CE2, ils apprendront les multiplications par des nombres à 2 chiffres et ça ne sera plus possible de l'écrire. En 2, on confronte deux organisations différentes du même calcul, organisations qui sont celles des calculs écrits et mentaux.

SÉQUENCE 83 Bilan terminal de la deuxième période

Dictée

Calcule.

48 – 10 = ... 80 + 46 = ... 3 x 5 = ... 5 x 4 = ...

54 – 49 = ... 70 + 72 = ... 6 x 2 = ... 3 x 7 = ...

63 – 8 = ... 120 + 47 = ... 4 x 3 = ... 5 x 6 = ...

1

Calcule.

20 x 8 = ... 9 x 20 = ... 30 x 4 = ... 3 x 50 = ...

58 x 3 = ... 25 x 7 = ...

58 x 3 = ... 25 x 7 = ...

58 x 3 = ... 25 x 7 = ...

35 x 5 = ... 64 x 2 = ...

35 x 5 = ... 64 x 2 = ...

35 x 5 = ... 64 x 2 = ...

2

Complète.

13 groupes de 10 points, c'est .... points en tout.

5 paquets de 3 images, c'est ....

16 bouquets de 10 fleurs, c'est ....

5 billets de 5 €, c'est ....

3

Imagine, pose et calcule.

68 + 6 + 39 + 21 = ... 108 + 72 = ... 93 – 65 = ... 72 – 39 = ...

4

Complète le tableau de mesures ci-dessous.

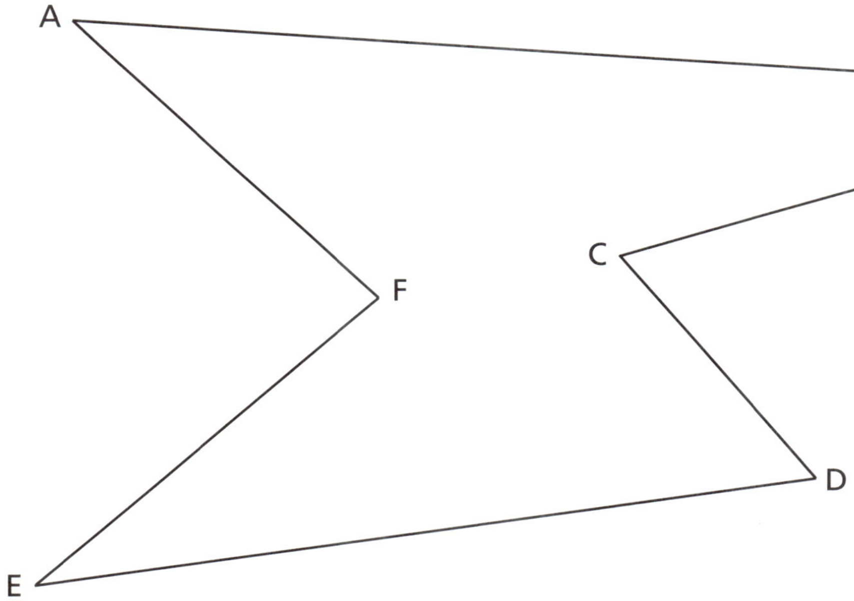

Traits	Mesures
AB	....
CD	....
CB	....
DE	....
....	entre 5 et 6 cm
EF	....

5

Trouve les angles droits.

Trace des croix bleues dans les triangles.

Trace des croix rouges dans les rectangles.

Y a-t-il un triangle rectangle ? .... Si oui, entoure-le.

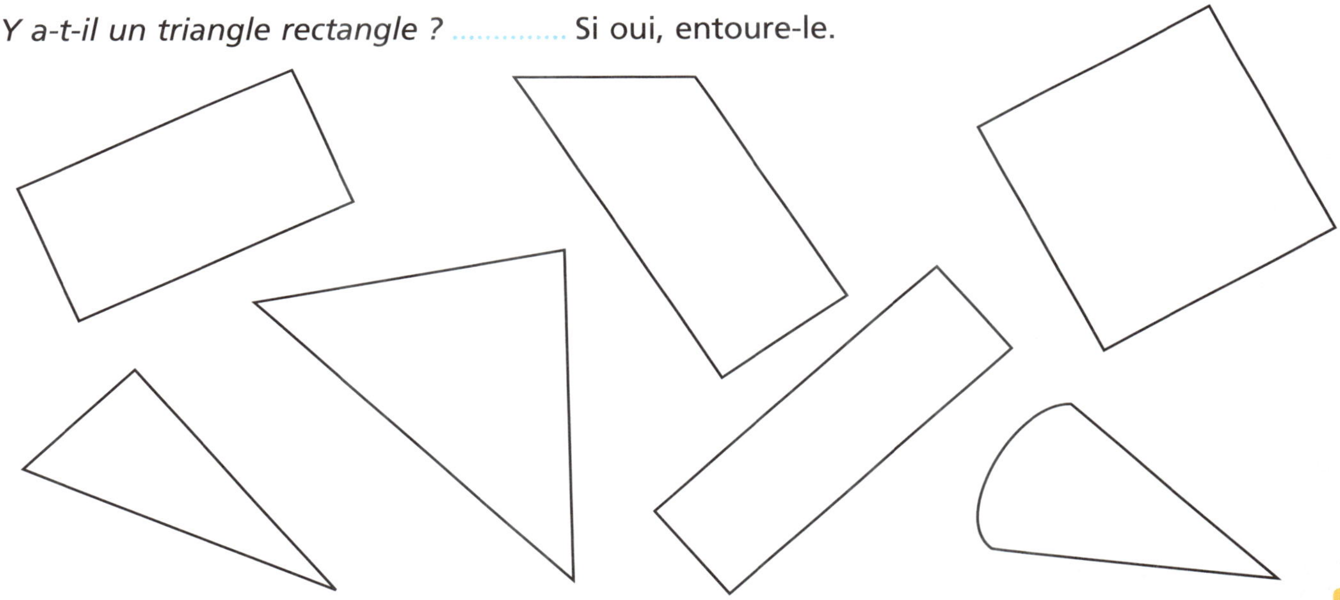

6

Problèmes à résoudre sur le cahier

1 ▶ Nadia a 60 billes.
Sa copine Léa n'en a que 48.

Combien Nadia a-t-elle de billes de plus que Léa ?

2 ▶ Le cuisinier de la cantine a commandé 4 sacs de 35 oranges.

Combien d'oranges va-t-il recevoir ?

7

SÉQUENCE
84

3e période

Arithmétique : les 1 000 premiers nombres, additions et soustractions en colonnes, multiplication mentale et en colonnes; partage en 2 et 5 ($n \leq 100$).
Géométrie : reproduction sur quadrillage, symétrie, solides.
Mesure : longueurs (le km), masses (le g; le kg).

Observe : Picbille dit combien il y a de groupes de dix et de jetons isolés, la maîtresse dit les nombres comme nous.

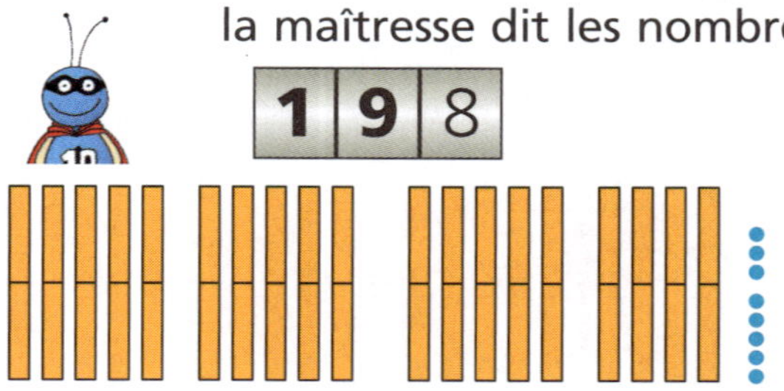

19 groupes de dix et 8

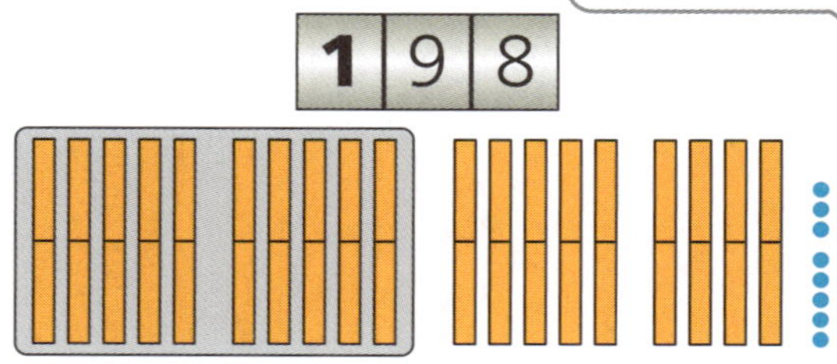

cent quatre-vingt-dix-huit

On ajoute un jeton. Complète.

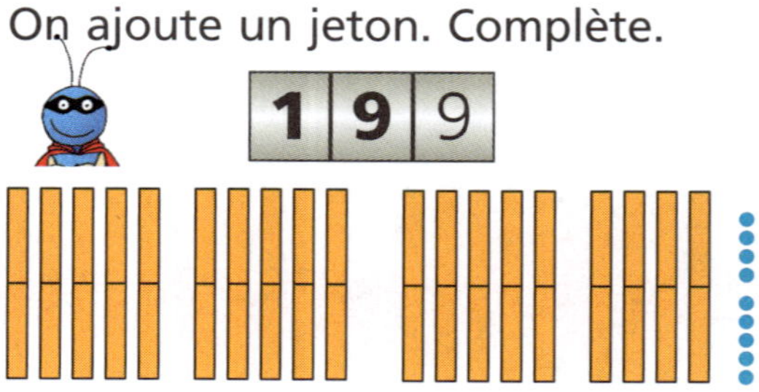

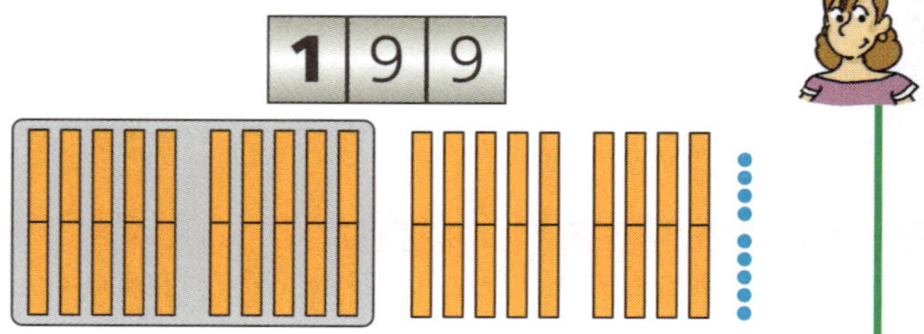

.... groupes de dix et ....

....

On ajoute un jeton.

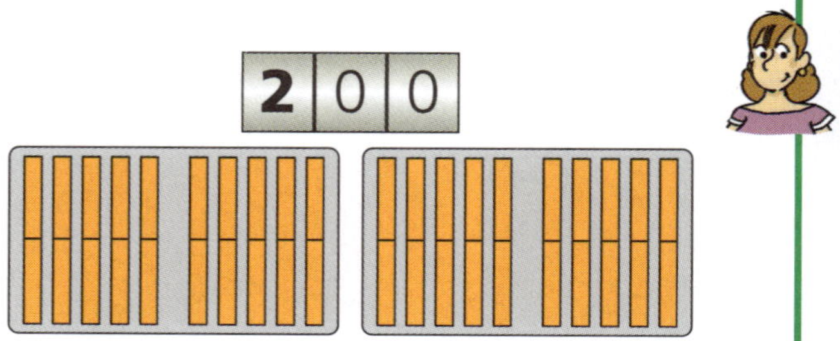

.... groupes de dix et ....

....

On ajoute un jeton.

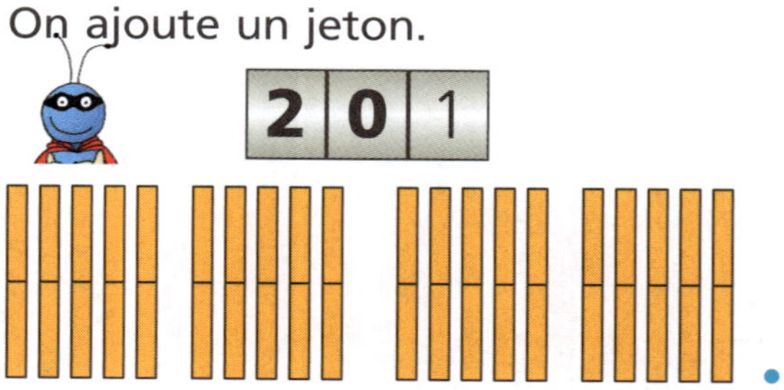

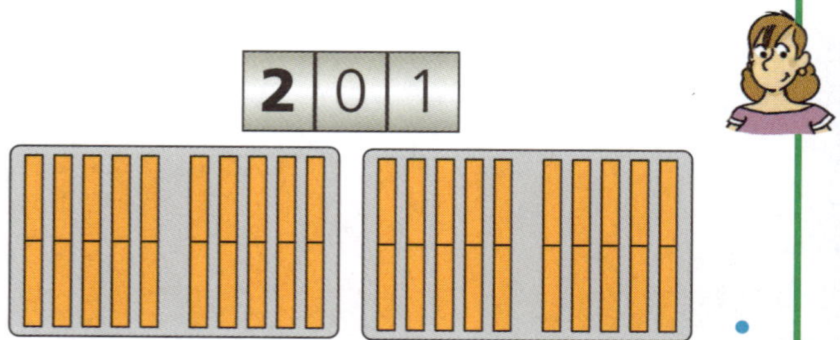

.... groupes de dix et ....

....

1

Dictée de nombres comme Picbille…

Comment dit-on ce nombre comme nous ?

3

Tables de 6, 7 et 10 (*7 boîtes de 3 feutres ?*) : furet du début de la table de 6, puis de 7 et enfin de 10 (en avançant et reculant). Interrogation sur ces 3 tables de façon mélangée (les élèves ont leurs tables vides). Quelques problèmes sont enfin posés.

1 et **2** Dans cette 3e période, les élèves vont étendre au-delà de 200 les savoirs et savoir-faire construits avec les nombres < 200. Cette 1e sq. est consacrée aux nombres < 300. L'approche est progressive parce que certains élèves pensent que le successeur de 209 est… 300. Les élèves ont leur compteur ainsi que les couvercles de valise autocollants de la fin du fichier. Les ajouts successifs d'une unité sont réalisés par le dessin au tableau.

Numération décimale jusqu'à 999 : 230, c'est 23 groupes de 10

Tables de 6, 7 et 10
(*7 boîtes de 3 feutres ?*)

Complète.

Colle les couvercles quand il le faut.

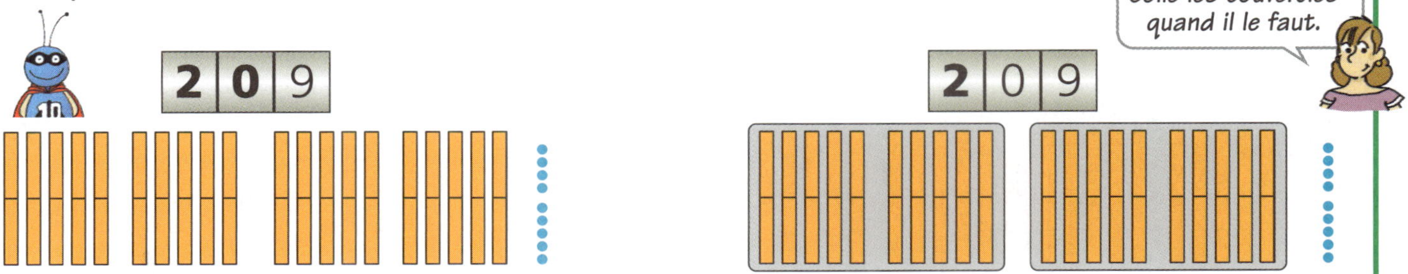

.... groupes de dix et ....

On ajoute un jeton. Complète.

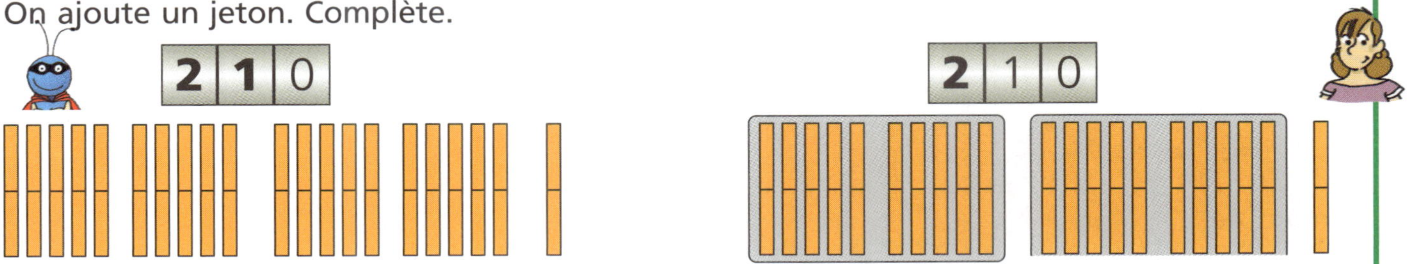

.... groupes de dix et ....

On ajoute un jeton.

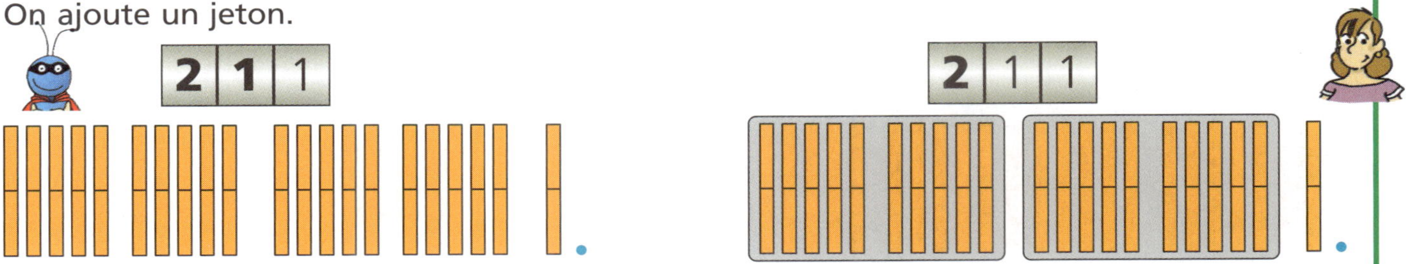

.... groupes de dix et ....

On ajoute un jeton.

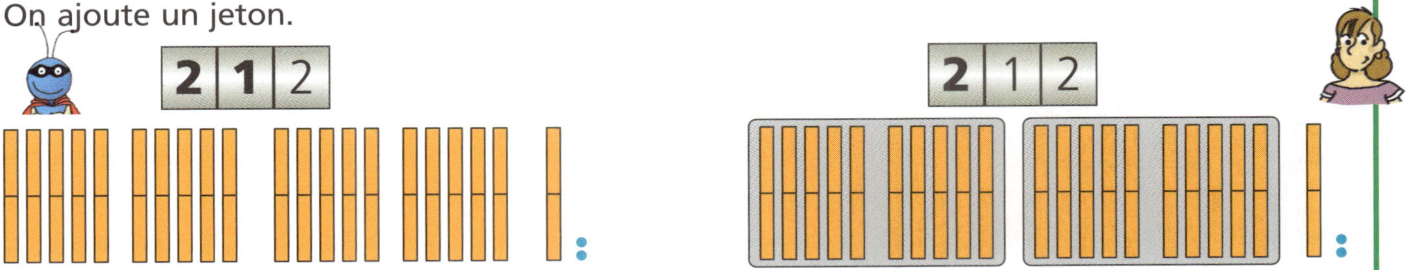

.... groupes de dix et ....

2

… puis comme nous.

Deux cent dix-huit, écrivez.

Comment Picbille dirait ce nombre ?

4

▷ La représentation des nombres comme Perrine, qui ne figure pas ici faute de place, sera également utilisée au tableau. Rappelons l'idée générale de la progression (*cf.* Présentation p. 3). Il est facile de savoir combien un nombre de 3 chiffres contient de centaines parce que ça s'entend : quand on lit « 234 », par ex., on entend « deux cent… ». Mais il est difficile de savoir que ce nombre contient 23 groupes de 10 parce que ça ne s'entend pas. Ce type de relations est privilégié parce que Picbille continue à décrire les nombres après 199 à l'aide des groupes de dix : « 20 groupes de dix et 0 isolé, 10 groupes de dix et 1 isolé, 10 groupes de dix et 2 isolés, etc. ». Perrine et la maîtresse, en revanche, forment les groupes de 100.

SÉQUENCE 85

Numération décimale jusqu'à 999 : 430, c'est 43 groupes de 10

Tables de 6, 7 et 10
(7 boîtes de 3 feutres ?)

Observe : Picbille dit combien il y a de groupes de dix et de jetons isolés, la maîtresse dit les nombres comme nous.

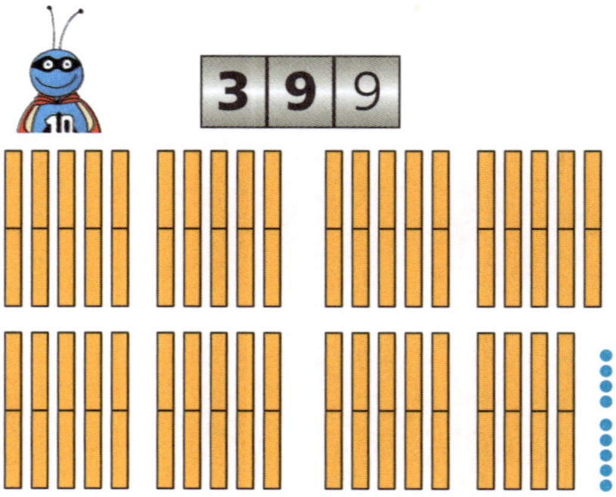

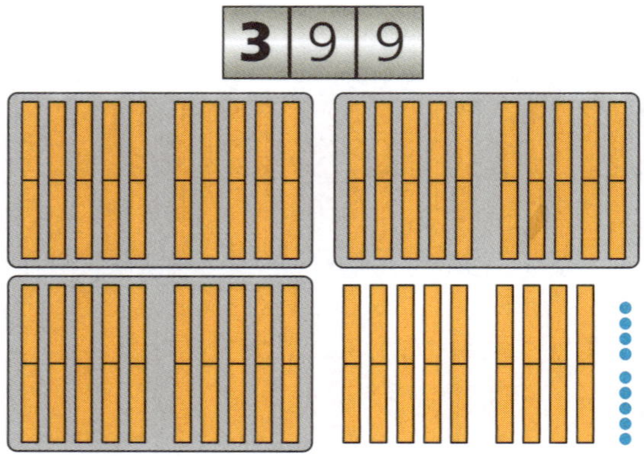

.... groupes de dix et ....

On ajoute un jeton.

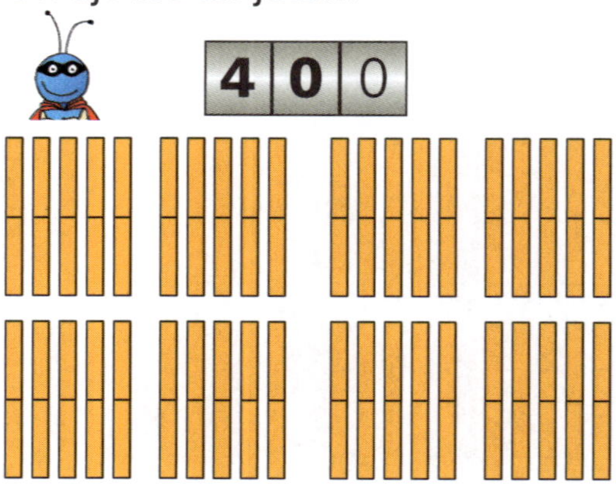

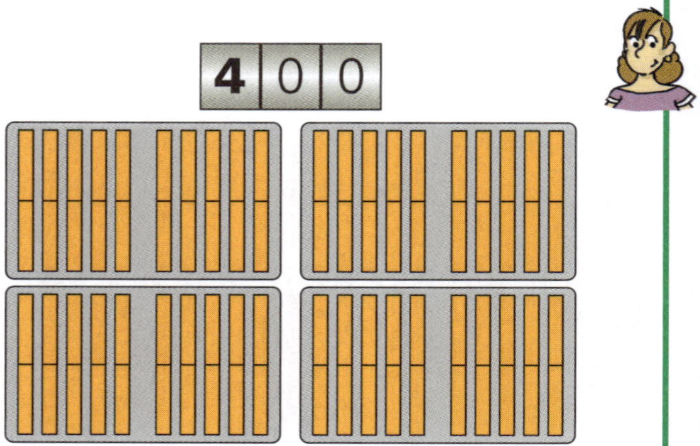

.... groupes de dix et ....

On ajoute un jeton.

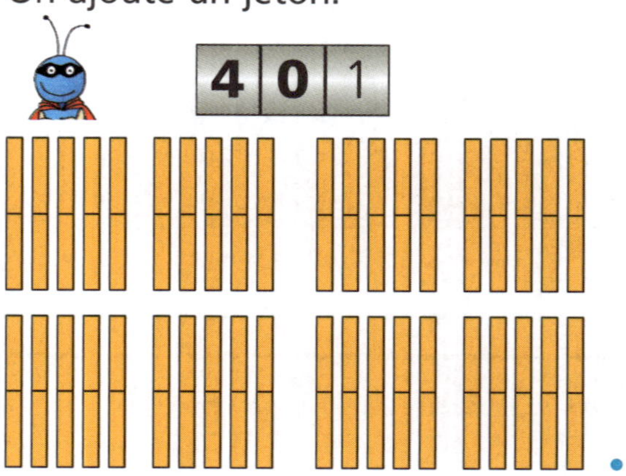

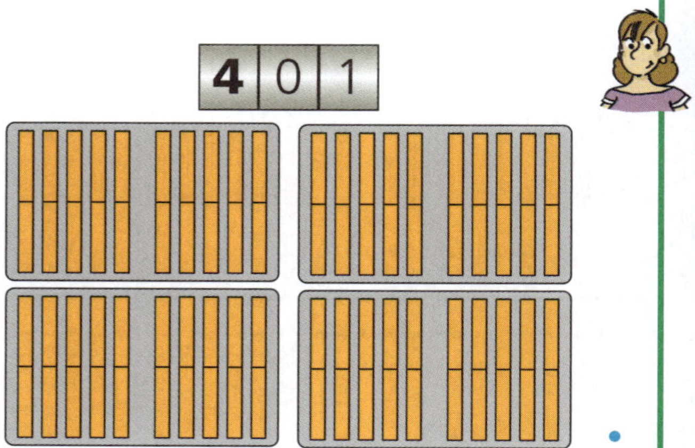

.... groupes de dix et ....

1

Tables de 6, 7 et 10 (*7 boîtes de 3 feutres ?*) : idem sq. 84.

1 et **2** Le double point de vue adopté sur les nombres à 3 chiffres (celui de Picbille et « le nôtre ») est ici étendu au cas des nombres jusqu'à 999. Dans le fichier, les cas traités s'arrêtent à 401, mais, outre qu'il convient d'aborder collectivement 402, 403… 409, 410, 411…, on examinera également les nombres après 698, par ex. ▷

Dictée comme Picbille… puis « comme nous ».

Quarante-trois groupes de dix et six, écrivez.

Cinq cent soixante et un, écrivez.

Comment Picbille dirait ce nombre ?

2

Qui a le plus de jetons en tout ? Et le moins ?
Complète et réponds.

J'ai .... jetons.

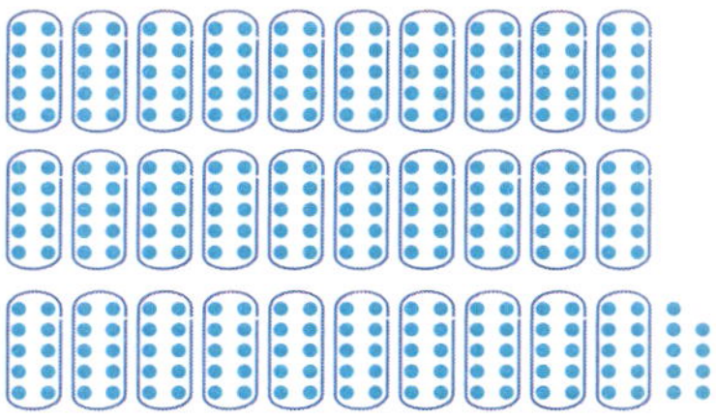

J'ai .... jetons.

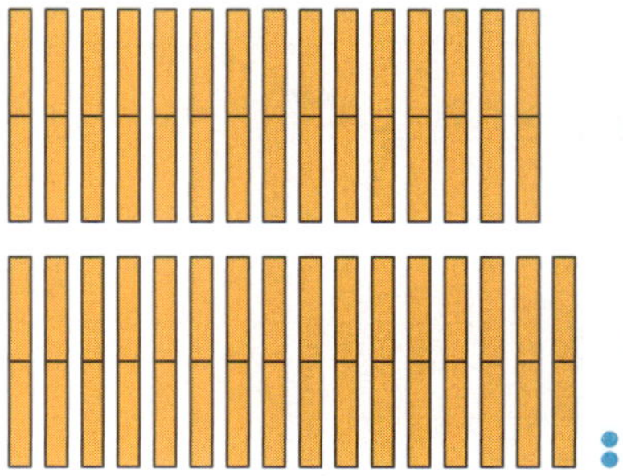

J'ai .... jetons.

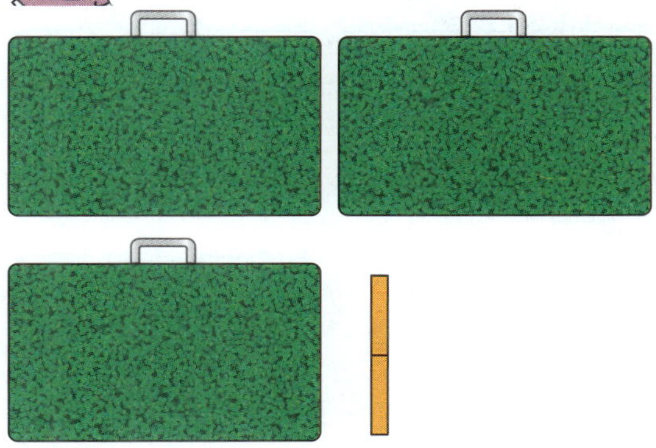

C'est .... qui a le plus de jetons. C'est .... qui en a le moins.

3

Complète.

35 groupes de 10 jetons et 6 jetons isolés, c'est .... jetons en tout.

52 bouquets de 10 fleurs et 5 fleurs isolées, c'est ....

4 paquets de 5 images et 3 images isolées, c'est ....

2 rangées de 100 chaises et 4 chaises isolées, c'est ....

48 équipes de 10 enfants et 1 enfant isolé, c'est ....

4

Calcule en colonnes, vérifie en lignes.

```
  4 6
x   4
-----
.....
```

46 x 4 = ...

46 x 4 = ...

46 x 4 = ...

```
  5 3
x   3
-----
.....
```

53 x 3 = ...

53 x 3 = ...

53 x 3 = ...

5

Pose et calcule.

76 – 47 = ... 87 – 59 = ...

6

▷ (prédécesseurs et successeurs de 700). Encore une fois, une dictée de nombres « comme Picbille » précède une dictée « comme nous ».

3 Nina et Léo n'ont pas fait apparaître les centaines. Après l'avoir fait, il y a 2 façons d'expliciter le nombre total : en s'appuyant sur le nombre de groupes de 10 (comme Picbille) et en s'appuyant sur le nombre de groupes de 100 (comme nous). Les 2 seront explicitées parce que les élèves doivent comprendre qu'elles conduisent au même résultat.

SÉQUENCE 86

Reproduction de figures sur quadrillages

Additions
(297 + 4; 297 + 10)
Tables de 8, 9 et 10
(9 boîtes de 2 feutres ?)

Tu dois reproduire trois fois le modèle en commençant aux points indiqués.
Couic-Couic, lui, s'est trompé à chaque fois. Commence par chercher ses erreurs*.

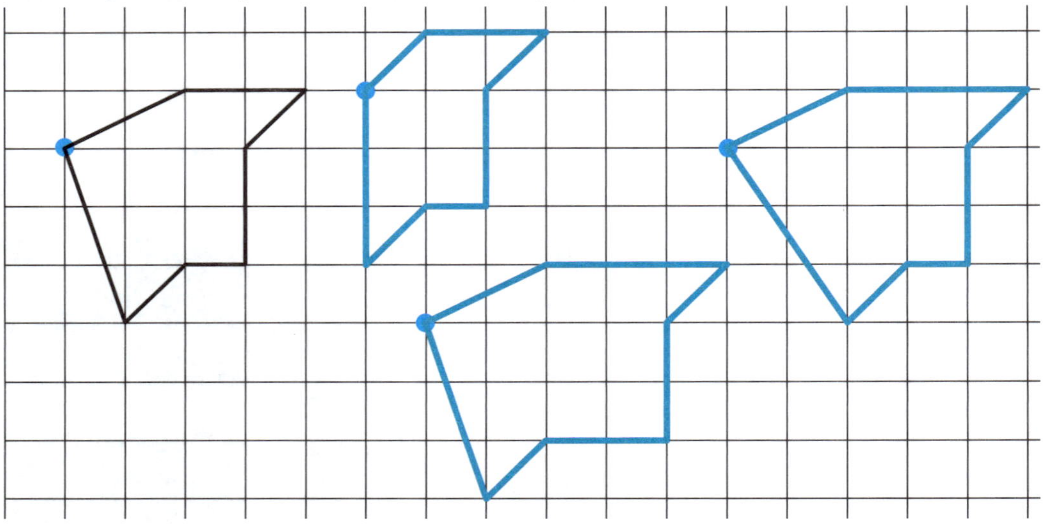

* Tu peux utiliser le calque de la fin du fichier.

À ton tour de tracer (n'utilise le calque qu'à la fin, pour vérifier ton travail).

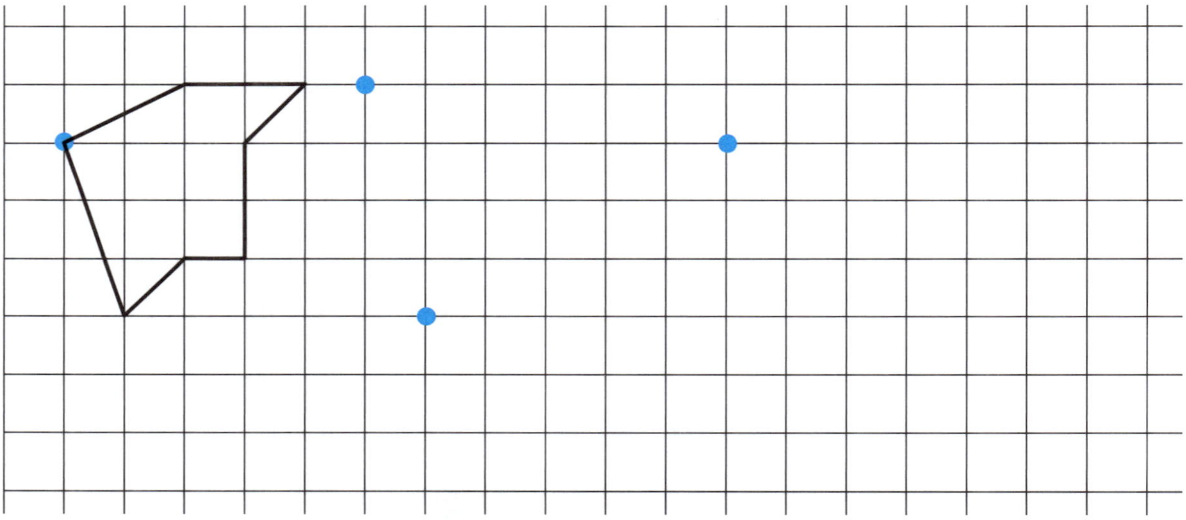

1

Pose et calcule en colonnes,
vérifie en lignes.

23 x 8 = ...

34 x 5 = ...

23 x 8 = ...
23 x 8 = ...
23 x 8 = ...

34 x 5 = ...
34 x 5 = ...
34 x 5 = ...

2

Additions (*297 + 4; 297 + 10*) : les élèves disposent de leur compteur. Le maître demande d'afficher 297 (ou 395, ou 598…); il vérifie cet affichage avant de dire 297 + 4 (ou : «4 de plus»). On propose également quelques exemples simples où l'on raisonne sur les dizaines : 297 + 10; 297 + 20 (ou 395 + 10 ou 595 + 20…).
Tables de 8, 9 et 10 (*9 boîtes de 2 feutres ?*) : idem sq. 84 mais avec les tables de 8, 9 et 10.

1 Comme les points de départ des trois figures ne sont pas alignés, les élèves ne peuvent pas se reposer sur une reproduction globale et sont obligés d'analyser chaque trait. L'usage du calque rend ce problème géométrique autocorrectif.

Partager en 2 des nombres comme 56, 86…

Tables de 8, 9 et 10
(*9 boîtes de 2 feutres ?*)
Additions
(*297 + 4; 297 + 10*)

Table de moitiés		
2 fois	5 ,	10
2 fois	……,	20
2 fois	……,	30
2 fois	……,	40
2 fois	……,	50
2 fois	……,	60
2 fois	……,	70
2 fois	……,	80
2 fois	……,	90
2 fois	……,	100

Dessine les jetons qui manquent, complète et calcule au brouillon une multiplication qui permet de vérifier le résultat.

54 = 50 + 4

54 partagé en 2, c'est ……

Complète. Si tu n'es pas sûr(e), écris une multiplication au brouillon.

36 = 30 + 6
36 partagé en 2, c'est ……

82 = …… + ……
82 partagé en 2, c'est ……

68 = …… + ……
68 partagé en 2, c'est ……

74 = …… + ……
74 partagé en 2, c'est ……

58 = …… + ……
58 partagé en 2, c'est ……

92 = …… + ……
92 partagé en 2, c'est ……

1

Complète et réponds. *Qui a le plus de jetons en tout ? Et le moins ?*

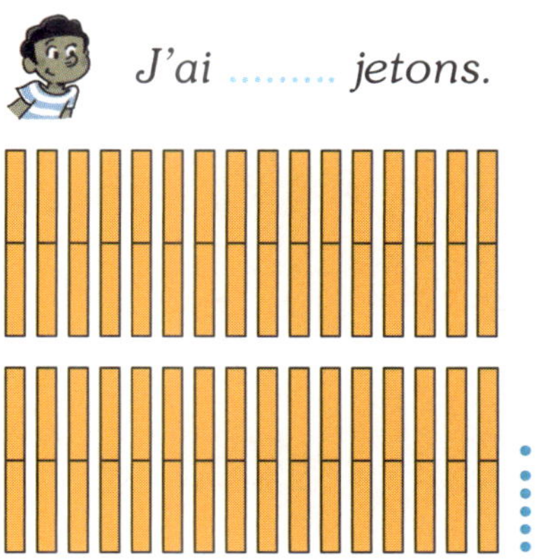

C'est …………… qui a le plus de jetons. C'est …………… qui en a le moins.

2

Tables de 8, 9 et 10 (*9 boîtes de 2 feutres ?*) : idem sq. 84 mais avec les tables de 8, 9 et 10.
Additions (*297 + 4; 297 + 10*) : idem sq. 86.

1 La moitié de 54 s'obtient facilement lorsqu'on connaît celle de 50 : il faut partager les 4 unités restantes. Une autre stratégie possible consiste à décomposer le nombre 54 en 40 + 14. Celle qui est enseignée ici a l'avantage de consolider la connaissance des moitiés de 30, 50, 70 et 90. Le lien avec la multiplication (2 fois 27, 54) est demandé lors de l'exemple d'introduction, encouragé ensuite.

SÉQUENCE **88**

43 traits de 10 cm mis bout à bout, 43 billets de 10 €, c'est…

Furet de 10 en 10
36 partagé en 2

Quelle est la longueur en centimètres de la ligne brisée tracée par Mme Dixcentimètres ?

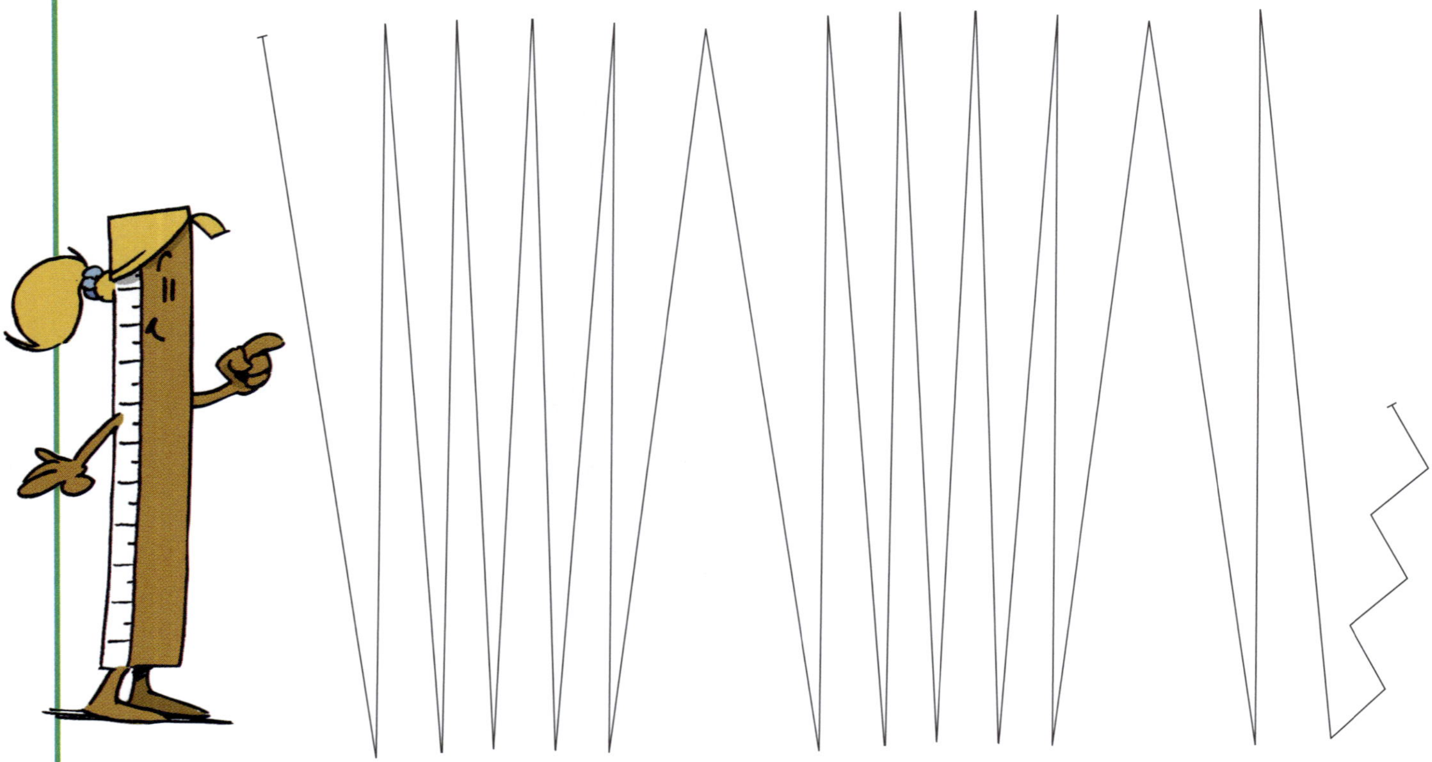

Il y a .... *traits de 10 cm et encore* .... *cm.*

C'est .... *cm* en tout *ou encore* .... *m et* .... *cm.*

Ce trait est-il plus long ou moins long que le tableau de la classe ? ....

Combien y a-t-il d'euros en tout ? Complète.

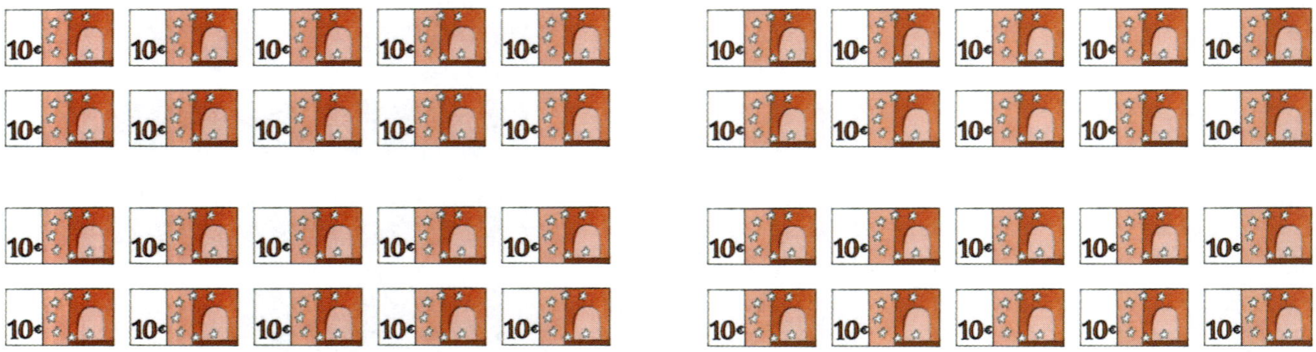

Il y a .... *billets de 10 € et encore* .... *€.*

En tout, il y a .... *€.*

1

Furet de 10 en 10 : il commence à 157 : « 10 de plus » ou « 157 + 10 ». À 527, par ex., il s'inverse : « 10 de moins » ou « 527 – 10 ».
36 partagé en 2 : L'activité commence sur ardoise. Les élèves disposent de leur table de moitiés vide. Afin d'aider à la décomposition, l'enseignant écrit au tableau : 36 = ... + ... sans remplir les pointillés. La validation se fait immédiatement après en explicitant le calcul. On alterne les cas faciles (42 partagé en 2), et plus difficiles. Lors de l'interrogation sur le fichier, on continue à écrire 36 = ... + ... au tableau.

1 et **2** Les élèves retrouvent des situations de groupement par 10 envisagées dans la période jaune : ▷

Combien y a-t-il de centimes en tout ? Et d'euros ? Complète.

Il y a ……… *pièces de 10 centimes et encore* ……… *centimes.*

En tout, il y a ……… *centimes. C'est* ……… *€* ……… *.*

Complète.

34 billets de 10 € et encore 2 €, c'est ……… *€ en tout.*

3 sachets de 4 bonbons et 1 bonbon isolé, c'est ………

42 traits de 10 cm et encore 8 cm, c'est ……… *ou encore* ……… *m et* ……… *cm.*

4 pièces de 2 € et encore 1 €, c'est ………

27 pièces de 10 centimes et encore 4 centimes, c'est ……… *centimes ou* ……… *€* ……… *.*

2

Pose et calcule.

79 + 38 = ……… 123 + 49 = ………

Pose et calcule.

90 – 56 = ……… 83 – 37 = ……… 67 – 43 = ………

3

Pose et calcule en colonnes, vérifie en lignes.

64 x 3 = ………

31 x 6 = ………

59 x 2 = ………

64 x 3 = ………

64 x 3 = ………

64 x 3 = ………

31 x 6 = ………

31 x 6 = ………

31 x 6 = ………

59 x 2 = ………

59 x 2 = ………

59 x 2 = ………

4

▷ les traits de Mme Dixcentimètres, les billets de 10 € et les pièces de 10 centimes, mais dans des cas où la somme totale dépasse 200. L'interrogation privilégie l'usage des groupes de 10 pour trouver le total, mais l'autre façon de le trouver (usage de groupes de 100) sera également explicitée. Les élèves doivent comprendre que les 2 façons de faire conduisent au même résultat.

Calculer une addition en colonnes (nombres à 3 chiffres)

Table de 5 (*sans table vide*)
Dictée de nombres

Picbille calcule 293 + 47 + 176 « en colonnes ».

Lis chacun des nombres de l'addition en colonnes et montre-les sur le dessin des boîtes et des jetons.

2 nouveaux groupes de cent !

		1	
	2	9	3
+		4	7
+	1	7	6
=			6

Réponds :

Sur la 2e ligne, Picbille a laissé la colonne de gauche vide.
Pourquoi ?

Il commence par calculer la somme de la colonne de droite, et trouve 16 unités.
Où a-t-il écrit 16 ?

Après avoir calculé la colonne de droite, il calcule celle du milieu, et il dit :
« *2 nouveaux groupes de cent !* »
Pourquoi ?

Termine l'addition en colonnes.

293 + 47 + 176 = ...

1

Pour chaque nombre, imagine les groupes de cent, ceux de dix et les unités puis calcule.

	2	6	3
+	1	0	7
+		4	8
=			

	4	8	3
+	1	2	6
=			

		6	3
+	2	7	3
+		6	4
=			

		4	5
+	1	5	8
+		7	2
+	2	3	6
=			

2

Table de 5 (*sans table vide*) : on commence par un jeu du furet de la table de 5; lors de l'interrogation, les élèves qui peuvent se passer de la table vide sont invités à le faire. Quelques problèmes (*Combien y a-t-il de crayons dans 5 paquets de 6 crayons ?*) sont également posés.
Dictée de nombres : les cas proposés vont jusqu'à 999 (avec plusieurs cas du type 309, 604…).

1 et **2** Rappelons que dans un premier temps au moins, il faut faire exprimer oralement ce que les chiffres représentent : « 1 **groupe de dix** plus 9 **groupes de dix**… ». Pour la 1re addition, on aboutit à 21 groupes de 10, c'est-à-dire 210 : ▷

Problème : Dans un avion, il y a 151 femmes, 183 hommes et 66 enfants.
Combien y a-t-il de passagers ?

Écris en ligne l'opération qui donne le résultat et complète.

....

En tout, il y a ....

Problème : Mme et M. Xang achètent un canapé à 345 €, un fauteuil à 127 € et une table basse à 89 €.
Combien doivent-ils payer ?

Écris en ligne l'opération qui donne le résultat et complète.

....

Ils doivent payer ....

3

Pose et calcule en colonnes, vérifie en lignes.

24 x 7 = ...

98 x 2 = ...

24 x 7 = ...
24 x 7 = ...
24 x 7 = ...

98 x 2 = ...
98 x 2 = ...
98 x 2 = ...

4

À ton tour de tracer.

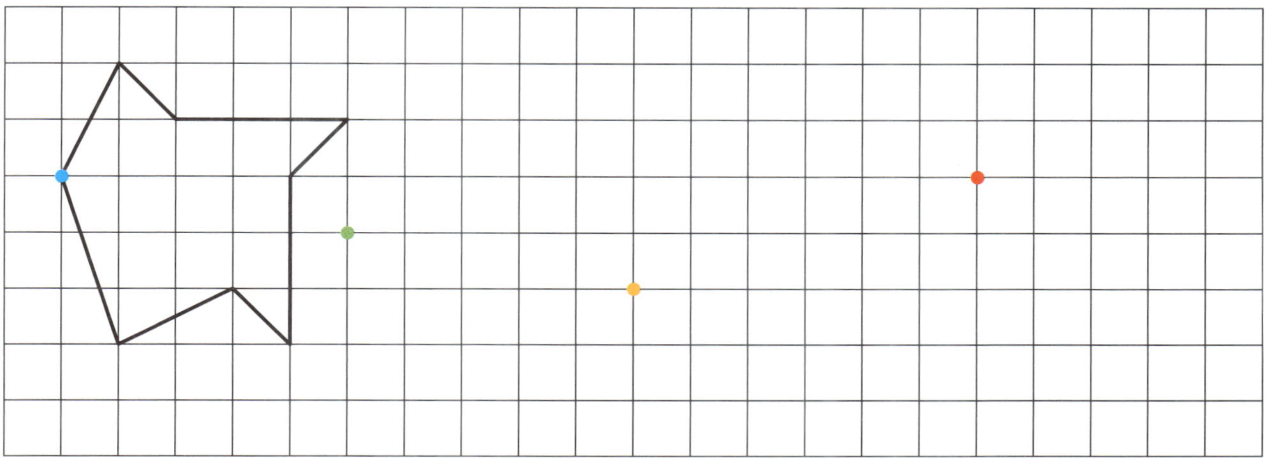

5

▷ 2 groupes de 100 et 1 groupe de 10. On écrit 21 sous la forme : 2 de retenue dans la colonne des centaines et 1 dizaine dans le résultat.

3 Usage d'une addition posée en colonnes pour résoudre des problèmes.

SÉQUENCE **90**

ARP Atelier de Résolution de Problèmes

Additions
(12 + 7; 14 + 8)
Partager en 2
(36; 64...)

Voici l'emploi du temps de Nina le lundi. Complète les phrases et place les aiguilles.

8 h 30	**Français**
10 h	Récréation
10 h 15	**Mathématiques**
11 h 30	Repas
13 h	**Arts plastiques**
14 h 15	Récréation
14 h 30	**Sciences**
16 h	

Matin

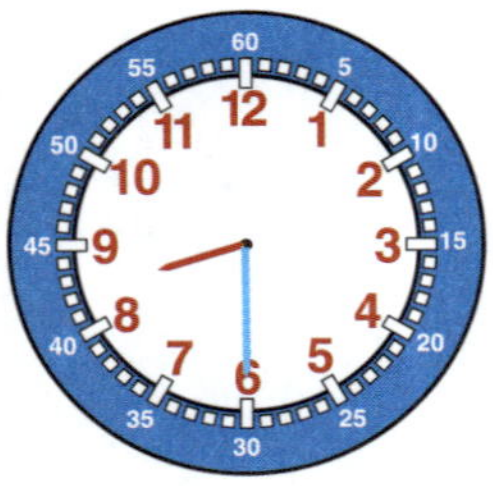

À ...., Nina entre en classe.

À ...., elle ....

...

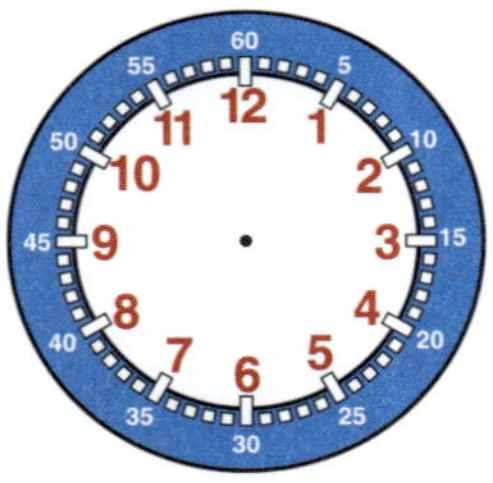

À 11 h, elle ....

...

Après-midi

À ...., elle ....

...

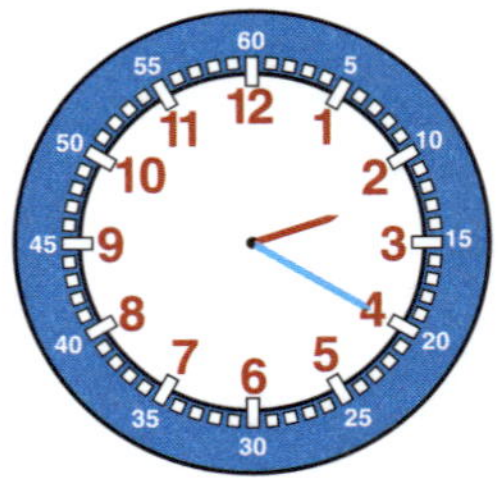

À ...., elle ....

...

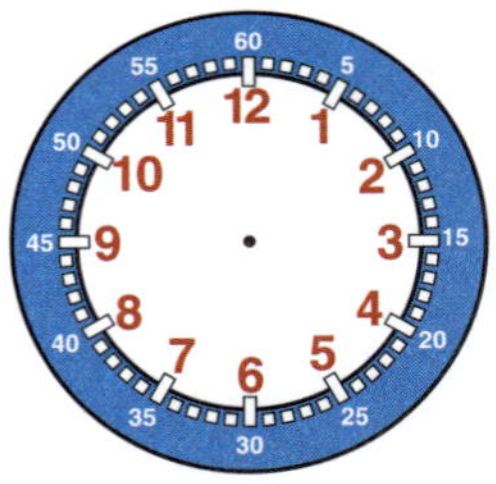

À 15 h, elle ....

...

1

Problèmes à résoudre sur le cahier

Réponds (tu peux faire un schéma, écrire une égalité ou expliquer ta solution).

1 ▶ Dans le réfrigérateur d'une cantine, il y a 30 lots de 4 yaourts.

Combien de yaourts y a-t-il dans ce réfrigérateur ?

2 ▶ Kamel et Julien se partagent 54 images en parts égales.

Combien d'images chaque enfant aura-t-il ?

2

Additions (*12 +7; 14 + 8*) : ces cas sont revus ici parce qu'on les rencontre souvent lors des additions en colonnes de plusieurs nombres et parce qu'ils présentent des difficultés particulières (le nombre d'unités de 12, 14... ne s'entend pas).
Partager en 2 (*36; 64...*) : idem sq. 88.

1 Lecture d'un emploi du temps. Il faut notamment comprendre qu'on peut savoir ce que fait Nina à 11 h par ex., bien que cet horaire n'apparaisse pas dans l'emploi du temps.

Atelier de Résolution de Problèmes ARP

Partager en 2 (*36; 64...*)
Table de 5 (*sans table vide*)

Problème : Trois enfants se partagent un paquet d'images en parts égales.
Chaque enfant reçoit 60 images.
Combien y avait-il d'images dans ce paquet ?

Pour résoudre ce problème, Sébastien, Mélanie et Cécile ont fait un schéma.
Qui a réussi à résoudre le problème ?
Entoure le ou les prénoms des enfants qui ont trouvé la solution.

Il y avait 180 images dans le paquet.

Sébastien

$60 \times 3 = 180$

Il y avait 180 images dans le paquet.

Mélanie

Chaque enfant aura 20 images.
Il ne reste pas d'images.

Cécile

1

Problèmes à résoudre sur le cahier

Réponds (tu peux faire un schéma, écrire une égalité ou expliquer ta solution).

1 ▶ *Quand utilise-t-on le moins d'eau :*
- *quand on prend un bain de 170 litres d'eau,*
- *ou quand on prend 5 douches de 30 litres d'eau par douche ?*

2 ▶ 90 élèves d'une école vont au cinéma. Chaque billet d'entrée coûte 3 €.

Quel est le prix total des billets ?

3 ▶ Karine a 64 €. Elle veut acheter un jeu qui coûte 81 €.

Combien d'argent lui manque-t-il ?

4 ▶ 5 enfants se partagent un sac de billes. Chacun reçoit 20 billes.

Combien de billes y avait-il dans le sac ?

5 ▶ Dans un parc, il y a 57 marronniers, 136 chênes, 178 sapins et 42 tilleuls.

Combien d'arbres y a-t-il en tout dans le parc ?

2

Partager en 2 (*36; 64...*) : idem sq. 88.
Table de 5 (*sans table vide*) : idem sq. 89.

1 Reconstituer le stock initial d'un partage lorsqu'on connaît la valeur d'une part. Dans ce cas également, expliquer pourquoi Cécile s'est trompée est une tâche difficile. Elle peut être conduite collectivement et prendre la forme : *« Sa solution conviendrait si l'énoncé parlait de... ».*

2 On apprécie tout aussi positivement l'usage d'un schéma que celui d'une opération arithmétique.

SÉQUENCE 92

Partager en 5 des nombres jusqu'à 50

Furet de 10 en 10
Différences mentales

Réponds.

Table de 5	
5 fois 1,	5
5 fois 2,	10
5 fois .....,	15
5 fois .....,	20
**5 fois ....., **	**25**
5 fois .....,	30
5 fois .....,	35
5 fois .....,	40
5 fois .....,	45
**5 fois ....., **	**50**

1

Pose et calcule.

201 + 74 + 316 + 5 = ...

181 + 85 + 83 = ...

203 + 360 + 92 + 155 = ...

38 + 140 + 406 + 227 = ...

2

Calcule en colonnes, vérifie en lignes.

39 x 4 = ...

15 x 9 = ...

39 x 4 = ...

39 x 4 = ...

39 x 4 = ...

15 x 9 = ...

15 x 9 = ...

15 x 9 = ...

3

Furet de 10 en 10 : il commence à 657 : « 10 de plus » ou « 657 + 10 ». À 947, par ex., il s'inverse : « 10 de moins » ou « 947 – 10 ».
Différences mentales : idem sq. 46.

1 La procédure de base pour résoudre mentalement le problème du partage de 45 objets en 5 parts égales consiste à s'imaginer les 5 personnes et à chercher combien il faut mettre d'objets devant chacune d'elles. Il faut donc compléter l'expression : « 5 fois… égalent 45 ». La table de multiplication par 5 étudiée dans *J'apprends les maths* facilite la résolution d'un tel problème : il suffit de l'« utiliser à l'envers ».

Calculer une soustraction en colonnes (nombres à 3 chiffres)

Différences mentales
Partager en 5
(*30; 45…*)

L'écureuil a appris à calculer les différences en ajoutant 10 unités aux deux nombres, mais il y a des soustractions qu'il ne sait toujours pas calculer.

862 – 235 = ...

Termine.

	8	6	12
–	2	3 (+1)	5
			7

920 – 374 = ...

	9	2	10
–	3	7 (+1)	4
			6

2 – 8, c'est impossible.

Nina et Léo aident l'écureuil à calculer 920 – 374.

a

	9	2	10
–	3	7 (+1)	4
			6

Pense à nos tirelires, l'écureuil.

On va ajouter 10 dizaines aux deux nombres…

… on sait que la différence ne change pas.

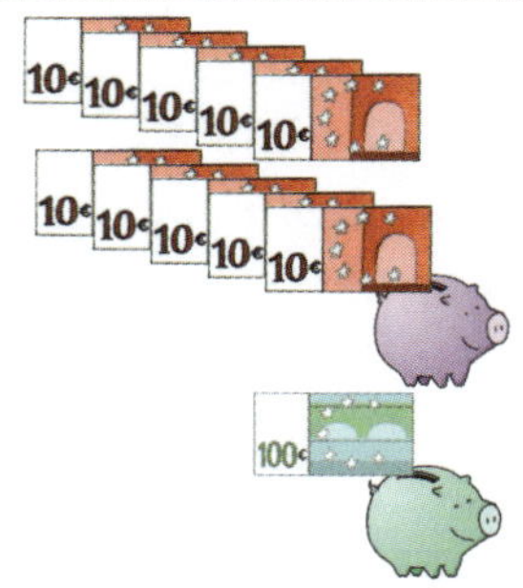

b

	9	12	10
–	3 (+1)	7 (+1)	4
		4	6

Maintenant, on peut calculer. 12 – 8 égale 4…

Termine la soustraction.

Prépare ces soustractions quand c'est nécessaire puis calcule-les.

	5	4	3
–	3	2	9
	...	...	...

	4	3	7
–	1	5	4
	...	...	...

	8	5	6
–	2	2	3
	...	...	...

	6	4	3
–	3	6	8
	...	...	...

1

Le nombre Mystérieux

507 517 527 547

403 + 91 + 53 = ... 166 + 257 + 104 = ...

149 + 199 + 35 + 124 = ...

Le nombre mystérieux :

2

Différences mentales : idem sq. 46.
Partager en 5 (*30; 45*) : Les élèves qui en ont besoin utilisent la table de la sq. 92; les autres essaient de répondre en recouvrant cette table d'un papier.

1 La gestion de la retenue au niveau des dizaines s'appuie sur le fait qu'on ne change pas la différence de 2 nombres en ajoutant 100 à chacun d'eux. C'est assez facile à comprendre lorsqu'on se place dans le contexte des tirelires de 2 enfants auxquelles on ajoute respectivement 10 billets de 10 € et un billet de 100 €. Un moyen d'attirer l'attention des élèves sur l'importance des retenues consiste à leur demander de préparer les diverses soustractions avant de calculer chacune d'elles.

SÉQUENCE
94

Calcul réfléchi de la multiplication : cas du type 30 x 9 et 300 x 2

Furet de 20 en 20
Partager en 5
(30; 45…)

1

Calculer 30 x 9, c'est facile…

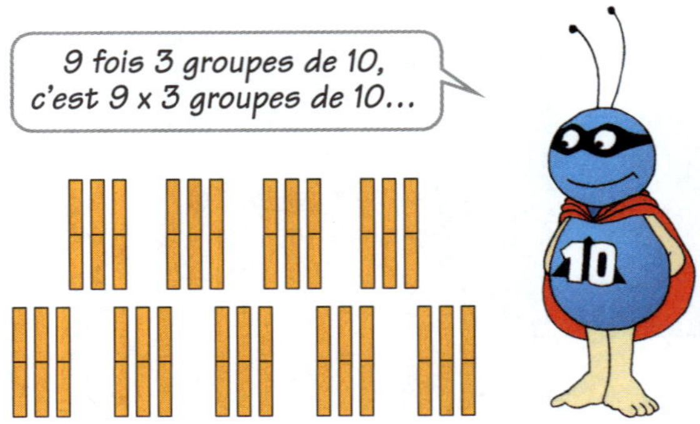

30 x 9 = ...

300 x 2, c'est encore plus facile.

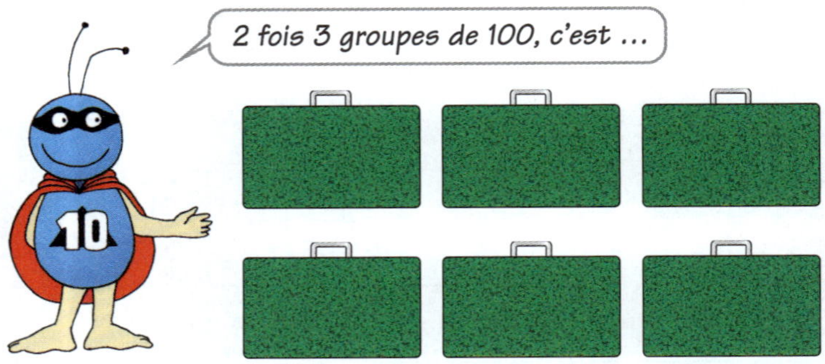

300 x 2 = ...

Calcule.

40 x 8 = ...	90 x 5 = ...	50 x 6 = ...	3 x 300 = ...
3 x 200 = ...	400 x 2 = ...	2 x 100 = ...	4 x 90 = ...
3 x 70 = ...	2 x 80 = ...	5 x 50 = ...	7 x 40 = ...

2

Complète.

Il y a .... *groupes de 5 points, c'est* .... x .... = ... *points en tout.*

Complète en écrivant la multiplication.

70 équipes de 5 enfants, c'est .... x .... = ... *enfants en tout.*

4 paquets de 60 gâteaux, c'est ....

90 pochettes de 4 images, c'est ....

30 billets de 5 €, c'est ....

3

Prépare ces soustractions quand c'est nécessaire puis calcule-les.

608	584	629	324
− 234	− 103	− 87	− 159
....	....	....	....

Furet de 20 en 20 : 507; « 20 de plus » ou « 507 + 20 ». À 807, par ex., le furet s'inverse : « 20 de moins » ou « 807 – 20 ».
Partager en 5 : idem sq. 93. Seuls les élèves qui en ont besoin utilisent une table incomplète.

1 Pour apprendre à calculer 270 x 3 (*cf.* sq. 99), il faut savoir multiplier respectivement 200 et 70 par 3. C'est une nouvelle occasion d'utiliser le fait que 21 groupes de 10, c'est 210.

2 Le calcul du nombre total de points à l'aide de la multiplication peut être vérifié directement : les points sont organisés en 10 groupes de 5 points, c'est-à-dire 50 points. Un comptage de 50 en 50 donne la solution.

Ordonner les nombres

Table de 3
(*sans table vide*)
Partager en 2
(*décomposition non sollicitée*)

Voici la hauteur de divers monuments :

Monuments	Pays	Hauteur
a) Tour penchée de Pise	*Italie*	57 m
b) Tour Eiffel	*France*	319 m
c) Empire State Building	*États-Unis*	449 m
d) Pyramide de Chéops	*Égypte*	137 m
e) Arc de triomphe	*France*	49 m
f) Tour de Londres	*Angleterre*	104 m

On a commencé à les ordonner du moins haut au plus haut. Continue.

e, ...

1

Range ces nombres du plus petit au plus grand.

591 915 195 951 159 519

....

Les 3 nombres ci-dessous ont été rangés du plus petit au plus grand, mais il reste des cases vides :

.... 218 .... 403 .... 720 ....

Continue à remplir les cases en plaçant les nombres : 371, 713, 173, 731, 137 et 317.

2

Le nombre Mystérieux

90 x 4 = ...
200 x 3 = ...
6 x 40 = ...
4 x 80 = ...
158 + 342 = ...

2 x 70 = ...
5 x 40 = ...
6 x 20 = ...
200 x 2 = ...
109 + 64 + 107 = ...

120 140 160 200
240 280 320 360
400 500 600

Le nombre mystérieux :

3

Table de 3 (*sans table vide*) : idem sq. 89, mais avec la table de 3.
Partager en 2 (*décomposition non sollicitée*) : l'enseignant propose directement de calculer la moitié de 36, par ex. (le nombre est écrit au tableau). La décomposition 36 = 30 + 6 n'est écrite au tableau qu'au moment de la validation.

1 Pour ranger des nombres dans un ordre croissant, une méthode fiable consiste à chercher le plus petit, puis le plus petit des restants, etc. Lorsque certains nombres sont déjà rangés (dernier problème), la difficulté croît parce qu'on ne peut plus ranger les autres nombres dans l'ordre où ils sont proposés : 371, par ex., ne peut pas être placé avant que 317 l'ait été.

SÉQUENCE 96

Les masses : le gramme

Furet de 20 en 20
Partager en 5
(30; 45…)

1 gramme (1 g), c'est lourd comme…

… 1 trombone

Pour équilibrer les plateaux de cette balance, il faut 7 trombones de 1 g.

Ce stylo-feutre pèse 7 g.

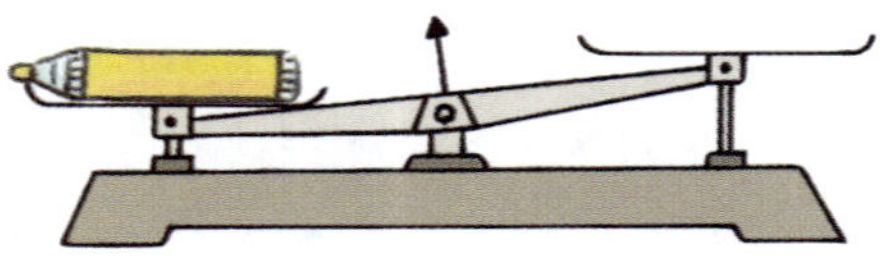

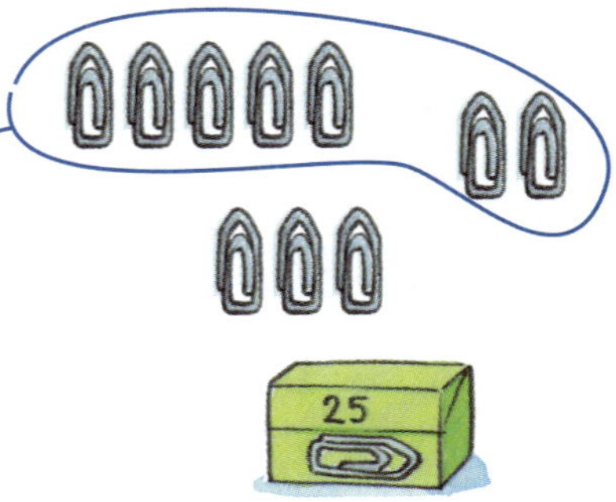

Entoure ce qui permet d'équilibrer les plateaux des balances.

Cette gomme pèse 32 g.

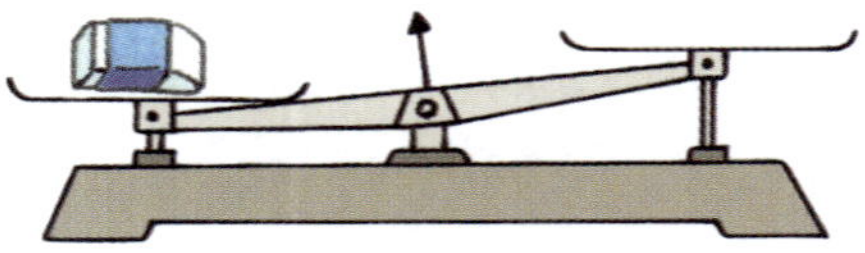

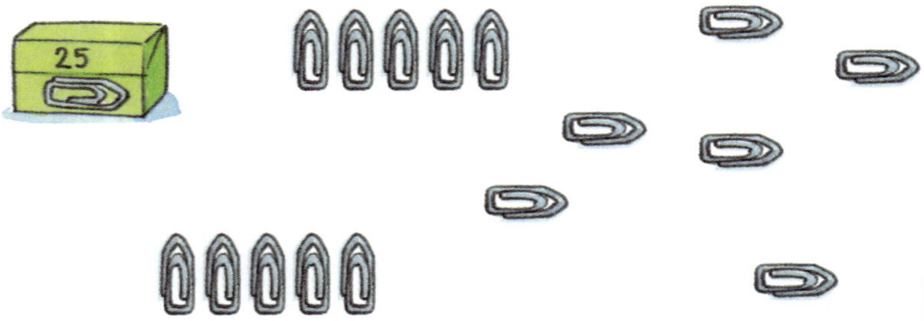

Le cahier à spirales pèse 120 g; la gomme pèse 32 g.

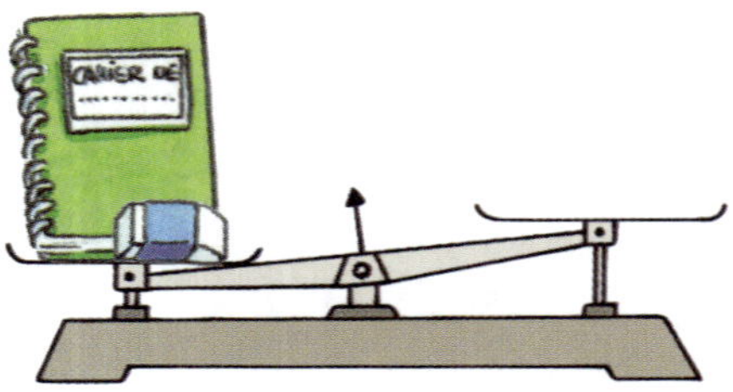

Chaque gomme pèse 32 g.

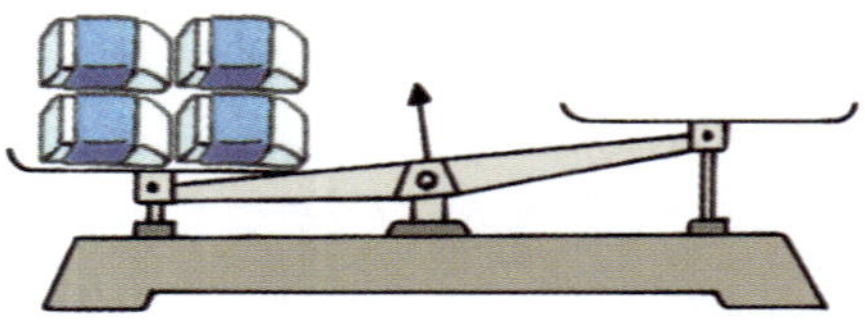

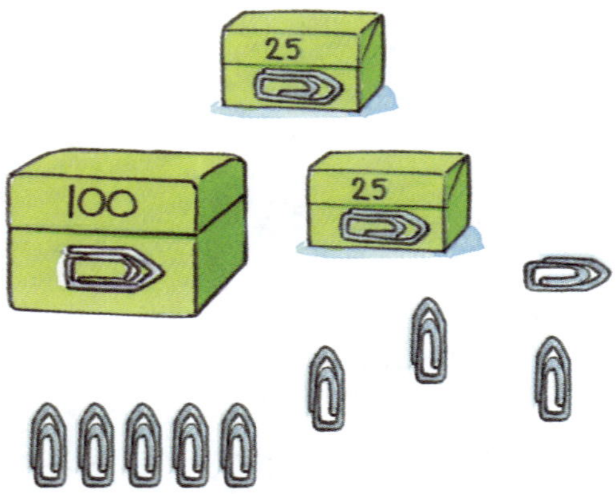

Tu peux calculer ici :

1

Furet de 20 en 20 : 517 est choisi comme point de départ, ce qui conduit à une suite de nombres différente de celle obtenue avec 507.
Partager en 5 : idem sq. 93. Seuls les élèves qui en ont besoin utilisent une table incomplète.

1 Le principe du trébuchet et de la balance Roberval est celui du tape-cul : l'équilibre des masses se traduit par une même hauteur des plateaux. L'approche intuitive du gramme se fait via l'équivalence avec la masse d'un trombone de 1 gramme. On établira l'équivalence des diverses ▷

Problème : Dans un paquet de « Crac-Vite », il y a 510 g de céréales.
Dans un paquet de « Croc-Tout », il y a 375 g de céréales.

Combien le paquet de « Crac-Vite » contient-il de grammes de céréales de plus ?

Écris en ligne l'opération qui donne le résultat, pose-la en colonnes et complète.

....

Le paquet de « Crac-Vite » contient .... g de céréales de plus que le paquet de « Croc-Tout ».

2

Imagine les pesées et barre les masses impossibles.

Une pomme

2 g
20 g
200 g

Un kiwi

7 g
70 g
700 g

Un crayon

6 g
60 g
600 g

Ton fichier

5 g
50 g
500 g

3

Pose et calcule.

756 – 534 = ...   532 – 123 = ...   428 – 184 = ...   434 – 165 = ...

4

Le nombre Mystérieux

60 x 5 = ...   3 x 80 = ...   90 x 3 = ...

7 x 40 = ...   50 x 4 = ...   500 x 1 = ...

5 x 80 = ...   300 x 2 = ...   487 + 163 = ...

136 + 56 + 128 = ...   162 + 89 + 209 = ...

200	240	270	280
300	320	400	460
500	550	600	650

Le nombre mystérieux :

5

▷ expressions : « la gomme pèse 32 grammes », « elle est lourde comme 32 grammes » et « elle est lourde comme 32 trombones de 1 gramme ».

3 Il est évidemment utile de soupeser chacune des choses proposées (il faut penser à apporter une belle pomme et un kiwi en classe) afin d'éprouver les sensations correspondantes.

SÉQUENCE 97

Partager en 5 des nombres jusqu'à 100

Soustractions
(Où vais-je barrer ?)
Table de 3
(sans table vide)

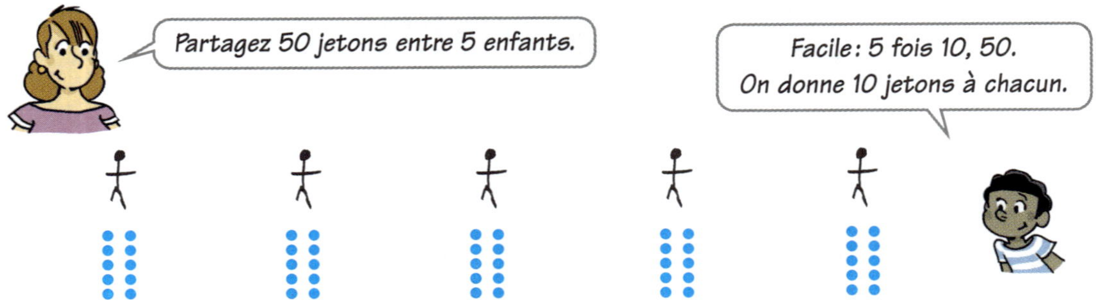

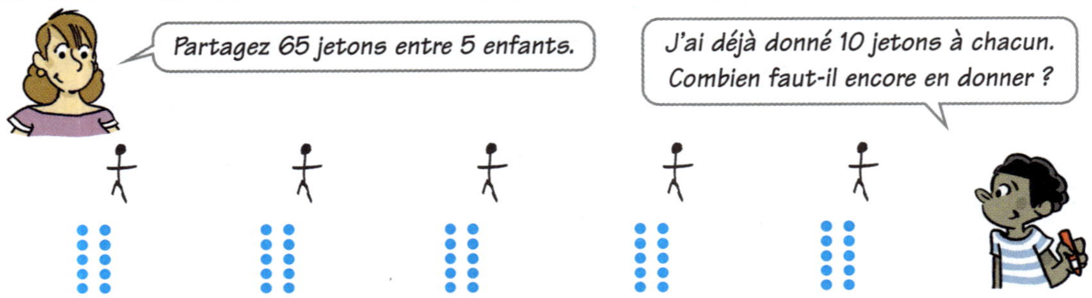

Table de 5	
5 fois 1,	5
5 fois 2,	10
5 fois ......,	15
5 fois ......,	20
5 fois ......,	**25**
5 fois ......,	30
5 fois ......,	35
5 fois ......,	40
5 fois ......,	45
5 fois ......,	**50**

Dessine les jetons qui manquent, complète et calcule au brouillon une multiplication qui permet de vérifier le résultat.

65 = 50 + 15
65 partagé en 5, c'est ......

Complète. Si tu n'es pas sûr(e), écris une multiplication au brouillon.

80 = 50 + 30
80 partagé en 5, c'est ......

75 = ... + ...
75 partagé en 5, c'est ......

100 = ... + ...
100 partagé en 5, c'est ......

55 = ... + ...
55 partagé en 5, c'est ......

85 = ... + ...
85 partagé en 5, c'est ......

90 = ... + ...
90 partagé en 5, c'est ......

1

Le nombre Mystérieux*

682 698 765 858 872 875 892 948 975 976 985

800 + 160 + 16 = ...

400 + 280 + 18 = ...

700 + 150 + 42 = ...

500 + 320 + 38 = ...

600 + 240 + 32 = ...

500 + 350 + 25 = ...

700 + 220 + 28 = ...

600 + 320 + 65 = ...

500 + 150 + 32 = ...

400 + 340 + 25 = ...

Le nombre mystérieux :

* Ces additions se calculent sans les poser.

2

Soustractions *(Où vais-je barrer ?)* : idem sq. 64.
Table de 3 *(sans table vide)* : idem sq. 89 mais avec la table de 3.

1 Partager 65 en 5 parts égales se fait facilement lorsqu'on se ramène aux partages de 50 et 15. Comme dans le cas du partage en 2 de nombres tels que 36 ou 64, dans un premier temps la décomposition sera sollicitée dans les activités de haut de page qui suivront.

Le milieu d'une ligne brisée

Table de 4
(sans table vide)
Soustractions
(Où vais-je barrer ?)

Mme Dixcentimètres a tracé une ligne brisée entre les points A et B.
Vérifie la longueur de chacun des traits.

Les fourmis rouge et grise partent du point vert. La rouge va en A et la grise va en B.

La fourmi rouge va parcourir .... cm et la fourmi grise va parcourir .... cm.

De quel point devraient-elles partir pour parcourir la même distance ? Dessine ce point M.

Pour trouver la position du point M, je ....

....

1

Prépare ces soustractions et calcule-les.

756 – 534 = ...   532 – 123 = ...   428 – 184 = ...   434 – 165 = ...

2

Calcule en colonnes, vérifie en lignes.

61 x 3 = ...   24 x 6 = ...

61 x 3 = ...
61 x 3 = ...
61 x 3 = ...

24 x 6 = ...
24 x 6 = ...
24 x 6 = ...

3

Table de 4 *(sans table vide)* : idem sq. 89 mais avec la table de 4.
Soustractions *(Où vais-je barrer ?)* : idem sq. 64.

1 Une 1re possibilité consiste à raisonner par essais et erreurs. Avec le point de départ initial, la fourmi rouge parcourt moins de distance que la grise; il faut donc augmenter la taille de son parcours en déplaçant le point de départ de quelques cm. Que la réponse ait été trouvée ainsi ou non, il faut favoriser un autre point de vue sur le problème : chaque fourmi doit parcourir la moitié de la distance totale. Une manière de le faire consiste à écrire au tableau 68 = ... + ... , chacun des termes de cette somme étant la longueur du parcours d'une fourmi.

SÉQUENCE 99

La multiplication en lignes (cas des nombres à 3 chiffres)

Partager en 5
(*décomposition sollicitée*)

Picbille et la fée Magibille calculent 216 x 4

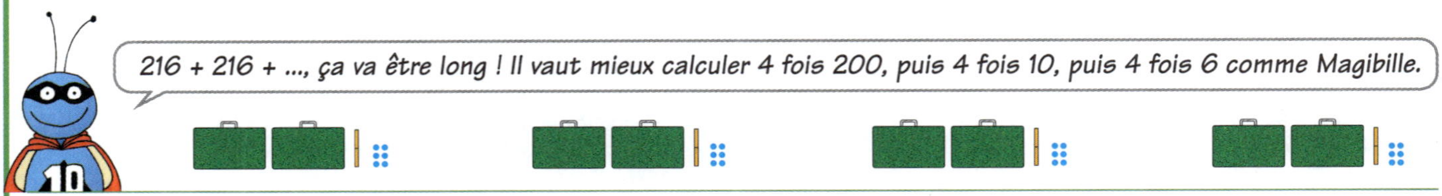

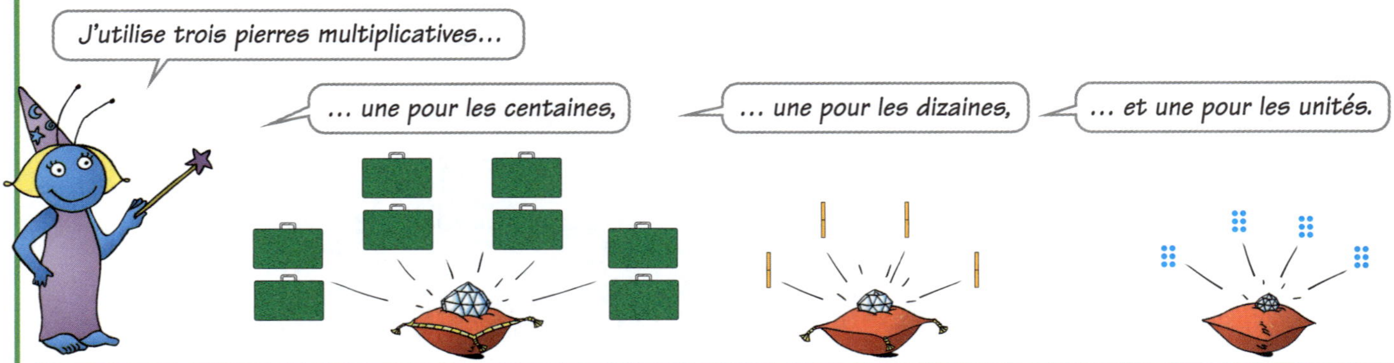

Que sont devenus les 4 groupes de 216 jetons dans le dessin de Magibille ?

Est-ce le même nombre ?

Complète :

216 x 4 = *200 x 4* + *10 x 4* + *6 x 4*

216 x 4 = *800* + *40* + *24*

216 x 4 =

1

Picbille et la fée Magibille calculent 107 x 5

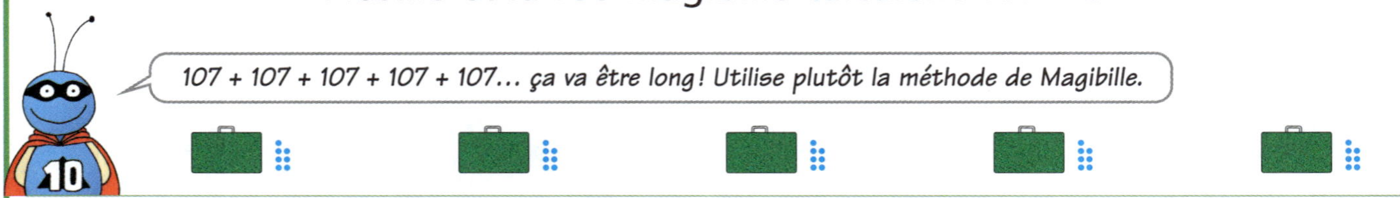

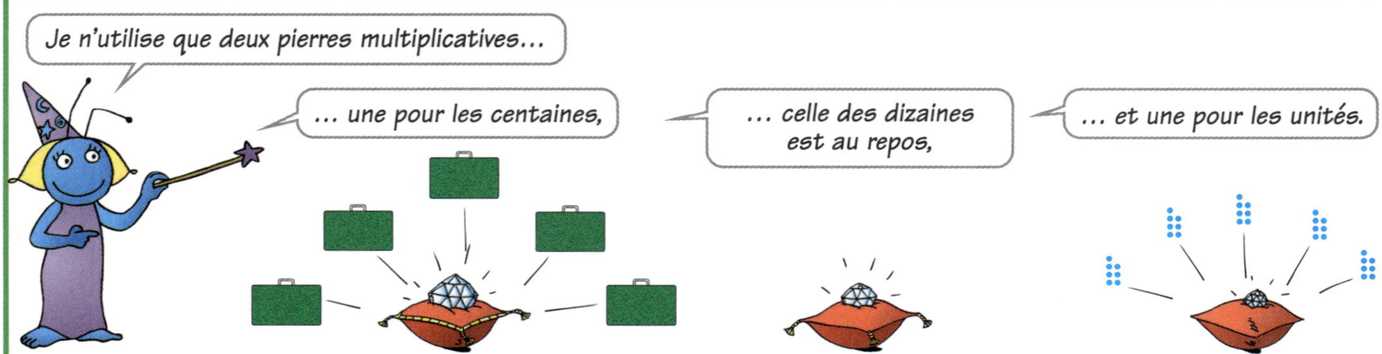

Vérifie que Picbille et Magibille ont le même nombre de valises, de boîtes et de billes.

Complète :

107 x 5 = *100 x 5* + *7 x 5*

107 x 5 = +

107 x 5 =

2

Partager en 5 (*décomposition sollicitée*) : l'activité commence sur ardoise. Quelques cas < 50 peuvent être proposés. Les élèves disposent de leur table de 5 vide. Afin d'aider à la décomposition, l'enseignant écrit au tableau : 75 = ... + ... sans remplir les pointillés. La validation se fait immédiatement après en explicitant le calcul. Lors de l'interrogation sur le fichier, on continue à écrire 75 = ... + ... au tableau.

1 Pour calculer 216 x 4, l'addition répétée est possible mais il vaut mieux multiplier 200 par 4, puis 10 par 4 et enfin 6 par 4 avant de sommer le tout. Cette façon de calculer, en commençant par les centaines, ▷

Picbille et la fée Magibille calculent 270 x 3

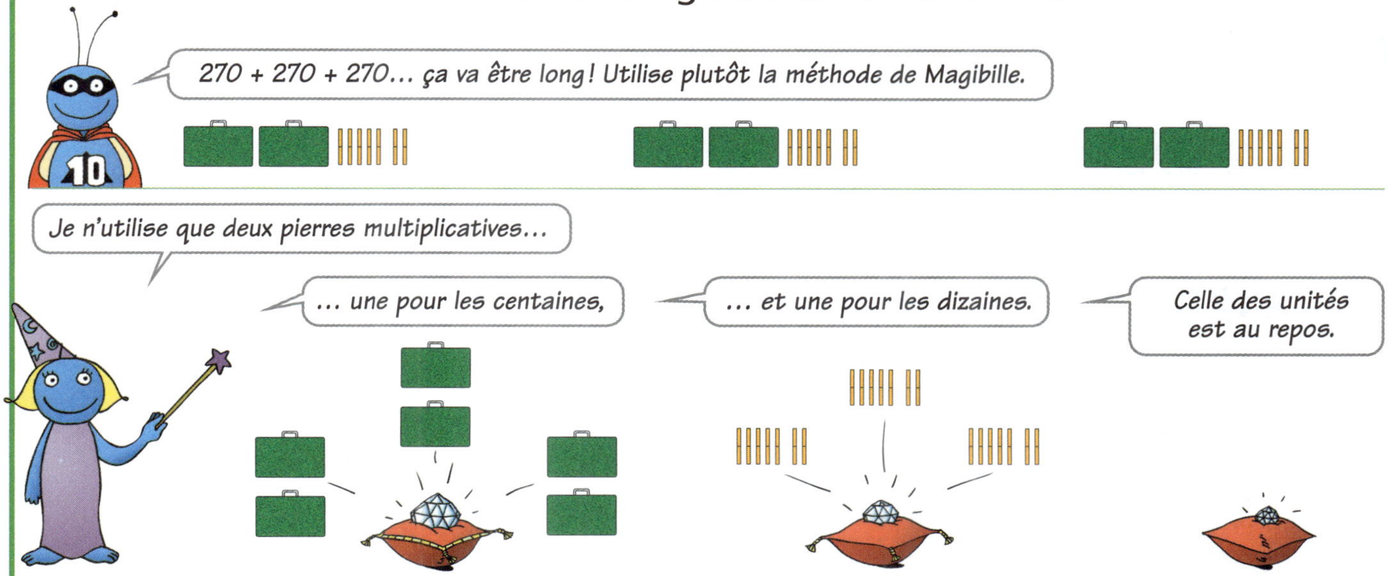

Vérifie que Picbille et Magibille ont le même nombre de valises, de boîtes et de billes.

Complète :

270 x 3 = 200 x 3 + 70 x 3

270 x 3 = ... + ...

270 x 3 = ...

3

Calcule comme Magibille en imaginant les pierres multiplicatives (vérifie que le nombre de rectangles jaunes correspond au nombre de pierres utilisées).

205 x 4 = ... + ...

205 x 4 = ...

205 x 4 = ...

136 x 5 = ... + ... + ...

136 x 5 = ...

136 x 5 = ...

190 x 3 = ... + ...

190 x 3 = ...

190 x 3 = ...

93 x 5 = ... + ...

93 x 5 = ...

93 x 5 = ...

Dans le premier calcul, on a remplacé les rectangles jaunes par des parenthèses. Termine ce premier calcul et effectue les trois autres.

307 x 3 = (300 x 3) + (7 x 3)

307 x 3 = ...

307 x 3 = ...

46 x 3 = ...

46 x 3 = ...

46 x 3 = ...

451 x 2 = ...

451 x 2 = ...

451 x 2 = ...

230 x 4 = ...

230 x 4 = ...

230 x 4 = ...

4

▷ puis les dizaines, est importante parce que c'est celle qui est privilégiée dans le calcul mental. Les trois multiplications sont représentées par des « pierres multiplicatives » de tailles différentes. Il importe de vérifier que le calcul de Picbille et celui de Magibille sont équivalents : ils conduisent au même nombre de boîtes et de jetons.

2 à 4 L'existence de 3 « pierres multiplicatives » permet une gestion simple des cas où le nombre à multiplier s'écrit avec un zéro : la « pierre multiplicative » correspondante est au repos. Lorsque le calcul est mené avec des parenthèses, le nombre de « pierres multiplicatives » en activité est aussi le nombre de blocs entre parenthèses.

SÉQUENCE **100**

Tracer une figure pour qu'elle ait un axe de symétrie

Partager en 5
(*décomposition sollicitée*)
Table de 4
(*sans table vide*)

Prends ton calque et plie-le suivant le trait rouge. *Qu'observe-t-on ?*
On dit que le trait rouge est un **axe de symétrie** de la figure.

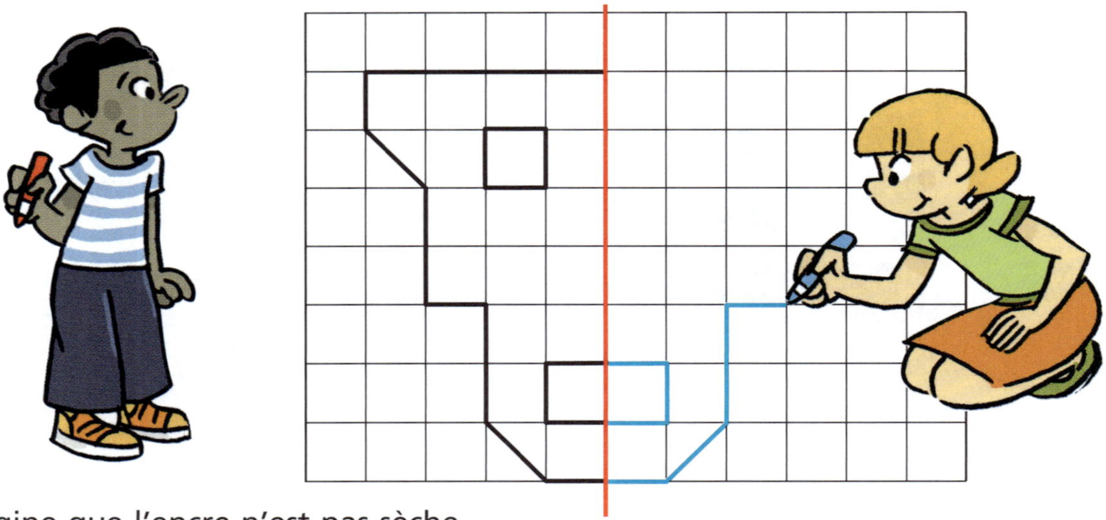

Imagine que l'encre n'est pas sèche…
Termine le travail de Nina et dessine les autres figures pour que le trait rouge soit un axe de symétrie.

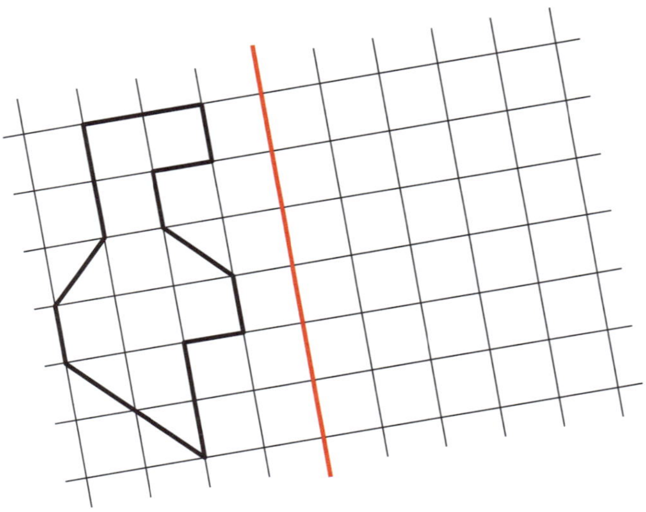

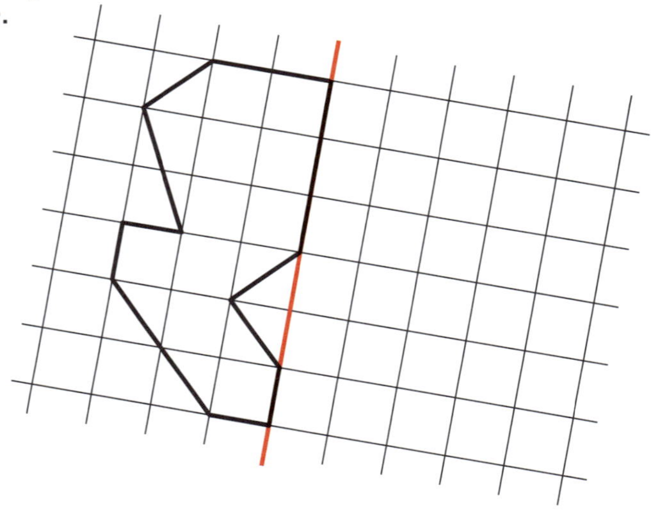

1

Calcule.

360 x 3 = ...
360 x 3 = ...
360 x 3 = ...

186 x 5 = ...
186 x 5 = ...
186 x 5 = ...

104 x 8 = ...
104 x 8 = ...
104 x 8 = ...

448 x 2 = ...
448 x 2 = ...
448 x 2 = ...

2

Partager en 5 (*décomposition sollicitée*) : idem sq. 99.
Table de 4 (*sans table vide*) : idem sq. 89, mais avec la table de 4.

1 On trouve en fin de fichier une feuille de calque à découper. Trois des morceaux correspondent chacun à l'une des 3 figures de cette page après qu'elle a été complétée par symétrie. Le 1er morceau doit être distribué en début d'activité : il permet aux élèves de réaliser effectivement le pliage et, donc, de développer chez eux l'intuition de ce geste et de ses effets. En revanche, les 2 autres morceaux ne doivent être vus des élèves qu'après l'activité, pour contrôler leur travail (le seul fait de voir la forme globale de la figure visée est une aide considérable).

La preuve de la soustraction

SÉQUENCE **101**

Tables de 2, 3, 4 et 5 (*sans table vide*)
Différences mentales (*et inventer des contextes*)

Problème : Pour aller de Bordeaux à Lyon, il y a 567 km.
Clermont est entre ces deux villes, à 384 km de Bordeaux.
Quand on est à Clermont, combien de km reste-t-il avant d'arriver à Lyon ?

Pour résoudre ce problème, Léo a calculé la différence entre 567 et 384. *Sais-tu pourquoi ?*

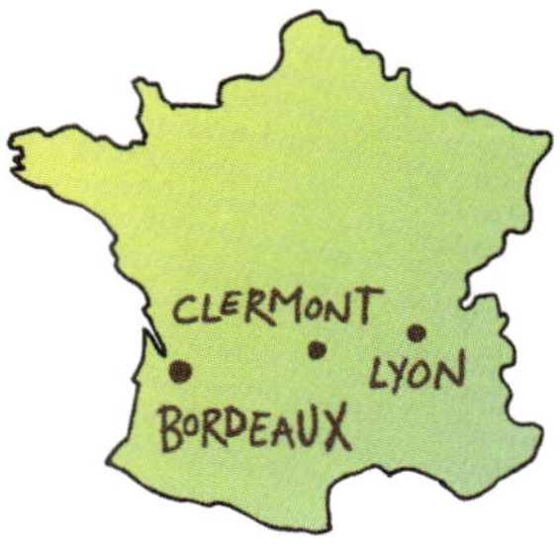

	5	16	7
−	3 (+1)	8	4
	1	9	3

	1	9	3
+	3	8	4
	...	...	...

Calcule ces soustractions et fais la preuve à côté.

	7	5	6
−	5	3	4
	...	...	...

	4	2	8
−	1	8	4
	...	...	...

1

Calcule.

259 x 3 = ...
259 x 3 = ...
259 x 3 = ...

210 x 4 = ...
210 x 4 = ...
210 x 4 = ...

2

Dessine pour que le trait rouge soit un axe de symétrie.

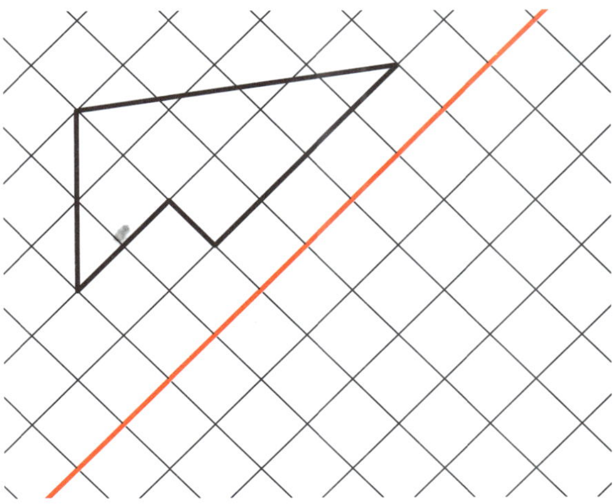

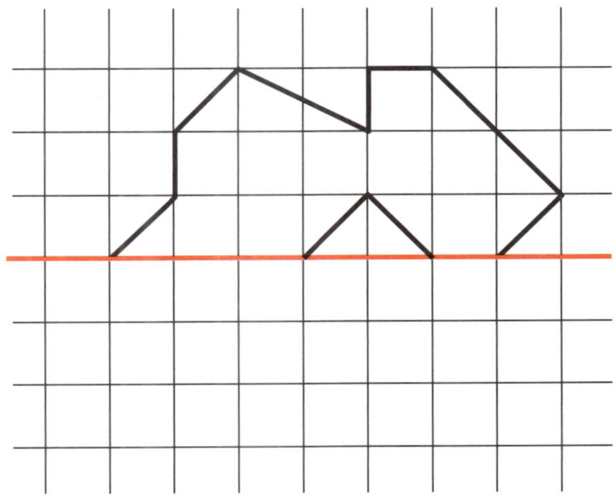

3

Tables de 2, 3, 4 et 5 *(sans table vide)* : idem sq. 89 avec les 4 tables.
Différences mentales : idem sq. 46. La différence de longueurs est l'un des contextes inventés.

1 Clermont-Ferrand est situé entre Bordeaux et Lyon. La question posée dans l'énoncé revient donc à calculer la différence des distances données. Le fait que les 3 villes soient pratiquement en ligne droite aide à le comprendre, mais un schéma au tableau n'en est pas moins indispensable. Lorsque la situation a été analysée en termes de différence, la preuve se comprend d'elle-même : ajouter ce qui est différent au plus petit nombre permet d'obtenir le grand nombre.

SÉQUENCE
102

ARP Atelier de Résolution de Problèmes

Partager en 5
(*décomposition non sollicitée*)
Tables de 2, 3, 4 et 5
(*sans table vide*)

La marchande a-t-elle correctement rendu la monnaie ?

Dessine la monnaie que le marchand doit rendre.

13 €

21 €

34 €

82 €

Complète.

13 + ... = 20	34 + ... = 50	21 + ... = 50	82 + ... = 100
20 − 13 = ...	50 − 34 = ...	50 − 21 = ...	100 − 82 = ...

1

Problèmes à résoudre sur le cahier

Réponds (tu peux faire un schéma, écrire une égalité ou expliquer ta solution).

1 ▶ La maîtresse d'un CE1
dit à ses 23 élèves :
« Formez des équipes de 5. »

Combien d'équipes seront complètes ?

2 ▶ Il y a une course à pieds à Montillac.
245 coureurs sont au départ.
128 femmes participent à la course.

Combien de coureurs sont des hommes ?

2

Partager en 5 (*décomposition non sollicitée*) : quelques cas sont proposés < 50. Le nombre est écrit au tableau. Les élèves qui peuvent répondre directement le font; les autres écrivent sur leur ardoise 75 = 50 + 25, par ex. La validation se fait immédiatement après en explicitant le calcul.
Tables de 2, 3, 4 et 5 (*sans table vide*) : idem sq. 89 avec les 4 tables.

1 Quand on additionne le prix de l'objet et la monnaie rendue, on doit obtenir la somme d'argent donnée au marchand. La pratique sociale consistant à rendre la monnaie s'appuie sur cette propriété : la monnaie rendue est une différence calculée « en avançant ». Une soustraction convient également.

Atelier de Résolution de Problèmes ARP

SÉQUENCE **103**

Tables de 6, 7 et 10 (*sans table vide*)
Soustractions (*Où vais-je barrer ?*)

Problème : La SNCF doit transporter 64 voitures neuves sur des wagons spéciaux.
Chaque wagon peut emporter 10 voitures.
Combien faudra-t-il de wagons ?

Pour résoudre ce problème, Sébastien a écrit une égalité, Mélanie a fait un schéma, et Cécile a fait une phrase.
Qui a réussi à résoudre le problème ?
Entoure le ou les prénoms des enfants qui ont trouvé la solution…

64 = 10 + 10 + 10 + 10 + 10 + 10 + 4

Il faut 6 wagons.

Sébastien

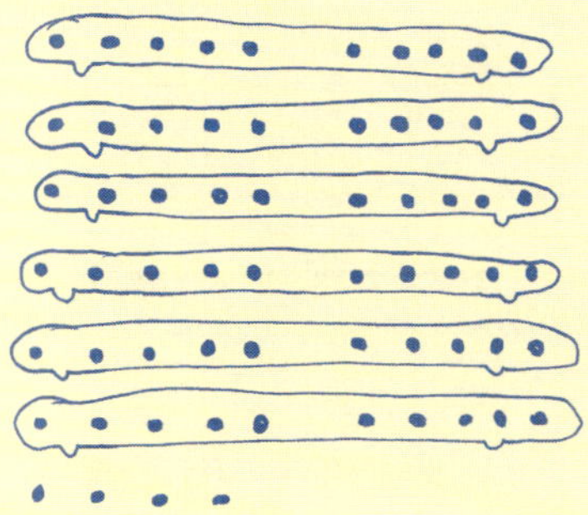

Il faut 6 wagons.

Mélanie

64, c'est 6 groupes de 10 et encore 4.

Il faut 7 wagons.

Cécile

1

Problèmes à résoudre sur le cahier

Réponds (tu peux faire un schéma, écrire une égalité ou expliquer ta solution).

1 ▶ Le 1er étage de la tour Eiffel est à 57 m du sol.
Entre le 1er et le 2e étage, il y a 58 m.
Entre le 2e et le 3e étage, il y a 161 m.
Le sommet de la tour est 42 m au-dessus du 3e étage.
Quelle est la hauteur totale de la tour Eiffel ?

2 ▶ Un club sportif achète 132 maillots à 6 € le maillot.
Combien coûtera cet achat ?

3 ▶ Dans un parc, il y avait 231 arbres. Une tempête a abattu 4 arbres.
Combien d'arbres sont encore debout ?

4 ▶ Une école a besoin de 86 cahiers. Le libraire vend les cahiers par paquets de 20.
Combien de paquets de 20 cahiers l'école doit-elle commander ?

5 ▶ Dans le catalogue *Au vert gazon* on peut acheter 2 chaises de jardin pour 76 €.
Quel est le prix d'une seule chaise ?

2

Tables de 6, 7 et 10 *(sans table vide)* : idem sq. 89 avec ces 3 tables.
Soustractions *(Où vais-je barrer ?)* : idem sq. 64.

1 Les problèmes de répartition de *a* unités en groupes de même taille *b* où l'on cherche le nombre de groupes (« En *a*, combien de fois *b* ? ») sont, avec ceux de partage équitable (« Quelle est la valeur de *b* ? »), l'un des 2 grands types de problèmes de division. Mais la 1re catégorie comporte elle-même 2 sortes de problèmes selon qu'on s'intéresse au nombre de groupes *complets* (Avec 64 œufs, combien peut-on remplir de boîtes de 6 œufs ?) ou, comme ici, au nombre de groupes lorsqu'on inclut celui formé par le reste. Faire le bon choix nécessite de bien comprendre la situation décrite.

SÉQUENCE 104

Algorithmes numériques

Soustractions
(*Où vais-je barrer ?*)
Tables de 6, 7 et 10
(*sans table vide*)

Trouve la règle et continue à droite comme on a commencé.

291	293	295										

436	426	416										

Trouve la règle et continue à gauche et à droite comme on a commencé.

					311	309	307					

					417	422	427					

1

Calcule.

486 x 2 = ... 78 x 3 = ...

486 x 2 = ... 78 x 3 = ...

486 x 2 = ... 78 x 3 = ...

237 x 4 = ... 103 x 9 = ...

237 x 4 = ... 103 x 9 = ...

237 x 4 = ... 103 x 9 = ...

2

Dessine pour que le trait rouge soit un axe de symétrie.

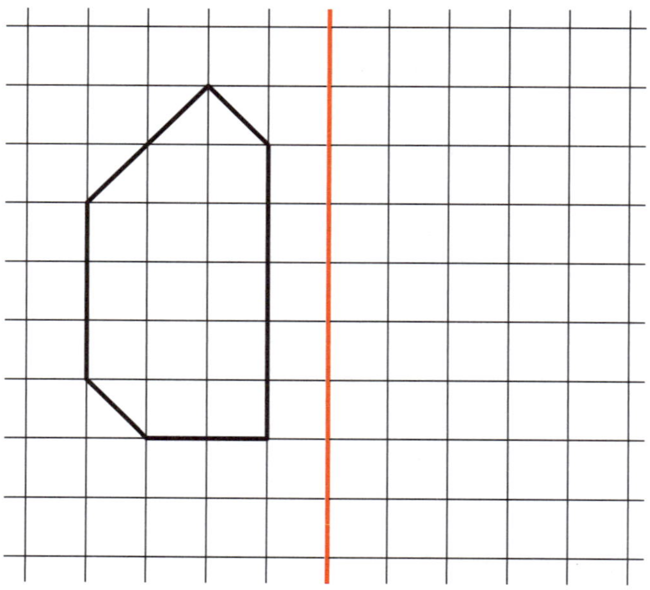

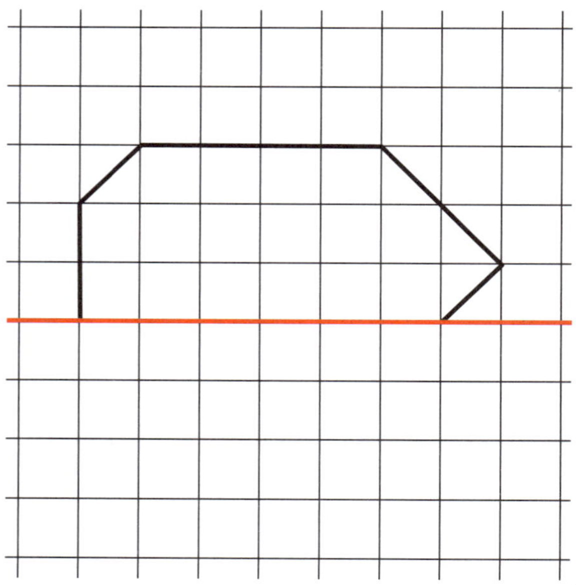

3

Soustractions ***(Où vais-je barrer ?)*** **:** idem sq. 64.
Tables de 6, 7 et 10 ***(sans table vide)*** **:** idem sq. 89 avec ces 3 tables.

1 Les 2 premiers problèmes ne posent guère de difficulté : ils sont la transcription écrite d'un jeu du furet. En revanche, les 2 suivants en posent plus parce qu'ils conduisent à poursuivre à droite selon une règle et à gauche selon la règle inverse.

3 Les élèves ne disposent pas de calque pour vérifier leur travail. Ce peut être l'occasion de s'initier à la reproduction sur calque avec un morceau qui leur serait fourni.

Les solides (1) : les cylindres

Tables de 8, 9 et 10
(*sans table vide*)
Partager en 5
(*décomposition non sollicitée*)

ⓐ Avec ton matériel en carton (à la fin de ton fichier), construis le cylindre.

ⓑ Observe ces solides. Ce sont tous des cylindres.

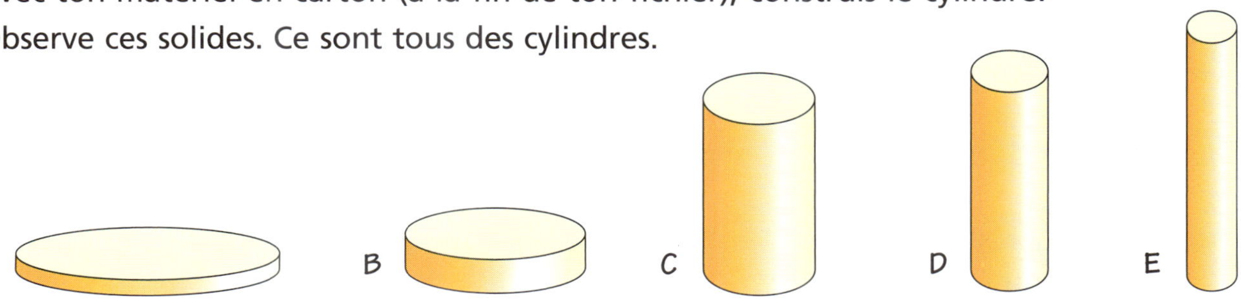

ⓒ *Auquel de ces cylindres celui que tu as construit ressemble-t-il le plus ? Pourquoi ?*

....

ⓓ *Qu'ont de pareil tous ces cylindres ? Qu'ont-ils de différent ?*
Trouve autour de toi des objets qui ont une forme de cylindre.

1

Voici d'autres cylindres.

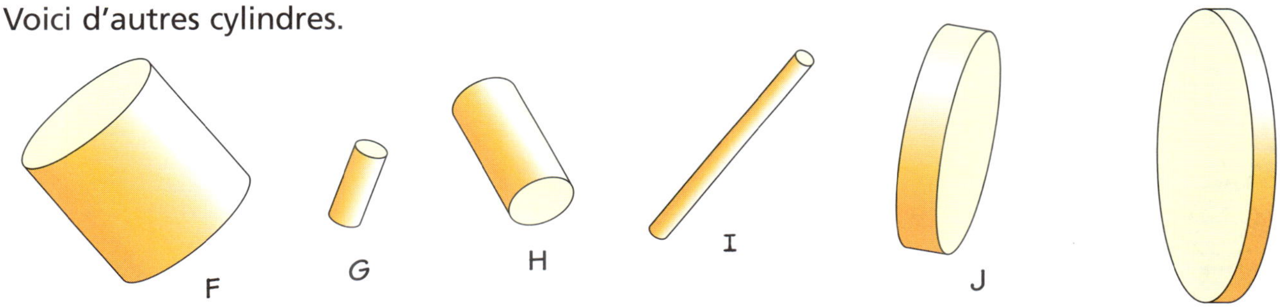

On a commencé à ordonner ces cylindres de la plus petite base à la plus grande.

Continue : I, ...

On a commencé à ordonner ces cylindres de la plus petite hauteur à la plus grande.

Continue : K, ...

2

Calcule.

142 x 7 = ...
142 x 7 = ...
142 x 7 = ...

170 x 5 = ...
170 x 5 = ...
170 x 5 = ...

304 x 3 = ...
304 x 3 = ...
304 x 3 = ...

235 x 4 = ...
235 x 4 = ...
235 x 4 = ...

3

Tables de 8, 9 et 10 (*sans table vide*) : idem sq. 89 avec ces 3 tables.
Partager en 5 (*décomposition non sollicitée*) : idem sq. 102.

1 Expliquer pourquoi le cylindre construit ressemble plus au cylindre C exige de parler de sa « hauteur » et des 2 disques sur lesquels il repose à plat : on les appelle les « bases » du cylindre. Ce type de séance aide plus généralement les élèves à dégager la notion de solide en analysant l'un d'eux, le cylindre « dans tous ses états » : très aplati, très allongé, etc.

SÉQUENCE 106

La multiplication en colonnes (cas des nombres à 3 chiffres)

Tables de 8, 9 et 10
(*sans table vide*)

Picbille et Magibille calculent 143 x 6

Picbille calcule cette multiplication sous la forme d'une addition répétée.
Termine son calcul.

a

Dans la colonne des unités, c'est 6 fois 3, 18 unités…
Je retiens 1 groupe de 10 et j'écris 8 unités.

```
      1
    1 4 3
  + 1 4 3
  + 1 4 3
  + 1 4 3
  + 1 4 3
  + 1 4 3
  -------
  ......8
```

b

```
    2 1
    1 4 3
  + 1 4 3
  + 1 4 3
  + 1 4 3
  + 1 4 3
  + 1 4 3
  -------
  .....58
```

Dans la colonne des dizaines, c'est 6 fois 4, 24 dizaines… plus une, 25 dizaines.
Je retiens 2 centaines et j'écris 5 dizaines.

Magibille pose directement la multiplication en colonnes.

a

6 fois 3, 18.
Je retiens 1 dizaine sur les doigts et j'écris 8 dans la colonne des unités.

6 fois 4 dizaines, 24 dizaines… plus une, 25 dizaines.

```
    1 4 3
  x     6
  -------
  ......8
```

b

Je retiens 2 centaines sur les doigts et j'écris 5 dans la colonne des dizaines.

Termine.

```
    1 4 3
  x     6
  -------
  .....58
```

Calcule comme Picbille et comme Magibille et vérifie en comparant les résultats.

```
    102        137        123        114
  + 102      + 137      + 123      + 114
  + 102      + 137      + 123      + 114
  + 102      + 137      + 123      + 114
  + 102      + 137      + 123      + 114
  + 102      -----      + 123      + 114
  + 102      .....      + 123      + 114
  + 102                 -----      + 114
  + 102                 .....      -----
  -----                            .....
  .....
```

```
    1 0 2        1 3 7
  x     9      x     5
  -------      -------
  .......      .......

    1 2 3        1 1 4
  x     7      x     8
  -------      -------
  .......      .......
```

1

Tables de 8, 9 et 10 ***(sans table vide)*** **:** idem sq. 89 avec ces 3 tables.

1 L'organisation de cette sq. est la même que celle de la sq. 82. Rappelons-en la logique. Que l'opération soit posée sous la forme d'une addition répétée ou d'une multiplication, le calcul est le même : on calcule *6 fois 3, 18*; on retient 1 dizaine pour un traitement ultérieur et on écrit 8 unités, etc. La seule différence est que la retenue de la multiplication n'est pas écrite, ▷

Calcule en colonnes, puis vérifie en lignes.

```
  2 1 7        1 8 6
x     4      x     5
-------      -------
.......      .......
```

217 x 4 = ...

217 x 4 = ...

217 x 4 = ...

186 x 5 = ...

186 x 5 = ...

186 x 5 = ...

Ne calcule en colonnes que si nécessaire.

215 x 4 = ... 90 x 5 = ...

208 x 3 = ... 87 x 5 = ...

2

Mme Dixcentimètres a tracé une ligne brisée entre les points A et B.
Vérifie la longueur de chacun des traits.

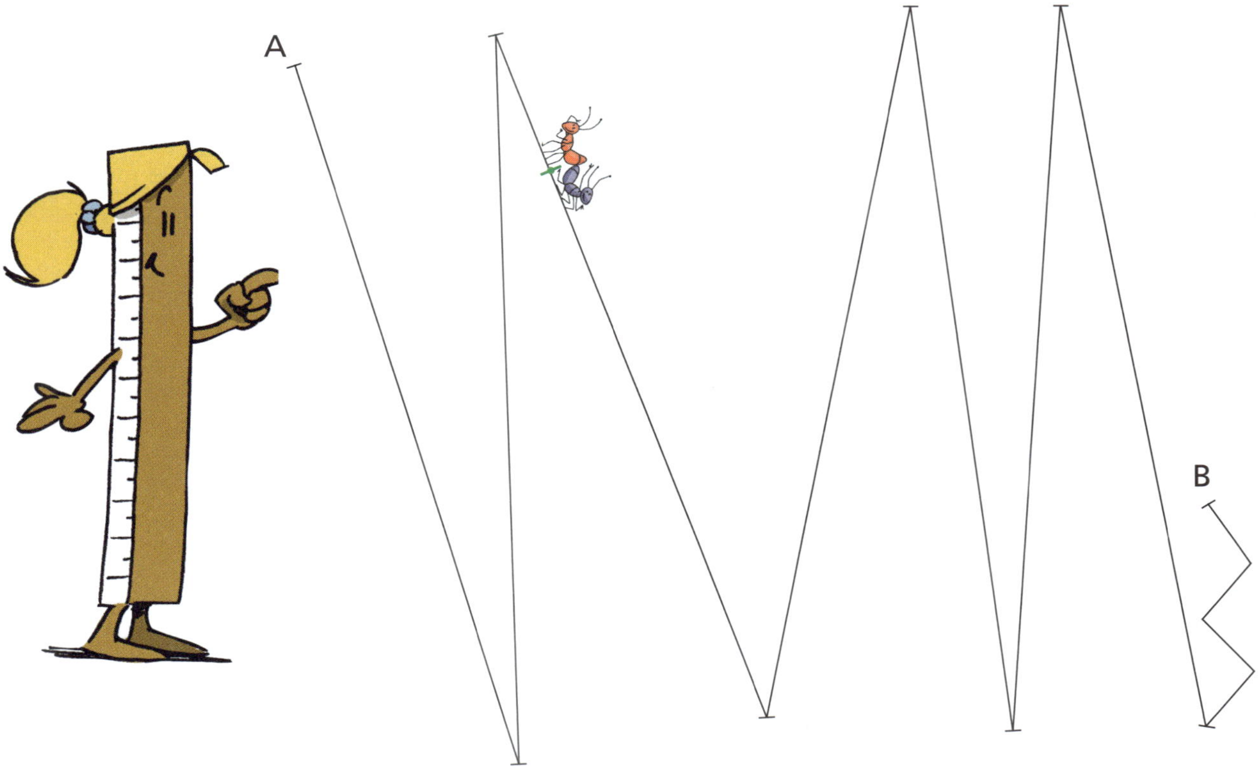

Les fourmis rouge et grise partent du point vert. La rouge va en A et la grise va en B.

La fourmi rouge va parcourir .... *cm et la fourmi grise va parcourir* .... *cm.*

De quel point devraient-elles partir pour parcourir la même distance ? Dessine ce point M.

Pour trouver la position du point M, je ....

....

3

▷ elle est faite sur les doigts. Cela est justifié aux élèves : au CE2, ils apprendront les multiplications par des nombres à 2 chiffres et, pour des questions de lisibilité, ça ne sera plus possible de l'écrire.

2 On confronte 2 organisations différentes du même calcul qui sont celle du calcul écrit en colonnes et celle du calcul mental. À droite, 1 cas au moins de multiplication peut être calculé sans la poser (90x5). Prendre conscience qu'on trouve le même résultat en la posant n'est pas inutile non plus.

SÉQUENCE 107

Les solides (2) : les tétraèdres

Partager en 5 (*décomposition non sollicitée*)

Ⓐ Avec ton matériel en carton (à la fin de ton fichier), construis le tétraèdre.

Ⓑ Observe les schémas de ces solides. Ce sont tous des tétraèdres.
En grec ancien, « tétra » veut dire « quatre ». *Pourquoi ce nombre ?*

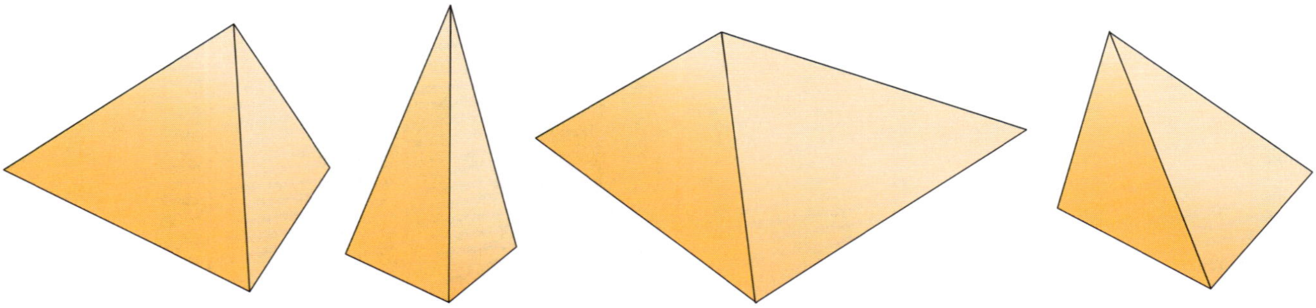

Quelles sont les différences entre un cylindre et un tétraèdre ?

1

Observe le tétraèdre que tu viens de construire en le posant sur ta table dans la position ci-dessous.

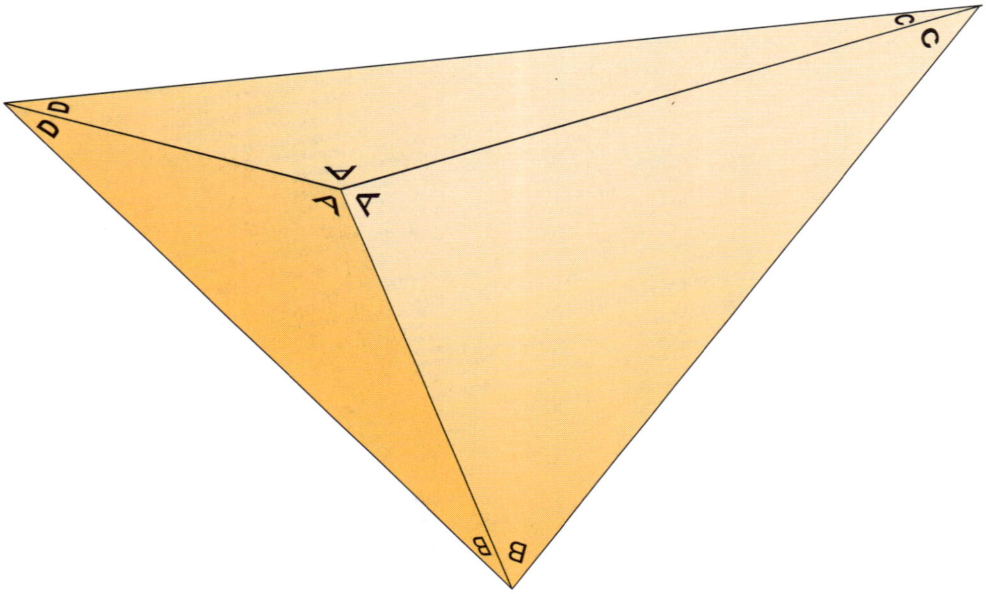

Ses 4 sommets sont indiqués par les lettres A, B, C et D. Montre chacun d'eux.

Montre la face ABC, la face ABD. *Quelles sont les autres faces ?* ....

Combien le tétraèdre a-t-il de faces ? ....

Quelle est la forme des faces ? ....

Le trait AB s'appelle une **arête** du tétraèdre. *Quelles sont les autres arêtes ?*

....

Combien le tétraèdre a-t-il d'arêtes ? ....

2

Partager en 5 (*décomposition non sollicitée*) : idem sq. 102.

1 et **2** Plusieurs propriétés du tétraèdre peuvent être formulées (en dégageant les traits communs aux divers exemples et par comparaison avec le cylindre) : il a 4 faces, toutes sont des triangles, il ne roule pas… C'est l'occasion de s'interroger sur le nombre de faces des cylindres, sur leur forme, etc. On introduit le terme « sommet » en notant qu'en géométrie, ▷

Mesure la longueur des arêtes du tétraèdre que tu as construit, complète le tableau et réponds.

Arête	Longueur
AB	.... cm
AC	.... cm
AD	.... cm
BC	.... cm
BD	.... cm
DC	.... cm

Une face a ses trois côtés de même longueur, c'est la face ....

Une face a deux côtés de même longueur, c'est la face ....

Deux faces ont des côtés qui sont tous de longueurs différentes, ce sont les faces ....

Prends ton équerre ou le calque avec le dessin d'un angle droit. Cherche s'il existe des angles droits sur les faces de ce tétraèdre.

Sur ton tétraèdre, indique-les comme ceci : 

3

Calcule en colonnes, puis vérifie en lignes.

```
  3 2 4        1 2 3
x     3      x     8
-------      -------
 ......       ......
```

324 x 3 = ...

324 x 3 = ...

324 x 3 = ...

123 x 8 = ...

123 x 8 = ...

123 x 8 = ...

Ne calcule en colonnes que si nécessaire.

97 x 4 = ... 102 x 6 = ...

280 x 3 = ... 486 x 2 = ...

4

Calcule ces soustractions et fais la preuve à côté.

```
  7 5 6        4 2 8
– 5 3 4      – 1 8 4
-------      -------
 ......       ......
```

5

Trouve la règle et continue à gauche et à droite comme on a commencé.

....	....	....	....	....	492	482	472	....	....	....	....

6

▷ ce mot n'a pas son sens quotidien : lorsqu'un tétraèdre repose sur l'une de ses faces, il y a 1 sommet en haut, ce qui correspond au sens habituel, mais les 3 autres sommets sont situés en bas du solide.

Le millier : 1 000, c'est 100 groupes de 10 ou 10 groupes de 100

Partager en 2
(*consigne orale*)

Prends ton compteur en carton, complète comme Picbille et nous, puis colle les couvercles.

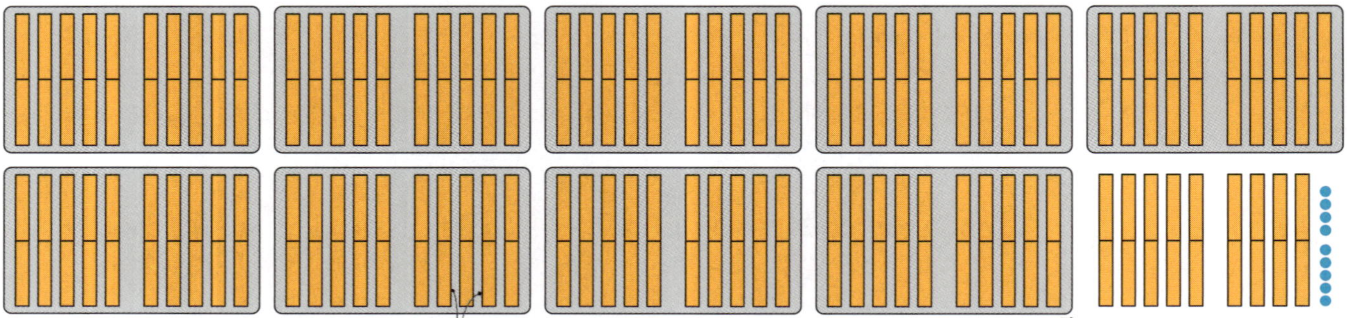

Sur ton compteur.

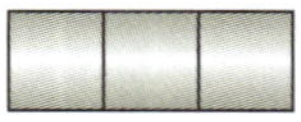

.... groupes de dix et .... neuf cent ....

On a mis 1 jeton de plus.
Quand on a 10 valises de 100 jetons, on les met dans une caisse de 1 000 jetons.
Complète puis colle le dernier couvercle de valise et celui de la caisse.

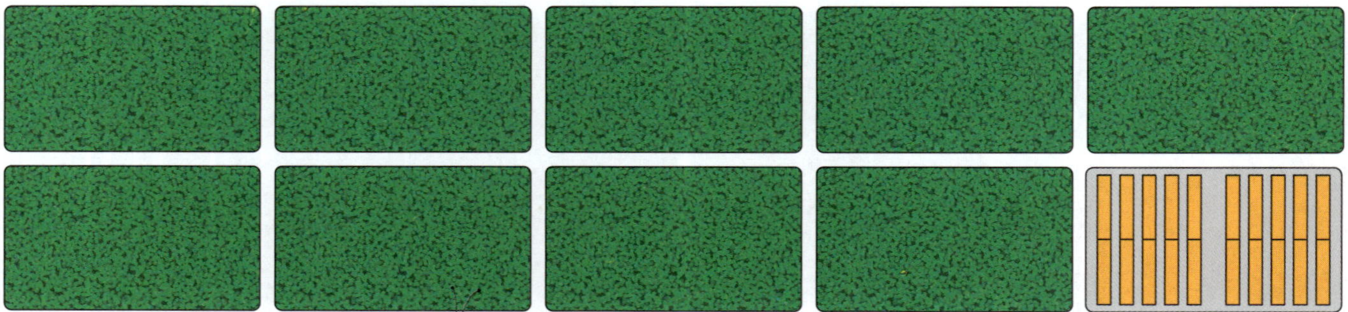

Sur un compteur.

.... groupes de dix et .... mille ....

On a mis 1 jeton de plus. Colle le couvercle de la caisse et complète.

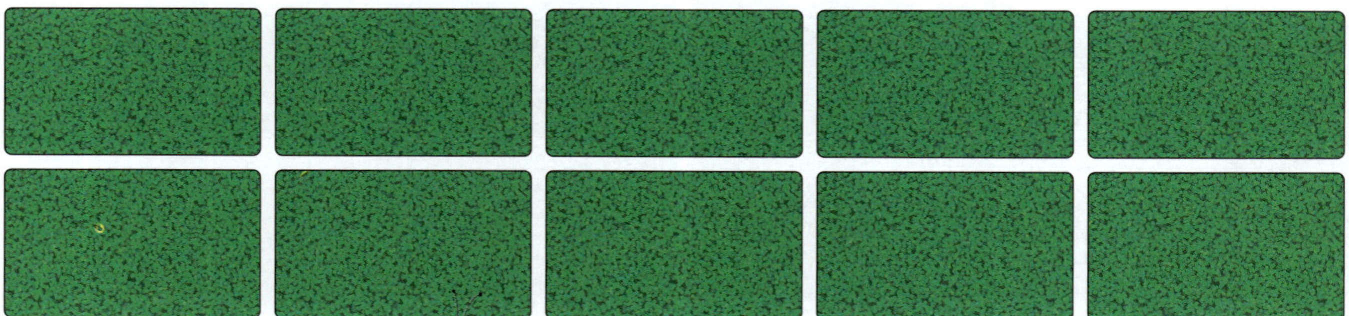

Sur un compteur.

.... groupes de dix et ....

1

Partager en 2 (*consigne orale*) : les élèves qui en ont besoin disposent de leur table de moitiés vide. La consigne est orale («34 partagé en 2», par ex.). Les élèves qui peuvent répondre directement le font; les autres écrivent sur leur ardoise 34 = 30 + 4. La validation se fait immédiatement après en explicitant le calcul.

1 Les couvercles des caisses, comme ceux des boîtes et des valises, sont en fin de fichier. Le compteur des élèves ne comporte que 3 chiffres, mais ils ont vu d'autres compteurs, kilométriques par ex., et l'introduction de l'écriture chiffrée du nombre 1000 ne pose ▷

Cette bouteille de 1 litre d'eau pèse 1 000 g. On dit aussi 1 kilogramme (1 kg).
Entoure le nombre de trombones de 1 g
qui permettent de réaliser l'équilibre.

J'ai appris : **1 kg**, c'est lourd comme **1 000 grammes**,
c'est lourd comme 1 litre d'eau.

Imagine les pesées et barre les masses impossibles.

Un élève de CE1	*Un bébé*	*Un dictionnaire*	*Un cartable*
			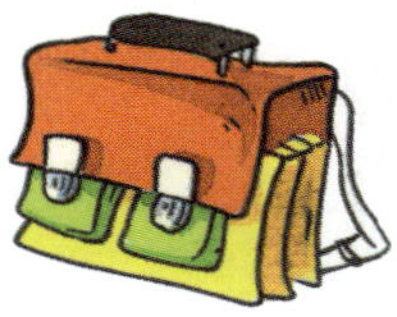
300 g	400 g	15 g	200 g
3 kg	4 kg	1 kg 500 g	2 kg
30 kg	40 kg	15 kg	20 kg

2

Calcule en colonnes, puis vérifie en lignes.

```
  4 5 7        2 4 6
x     2      x     3
--------     --------
.......      .......
```

457 x 2 = ...

457 x 2 = ...

457 x 2 = ...

246 x 3 = ...

246 x 3 = ...

246 x 3 = ...

Ne calcule en colonnes que si nécessaire.

76 x 5 = ...

160 x 4 = ...

115 x 7 = ...

207 x 3 = ...

3

▷ guère de problème. Grâce à Picbille, ce nombre est interprété : c'est 100 groupes de 10 ou 100 fois 10. En s'intéressant aux valises, on perçoit que c'est aussi 10 groupes de 100 ou 10 fois 100 : 100 fois 10 est égal à 10 fois 100.

2 Introduction du kilogramme comme 1 000 grammes et comme la masse qui équilibre 1 l d'eau. Le litre d'eau est un équivalent du kg plus facile à imaginer que la masse de 1000 trombones. C'est celui qu'on utilisera pour choisir les masses proposées : un enfant de CE1 pèse-t-il moins d'1/2 l d'eau (300 g), comme 3 l d'eau ou comme 30 l d'eau ?

SÉQUENCE **109**

Le kilomètre

Soustractions
(*102 – 6; 302 – 6*)
Partager en 2
(*consigne orale*)

Observe.

Depuis son point de départ, quelle distance ce marcheur a-t-il parcourue ? ....

Sais-tu comment on appelle le plus souvent cette longueur ? ....

J'ai appris: **1 kilomètre** (1 km), c'est long comme **1000 mètres**.

Quels sont les lieux qui se trouvent à 1 km environ de ton école ?
(Pour t'aider, tu peux chercher d'abord ceux qui sont à 100 m environ de ton école.)

1

Calcule en colonnes, puis vérifie en lignes.

```
  1 7 9        2 4 5
x     5      x     4
-------      -------
.......      .......
```

179 x 5 = ...

179 x 5 = ...

179 x 5 = ...

245 x 4 = ...

245 x 4 = ...

245 x 4 = ...

Ne calcule en colonnes que si nécessaire.

134 x 6 = ... 104 x 9 = ...

81 x 4 = ... 379 x 2 = ...

2

Trouve la règle et continue à gauche et à droite comme on a commencé.

......	......	......	......	......	237	257	277	......	......	......	......

3

Soustractions (*102 – 6; 302 – 6*) **:** les élèves disposent de leur carton avec des files de boîtes, et l'enseignant commence par proposer successivement des cas du type 102 – 6 ; 302 – 6 ; 702 – 6 (on retire moins de 10 à un nombre se situant au tout début d'une centaine). Ces derniers cas se calculent comme le 1er par retraits successifs, « en reculant » sur la file des nombres : 702 – 2 = 700 et 700 – 4 = 696. Des cas du type 804 – 7 sont ensuite proposés directement.
Partager en 2 (*consigne orale*) **:** idem sq.108.

1 Introduction du km comme 1000 m et mise en relation avec des distances familières.

La calculatrice

Partager en 5
(*consigne orale*)
Soustractions
(*102 – 6; 302 – 6*)

ⓐ Calcule ces opérations « à la main », puis vérifie tes calculs avec la calculette.

	248 + 359	675 + 248	265 x 3	809 – 272
Mes résultats « à la main »	....	....	....	....
Ceux de la calculette	....	....	....	....

ⓑ Mets-toi avec un(e) camarade. L'un(e) calcule avec la machine, l'autre sans.
Qui va le plus vite pour effectuer ces calculs ?

60 x 4 = ... 30 + 20 + 50 + 80 = ... 8 + 2 + 6 + 4 = ...

5 + 5 + 10 + 9 + 1 + 7 = ... 203 x 3 = ... 612 – 400 = ...

Même activité en échangeant les rôles.

3 x 70 = ... 3 + 7 + 1 + 9 = ... 405 x 2 = ...

8 + 2 + 10 + 5 + 5 + 6 = ... 60 + 40 + 100 + 29 = ... 876 – 300 = ...

1

Mme Dixcentimètres a tracé une ligne brisée entre les points A et B.

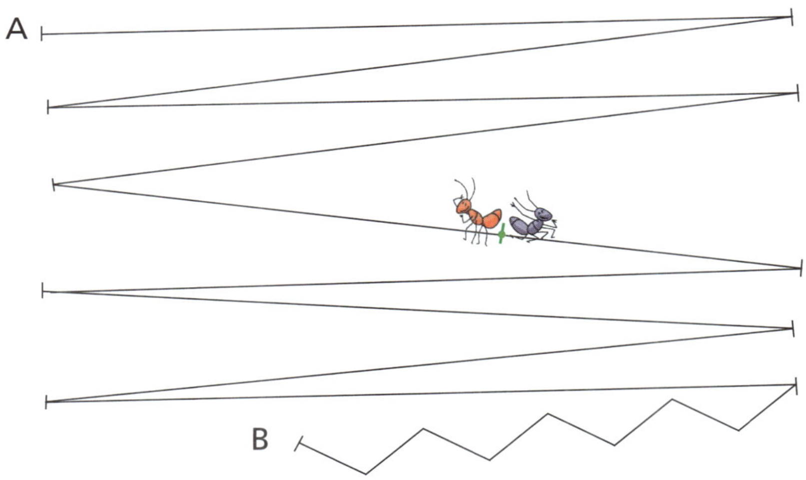

Les fourmis rouge et grise partent du point vert. La rouge va en A et la grise va en B.

La fourmi rouge va parcourir .... cm et la fourmi grise va parcourir .... cm.

De quel point devraient-elles partir pour parcourir la même distance ? Dessine ce point M.

Pour trouver la position du point M, je ....

....

2

Partager en 5 (*consigne orale*) : les élèves qui en ont besoin disposent de la table vide de la page 157. La consigne est orale (« 85 partagé en 5 », par ex.). Les élèves qui peuvent répondre directement le font; les autres écrivent sur leur ardoise 85 = 50 + 35. La validation se fait immédiatement après en explicitant le calcul.
Soustractions (*102 – 6; 302 – 6*) : idem sq. 109.

1 Vérifier avec une calculette des calculs faits « à la main ».
Un écart éventuel entre les résultats des deux calculs peut toutefois provenir d'une erreur de « frappe ». En **b**, on comprend que la calculette n'est pas toujours le moyen le plus rapide de calculer.

SÉQUENCE 111

Les solides (3) : pavés et cubes

Partager en 5
(*consigne orale*)

a Construis le pavé dont le patron se trouve à la fin de ton fichier.
Compare ce pavé au cylindre et au tétraèdre que tu as déjà construits.

b Sur le pavé que tu viens de construire, mesure les trois dimensions demandées sur l'image en réduction.

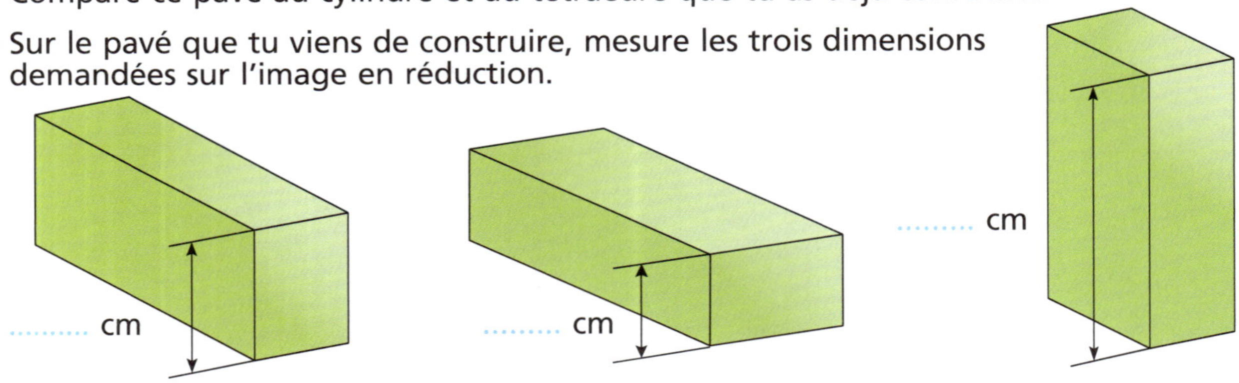

c Tu viens de mesurer 3 arêtes. Elles sont de longueurs différentes.
Peux-tu trouver une arête qui aurait une autre longueur que ces trois-là ?

d Prends ton équerre ou le calque avec le dessin d'un angle droit.
Cherche s'il existe des angles droits sur les faces de ce pavé.
Sur ton pavé, indique-les comme ceci : 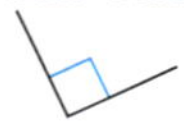

J'ai appris :

Un pavé dont toutes les faces sont des rectangles s'appelle un « pavé droit ».

Ce pavé est droit.

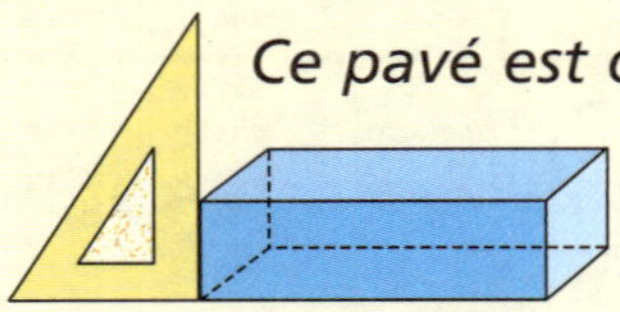

Celui-ci n'est pas droit !

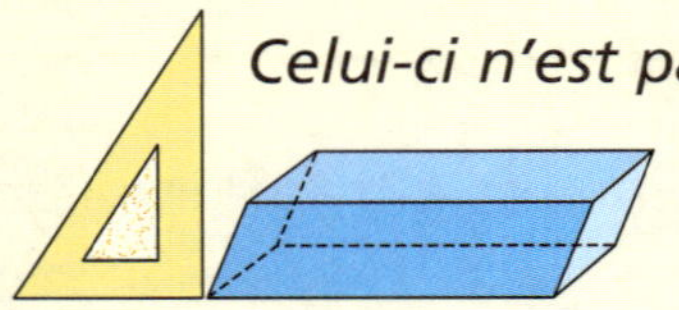

1

a Le patron A est le même, en réduction, que celui que tu as utilisé.
En te rappelant les pliages que tu as faits, vérifie :
– que, lors du montage, les côtés colorés en bleu se joignent pour former une arête,
– que les côtés colorés en rouge se joignent pour former une autre arête.
Indique par d'autres couleurs les autres côtés qui se joignent lors du montage.

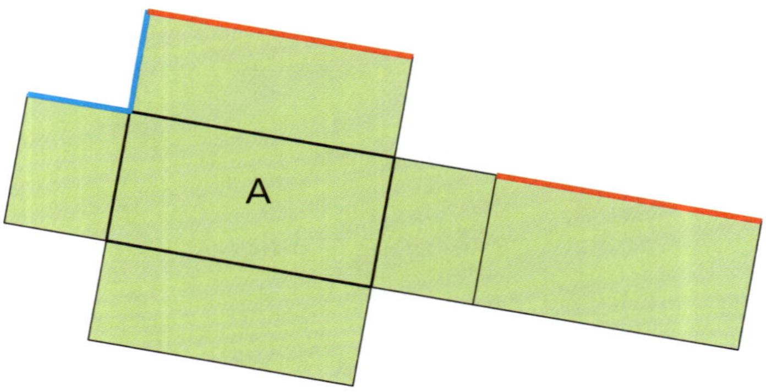

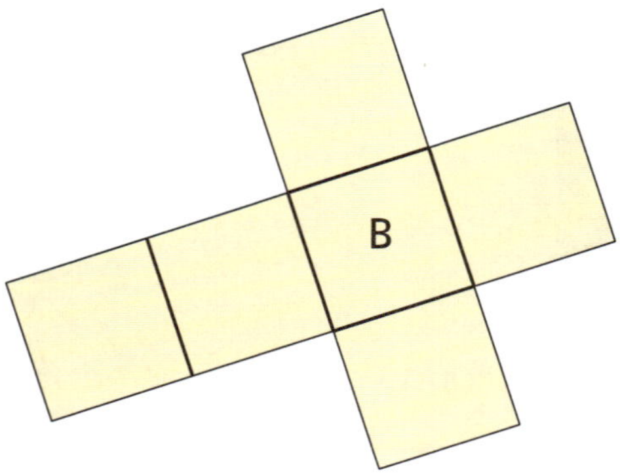

b Fais de même avec le patron B pour indiquer les côtés qui se joignent lors du montage.

c *Le patron B permet de former un pavé droit régulier qu'on appelle un* ....

2

Partager en 5 (*consigne orale*) :
idem sq.110.

1 à **3** La comparaison avec le tétraèdre et le cylindre porte sur le nombre de faces, d'arêtes, de sommets et la forme des faces. En **2**, reconstitution mentale du passage d'un patron au solide et cas particulier du cube. En **3**, tableau permettant de résumer les principales propriétés des 3 catégories de solides étudiés.

Complète le tableau.

	tétraèdre	pavé droit	cylindre
Nombre de faces	....	....	....
Nombre de sommets	....	....	....
*Forme des faces planes**	Ce sont des	Ce sont des	Ce sont des ....

* Tu peux utiliser cette liste de mots : rectangle, disque, triangle, carré.

3

Jeu du palet : On lance 4 palets.

Le total des points doit être égal à 100.

Observe l'exemple (on n'écrit pas les 0).
Trouve trois autres façons de gagner.

100 = 50 + 50

100 = ...

100 = ...

100 = ...

Le total des points doit être égal à 1000.

1 000 = ...

1 000 = ...

1 000 = ...

1 000 = ...

4

4 Chercher les décompositions de 100 en quatre nombres ou moins, à l'aide des nombres 50, 25, 20 et 10.
La même tâche est ensuite proposée avec 1000, que l'on décompose à l'aide de 500, 250, 200 et 100.

SÉQUENCE 112

Somme, différence et produit (nombres de 3 chiffres)

Soustractions
(*104 – 96; 304 – 296*)

Problème : Nina a 132 billes et Léo en a 118.
Combien ont-ils de billes ensemble ?

Écris en ligne l'opération qui donne le résultat;
pose cette opération en colonnes et complète.

....

En tout, Nina et Léo ont .... billes.

Vérifie que dans le dessin, Nina a 132 billes et que Léo en a 118.
Vérifie ton calcul en faisant apparaître les groupes de 100 et le nouveau groupe de 10.

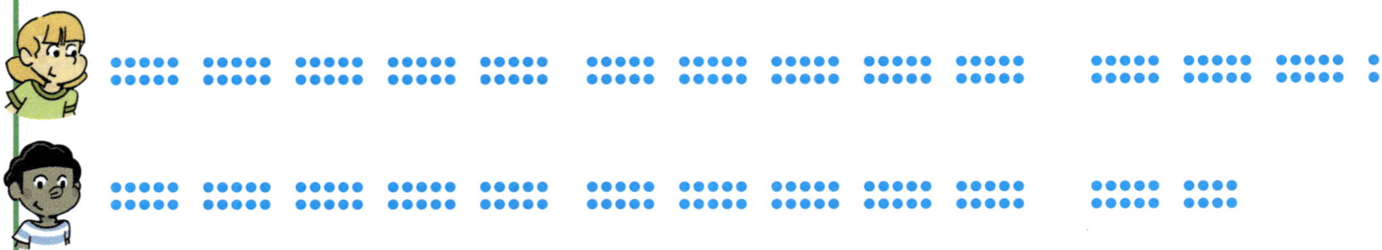

Invente d'autres problèmes qui conduisent à cette addition.

1

Problème : Nina a 132 billes et Léo en a 118.
Combien Nina a-t-elle de billes de plus que Léo ?

Écris en ligne l'opération qui donne le résultat;
pose cette opération en colonnes et complète.

....

Nina a .... billes de plus que Léo.

Vérifie que, dans le dessin, Nina a 132 billes et que Léo en a 118.
Vérifie ton calcul en entourant la différence.

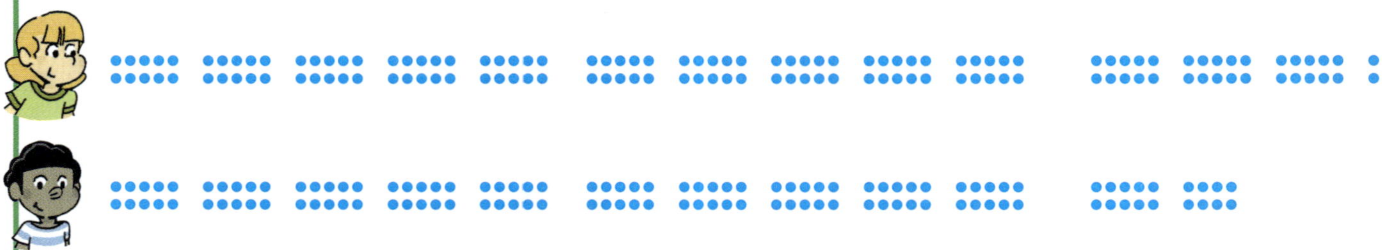

Invente d'autres problèmes qui conduisent à cette soustraction.

2

Soustractions (*104 – 96; 304 – 296*) : les élèves disposent de leur carton avec des files de boîtes et l'enseignant commence par proposer successivement des cas du type 104 – 96, 304 – 296, 704 – 696 (le nombre de départ est au tout début d'une centaine et la différence < 10). Ces derniers cas se calculent comme le 1er « en avançant » sur la file des nombres : pour 304 – 296, par ex., il suffit d'imaginer, sur son carton de boîtes, 20 boîtes supplémentaires à gauche pour accéder au résultat. Des cas du type 403 – 395 sont ensuite proposés directement.

1 à **3** Les situations proposées sont familières aux élèves et il leur est demandé de résoudre les problèmes ▷

Problème : Dans un magasin, un lit coûte 236 euros.
Le patron d'un hôtel achète 4 lits.
Combien doit-il payer ?

Écris en ligne l'opération qui donne le résultat;
pose cette opération en colonnes et complète.

.... *Il doit payer* .... *€.*

On a dessiné les lits ainsi que les billets et les pièces nécessaires.
Vérifie et complète.

Il faut :

.... billets de 100 € = ...

.... billets de 10 € = ...

.... billets de 5 € = ...

.... pièces de 1 € = ...

Total : ....

Invente d'autres problèmes qui conduisent à cette multiplication.

3

Trace un axe de symétrie quand c'est possible, écris *non* quand ça ne l'est pas.

A B E F K M

.... non ....

P R T U V W

....

4

Trouve la règle et continue à gauche et à droite comme on a commencé.

....	....	....	....	....	501	504	507	....	....	....	....

5

▷ en posant l'opération arithmétique correspondante. Cependant, dans un 2e temps, ils sont invités à contrôler leur résultat en résolvant le même problème par l'action. Lors de l'invention de problèmes de soustraction, on pensera à l'utilisation de l'expression «de moins que» pour les problèmes de comparaisons ainsi qu'aux situations de type parties-tout (nombre total de places, places occupées et places libres; enfants, filles et garçons, par ex.).

SÉQUENCE **113**

ARP Atelier de Résolution de Problèmes

Les tables de 2 à 10 (*début pour 6 à 9*)
Soustractions (*104 – 96; 304 – 296*)

Voici des cartes documentaires. Complète le tableau et réponds aux questions.

Dauphin
Classe : mammifère
Taille : 4 m
Poids : 160 kg
Durée de vie : 32 ans

Crocodile du Nil
Classe : reptile
Taille : 6 m
Poids : 550 kg
Durée de vie : 80 ans

Autruche
Classe : oiseau
Taille : 2 m 75 cm
Poids : 150 kg
Durée de vie : 68 ans

Girafe tachetée
Classe : mammifère
Taille : 5 m 50 cm
Poids : 500 kg
Durée de vie : 25 ans

Thon rouge
Classe : poisson
Taille : 3 m
Poids : 750 kg
Durée de vie : 20 ans

	Classe	*Durée de vie*	*Poids*	*Taille*
Thon				
Autruche				
Crocodile				
Girafe				
Dauphin				

Quel est l'animal qui peut vivre le plus longtemps ? ....

Range ces animaux du plus lourd au plus léger : ....

....

Range ces animaux du plus petit au plus grand : ....

....

1

Problèmes à résoudre sur le cahier

Réponds (tu peux faire un schéma, écrire une égalité ou expliquer ta solution).

1 ▶ Pour son anniversaire, le grand-père d'Amélie lui donne 4 €. Amélie les met dans sa tirelire. Maintenant, elle a 31 € dans sa tirelire.

Combien avait-elle d'argent avant son anniversaire ?

2 ▶ La piste de course d'un stade a une longueur de 326 m. Un coureur fait 3 fois le tour de la piste.

Combien de mètres a-t-il parcourus ?

2

Les tables de 2 à 10 (*début pour 6 à 9*) : l'interrogation porte sur l'ensemble des résultats de tables connus.
Soustractions (*104 – 96; 304 – 296*) : idem sq.112.

1 Remplir un tableau à double entrée et ranger des grandeurs par ordre croissant ou décroissant.

Partages en 2 et en 5
Les tables de 2 à 10
(*début pour 6 à 9*)

Problème : Le mercredi matin, l'émission de télévision préférée de Léa commence à 8 h 35.
Elle dure 20 min. Léa a un cours de danse 10 min après la fin de l'émission.

À quelle heure son émission de télévision se termine-t-elle ?
À quelle heure son cours de danse commence-t-il ?

Pour résoudre ce problème, Sébastien, Mélanie et Cécile ont écrit des égalités.
Qui a réussi à résoudre le problème ?
Entoure le ou les prénoms des enfants qui ont trouvé la solution...

Sébastien	Mélanie	Cécile
8 h 35 min + 20 min = 8 h 55 min	8 h 35 min + 20 min = 8 h 55 min	8 h 35 min + 20 min = 8 h 55 min
Son émission se termine à 8 h 55.	Son émission se termine à 8 h 55.	Son émission se termine à 8 h 55.
8 h 55 min + 10 min = 8 h 65 min	55 min + 10 min = 65 min = 60 min + 5 min	5 + 5 = 10
Son cours de danse commence à 8 h 65.	Son cours de danse commence à 9 h 05.	Son cours de danse commence à 9 h 5.

1

Problèmes à résoudre sur le cahier

Réponds (tu peux faire un schéma, écrire une égalité ou expliquer ta solution).

1 ▶ Un camion va de Lille à Paris.
Il a déjà parcouru 136 km.
Il lui reste 85 km à parcourir.
Quelle est la distance entre Lille et Paris ?

2 ▶ Sophie va au cinéma.
Elle rentre dans la salle à 16 h 15.
La publicité dure 20 min
puis le film commence.
Quelle heure est-il lorsque le film commence ?

3 ▶ Le cuisinier d'un collège a décongelé 125 steaks hachés.
Mais ce jour-là, seulement 97 élèves mangent à la cantine.
Combien y a-t-il de steaks hachés en trop ?

4 ▶ 5 maîtres se partagent équitablement une boîte de 80 craies.
Combien de craies aura chaque maître ?

2

Partages en 2 et en 5 : les nombres à partager sont < 100 et le niveau de l'aide (tables vides, écritures au tableau...) adapté à celui des élèves.
Les tables de 2 à 10 (*début pour 6 à 9*) : l'interrogation porte sur l'ensemble des résultats de tables connus.

1 La comparaison des différentes solutions est l'occasion de revoir les diverses façons de désigner une même heure : « il est ... minutes avant ... heure » ou « il est ... heure et ... minutes ».
Une façon d'aider à la compréhension de la situation consiste à se demander quelle heure il est 1 min après 8 h 35 ; et 5 min après 8 h 35 ? Etc.

Bilan terminal de la troisième période

Tables de 2, 3, 4 et 5

Écris la table des doubles.

5 + 5 = ... 10 + 10 = ... 15 + 15 = ...

.... 50 + 50 = ...

1

Calcule.

90 + 58 = ...	96 – 87 = ...	30 x 9 = ...	4 x 30 = ...
120 + 71 = ...	72 – 9 = ...	4 x 40 = ...	2 x 200 = ...
400 + 250 + 38 = ...	206 – 199 = ...	300 x 2 = ...	20 x 6 = ...
600 + 230 + 52 = ...	304 – 7 = ...	50 x 5 = ...	70 x 3 = ...

2

Calcule en lignes.

152 x 6 = ...

152 x 6 = ...

152 x 6 = ...

204 x 4 = ...

204 x 4 = ...

204 x 4 = ...

3

Calcule en colonnes.

$$\begin{array}{r} 328 \\ \times \quad 3 \\ \hline \end{array} \qquad \begin{array}{r} 94 \\ \times \quad 5 \\ \hline \end{array}$$

$$\begin{array}{r} 103 \\ \times \quad 7 \\ \hline \end{array} \qquad \begin{array}{r} 453 \\ \times \quad 2 \\ \hline \end{array}$$

4

Pose et calcule.

423 + 528 = ... 92 + 647 + 235 = ... 693 – 428 = ... 824 – 276 = ...

5

Complète. Si tu n'es pas sûr(e), écris une multiplication sur ton ardoise.

36 partagé en 2, c'est .... *64 partagé en 2, c'est* .... *78 partagé en 2, c'est* ....

35 partagé en 5, c'est .... *50 partagé en 5, c'est* .... *70 partagé en 5, c'est* ....

6

Reproduis deux fois cette figure à partir des points de couleur.

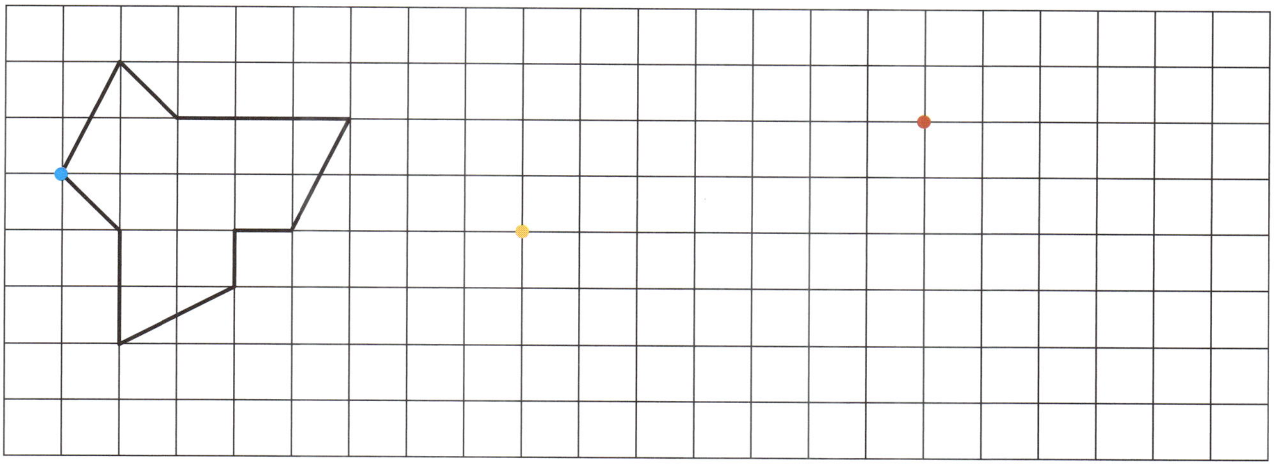

7

C'est le matin. *Quelle heure est-il ?*

Il est ....

Il est ....

C'est le matin. *Quelle heure est-il ?*

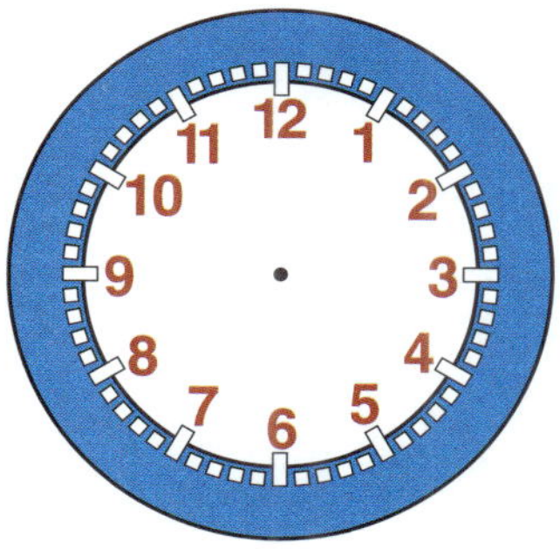

Il est 8h

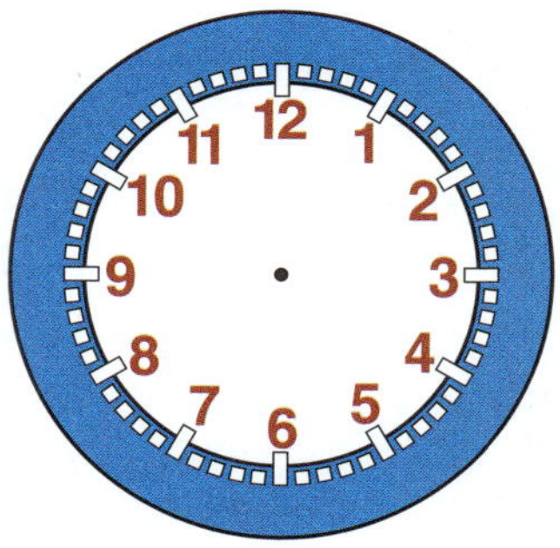

Il est 11 h 30

8

Problèmes à résoudre sur le cahier

1 ▶ Sur un bateau, il y a deux cordes.
L'une est longue de 103 m.
L'autre est longue de 78 m.
Quelle est la différence de longueur entre ces deux cordes ?

2 ▶ 5 enfants se partagent en parts égales un paquet de 60 images.
Combien d'images aura chacun ?

3 ▶ Un club sportif achète 45 boîtes de 5 balles de ping-pong.
Combien de balles achète-t-il ?

4 ▶ Dans un supermarché, M. Reboul achète pour 52 € de viande et 67 € de fruits et légumes.
Combien doit-il payer ?
Il donne 3 billets de 50 €.
Combien doit-on lui rendre ?

9

Index thématique

(par numéro de séquence ; les couleurs renvoient aux périodes)

ARITHMÉTIQUE

Représenter les nombres

Le calcul mental

Addition

Comparaison

Soustraction

Groupement ; *a* fois *b* ?

Multiplication

Partage

Les techniques en colonnes

Comparaison, coordination des opérations

Atelier de Résolution de Problèmes

Problèmes dits de soustraction

Problèmes dits de multiplication

Problèmes dits de division

Divers

GÉOMÉTRIE

MESURE

10, c'est…	9 + 1	8 + 2	7 + 3	6 + 4	5 + 5
11, c'est…	9 + 2	8 + 3	7 + 4	6 + 5	
12, c'est…	9 + 3	8 + 4	7 + 5	6 + 6	
13, c'est…	9 + 4	8 + 5	7 + 6		
14, c'est…	9 + 5	8 + 6	7 + 7		
15, c'est…	9 + 6	8 + 7			
16, c'est…	9 + 7	8 + 8			
17, c'est…	9 + 8				
18, c'est…	9 + 9				

Mémoriser les résultats d'additions élémentaires.
Cache avec la main la colonne de gauche et interroge-toi sur le résultat des différentes cases : en cas de doute, tu as la solution sous la main !

Mémoriser les moitiés, les doubles et les résultats d'un partage en 5 parts égales.
Ne remplis pas ces tables; observe les nombres écrits en grand : ils peuvent t'aider à retrouver les autres résultats !

Table de moitiés	Table de doubles	Table de moitiés	Table de 5
1 + 1 = 2	*5 + 5 = 10*	*2 fois 5 , 10*	*5 fois 1, 5*
2 + 2 = 4	***10 + 10 = ……***	***2 fois ……, 20***	*5 fois 2, 10*
…… + …… = 6	*15 + 15 = ……*	*2 fois ……, 30*	*5 fois ……, 15*
…… + …… = 8	***20 + 20 = ……***	***2 fois ……, 40***	*5 fois ……, 20*
…… + …… = 10	*25 + 25 = ……*	*2 fois ……, 50*	***5 fois ……, 25***
…… + …… = 12	***30 + 30 = ……***	***2 fois ……, 60***	*5 fois ……, 30*
…… + …… = 14	*35 + 35 = ……*	*2 fois ……, 70*	*5 fois ……, 35*
…… + …… = 16	***40 + 40 = ……***	***2 fois ……, 80***	*5 fois ……, 40*
…… + …… = 18	*45 + 45 = ……*	*2 fois ……, 90*	*5 fois ……, 45*
…… + …… = 20	***50 + 50 = ……***	***2 fois ……, 100***	***5 fois ……, 50***

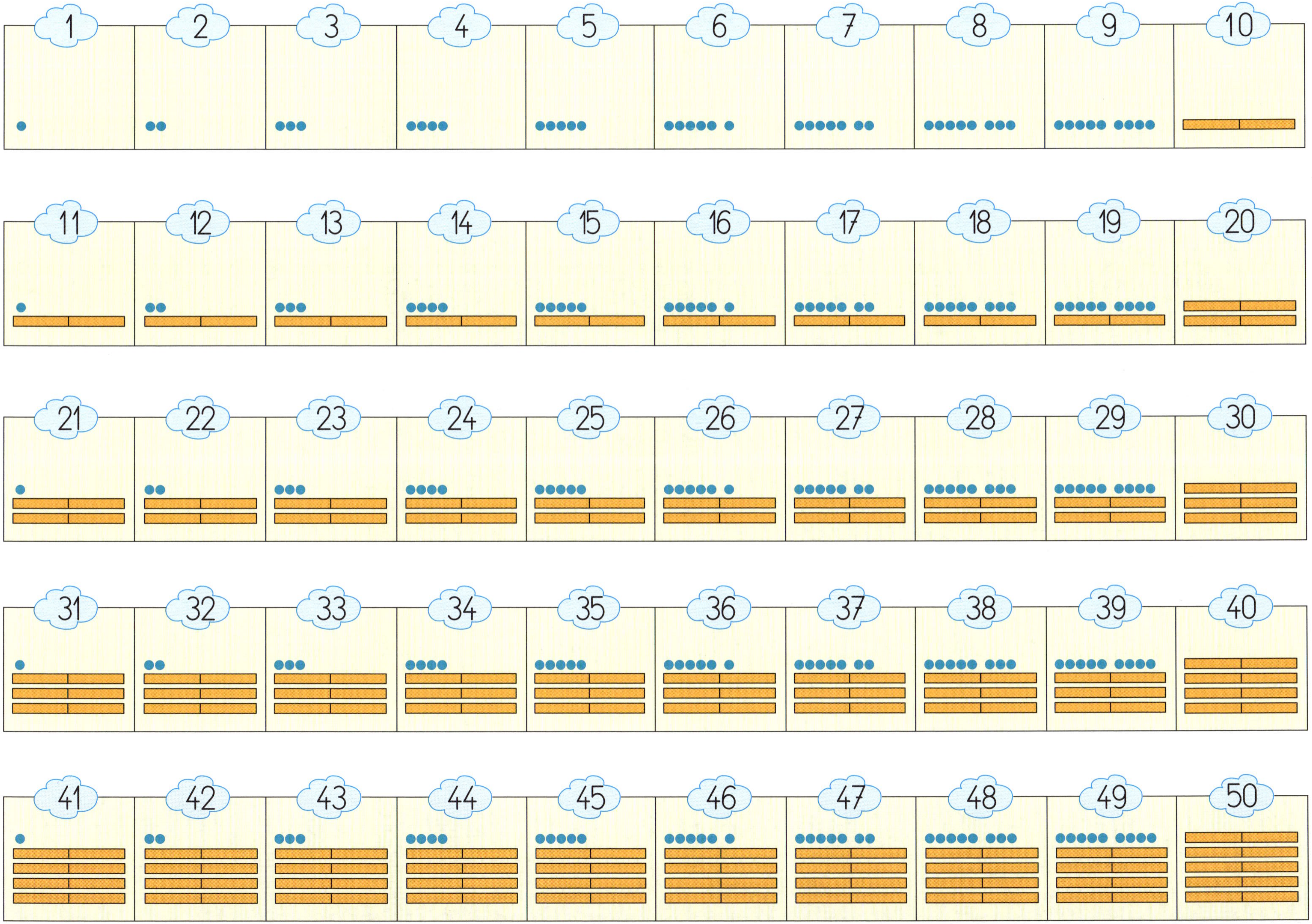
1
2
3
4
5
6
7
8
9
10
11
12
13
14
15
16
17
18
19
20
21
22
23
24
25
26
27
28
29
30
31
32
33
34
35
36
37
38
39
40
41
42
43
44
45
46
47
48
49
50

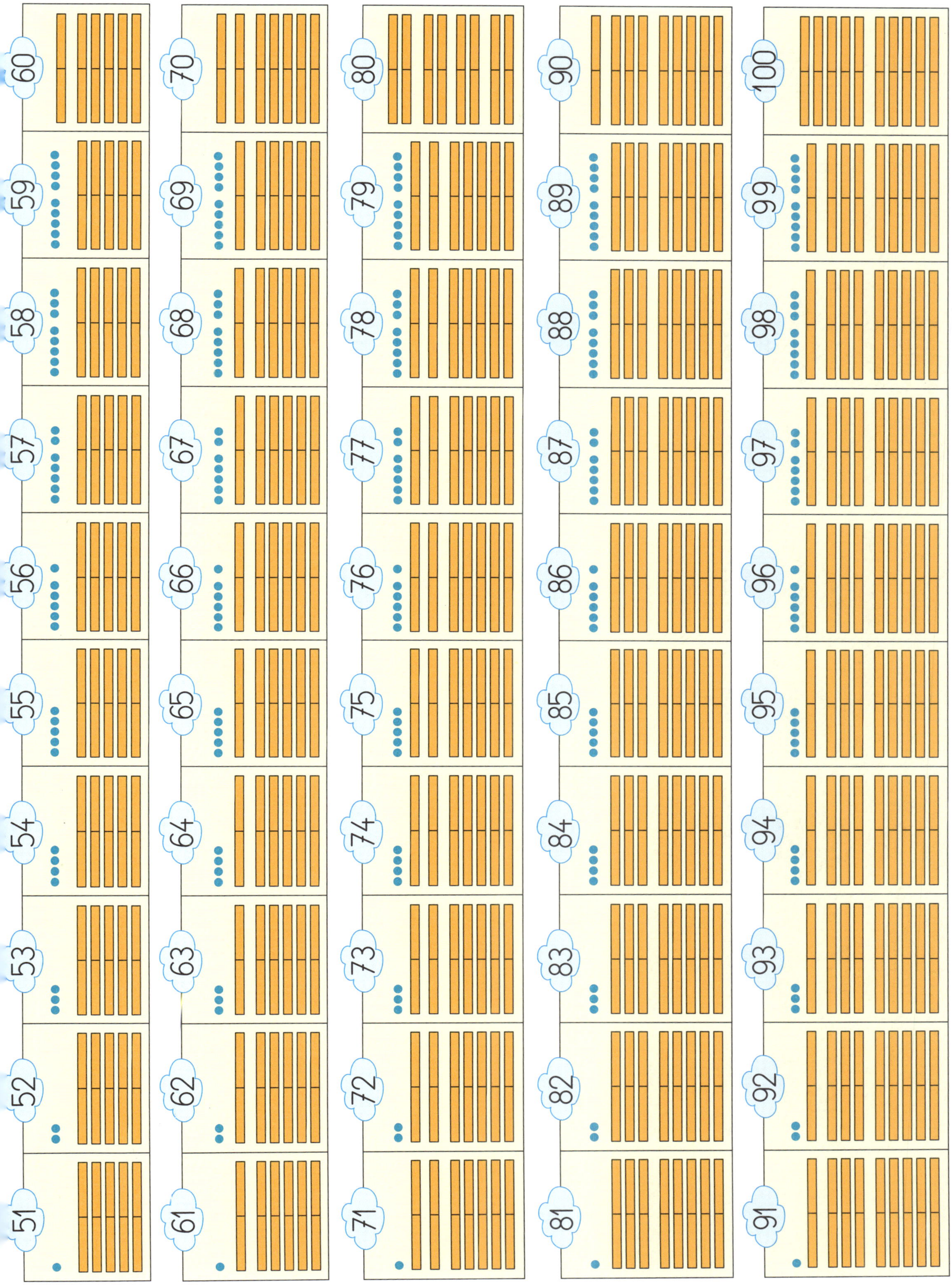
51
52
53
54
55
56
57
58
59
60
61
62
63
64
65
66
67
68
69
70
71
72
73
74
75
76
77
78
79
80
81
82
83
84
85
86
87
88
89
90
91
92
93
94
95
96
97
98
99
100

Au dos des cahiers, on voit souvent des tables de multiplication complètes, mais c'est avec celles-ci que tu apprendras le mieux. **Ne les complète pas !**

J'apprends les tables de multiplication

Dans la table des 4, les nombres vont de 4 en 4 :
4, 8, 12, 16, 20…

Si je veux savoir combien font ***4 fois 6***…
… je cherche dans la ***table de 4***, à la **6e case**.
Après 20, c'est 24.

Si je veux savoir combien font ***4 fois 9***…
… je cherche dans la ***table de 4***, à la **9e case**.
Avant 40, c'est 36.

Table de 2	
2 fois 1,	*2*
2 fois 2,	*4*
2 fois 3,	………
2 fois 4,	………
2 fois 5,	………
2 fois 6,	………
2 fois 7,	………
2 fois 8,	………
2 fois 9,	………
2 fois 10,	………

Table de 3	
3 fois 1,	*3*
3 fois 2,	*6*
3 fois 3,	………
3 fois 4,	………
3 fois 5,	………
3 fois 6,	………
3 fois 7,	………
3 fois 8,	………
3 fois 9,	………
3 fois 10,	………

Table de 4	
4 fois 1,	*4*
4 fois 2,	*8*
4 fois 3,	………
4 fois 4,	………
4 fois 5,	………
4 fois 6,	………
4 fois 7,	………
4 fois 8,	………
4 fois 9,	………
4 fois 10,	………

Table de 5	
5 fois 1,	*5*
5 fois 2,	*10*
5 fois 3,	………
5 fois 4,	………
5 fois 5,	………
5 fois 6,	………
5 fois 7,	………
5 fois 8,	………
5 fois 9,	………
5 fois 10,	………

Table de 6	
6 fois 1,	*6*
6 fois 2,	*12*
6 fois 3,	………
6 fois 4,	………
6 fois 5,	………

Table de 7	
7 fois 1,	*7*
7 fois 2,	*14*
7 fois 3,	………
7 fois 4,	………
7 fois 5,	………

Table de 8	
8 fois 1,	*8*
8 fois 2,	*16*
8 fois 3,	………
8 fois 4,	………
8 fois 5,	………

Table de 9	
9 fois 1,	*9*
9 fois 2,	*18*
9 fois 3,	………
9 fois 4,	………
9 fois 5,	………

Table de 10	
10 fois 1,	*10*
10 fois 2,	*20*
10 fois 3,	………
10 fois 4,	………
10 fois 5,	………
10 fois 6,	………
10 fois 7,	………
10 fois 8,	………
10 fois 9,	………
10 fois 10,	………

Direction éditoriale : Sylvie Cuchin **Édition :** Céline Lorcher **Corrections :** Gérard Tassi
Illustrations : Paul Beaupère, Michel Fayaud et Warfi
Images de Picbille : Warfi, d'après le personnage d'Alvaro Parès
Dépôt légal : février 2009 N° de projet : 10154562 N° d'impression : 0000
Achevé d'imprimer en Italie sur les presses de STIGE, à San Mauro

Calque pour les activités de la séquence 101.

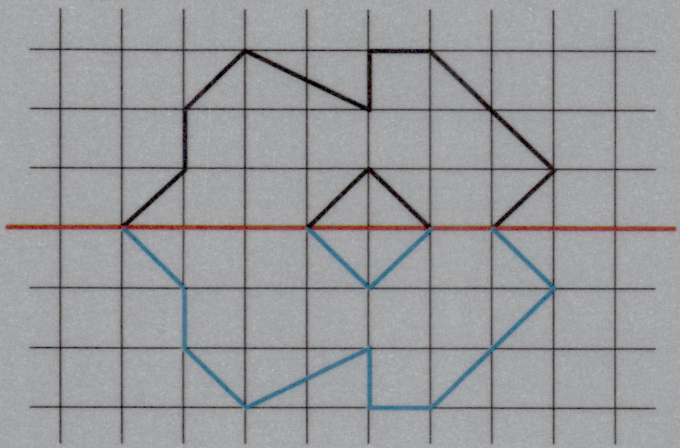

Calque pour les activités des séquences 54 et 111.

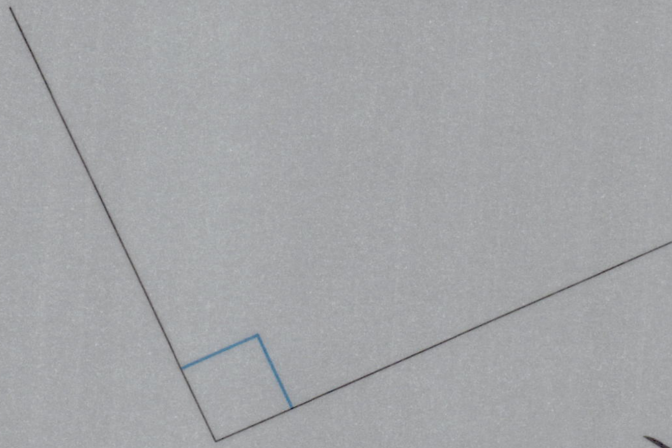

Calque pour les activités de la séquence 101.

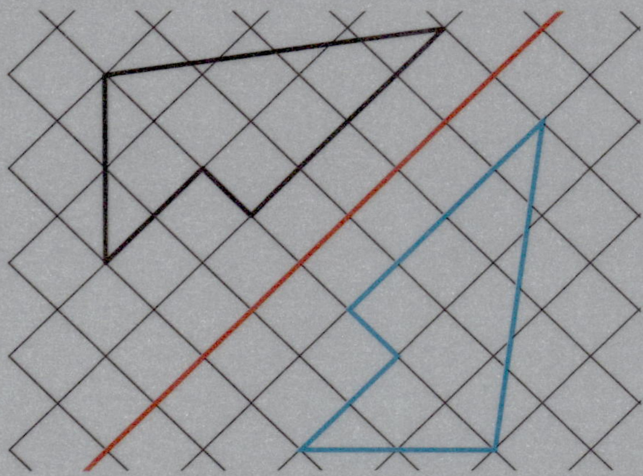

Calque pour les activités de la séquence 86.

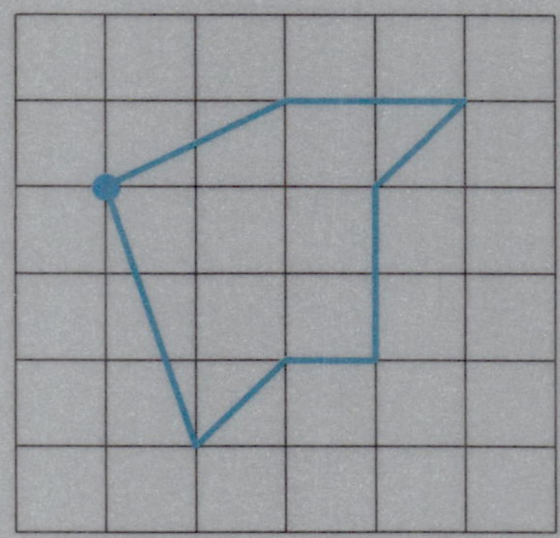

Calque pour les activités de la séquence 100.

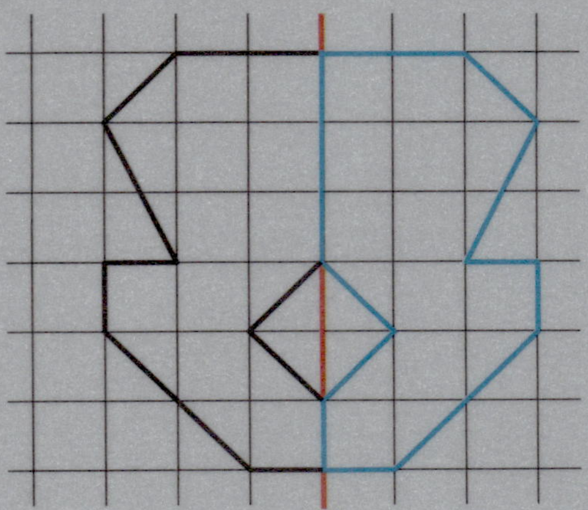

Calque pour les activités de la séquence 89.

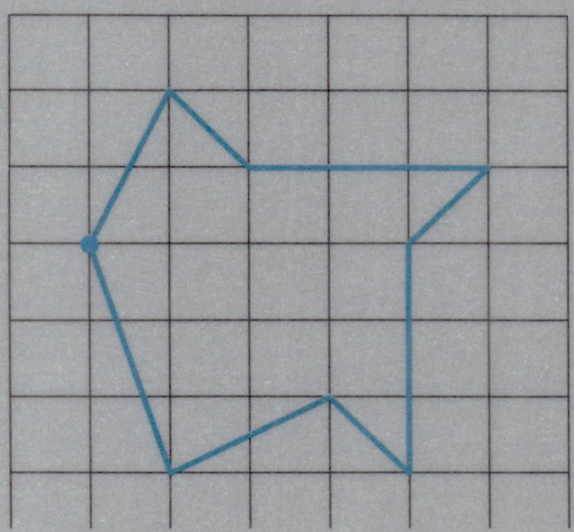

Calque pour les activités de la séquence 100.

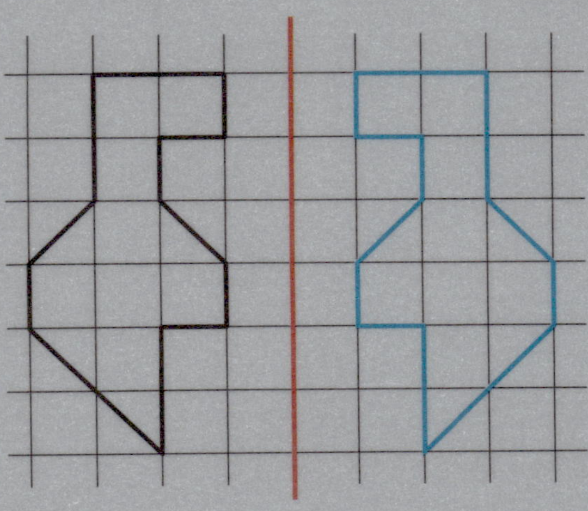

Calque pour les activités de la séquence 100.

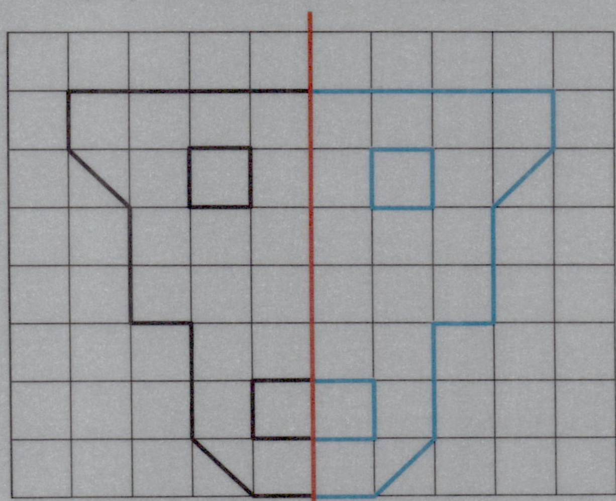

Calque pour les activités de la séquence 101.

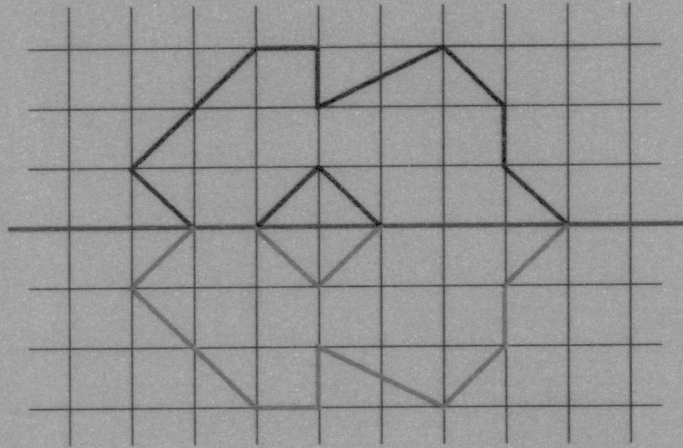

Calque pour les activités des séquences 54 et 111.

Calque pour les activités de la séquence 101.

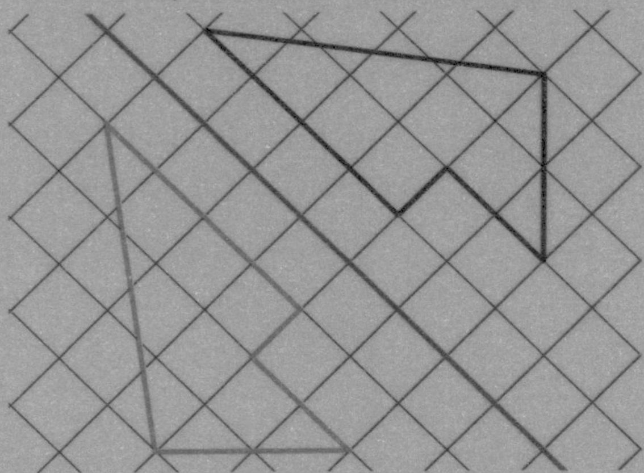

Calque pour les activités de la séquence 86.

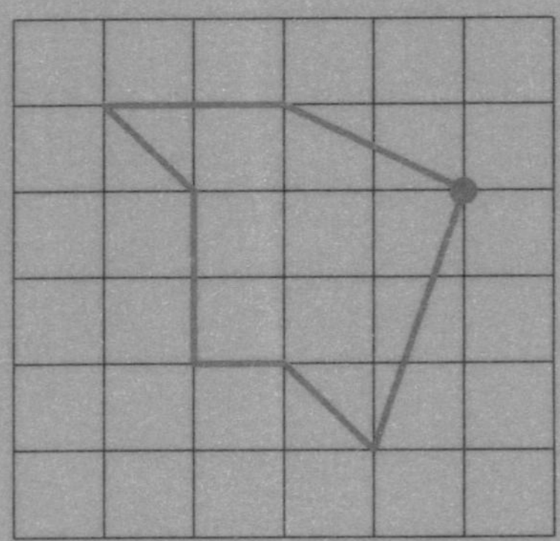

Calque pour les activités de la séquence 100.

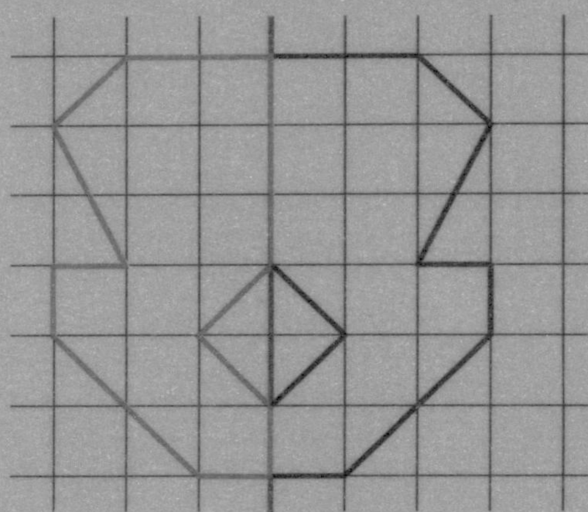

Calque pour les activités de la séquence 89.

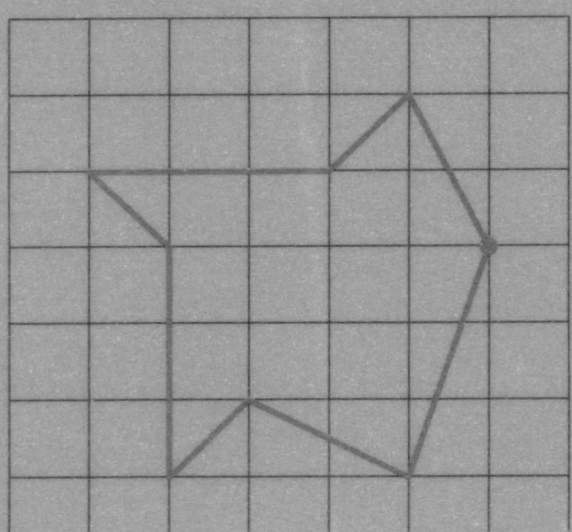

Calque pour les activités de la séquence 100.

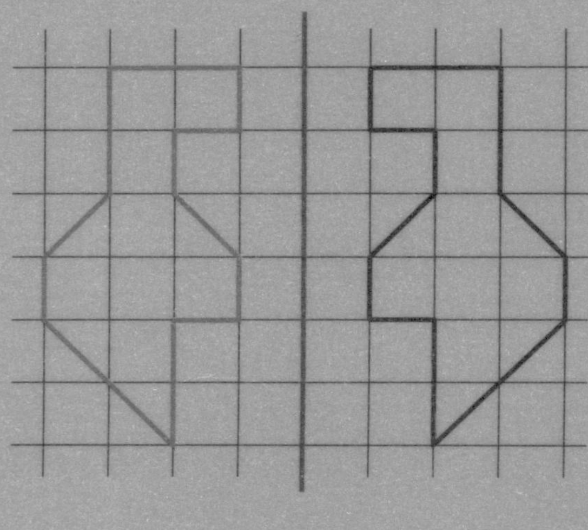

Calque pour les activités de la séquence 100.

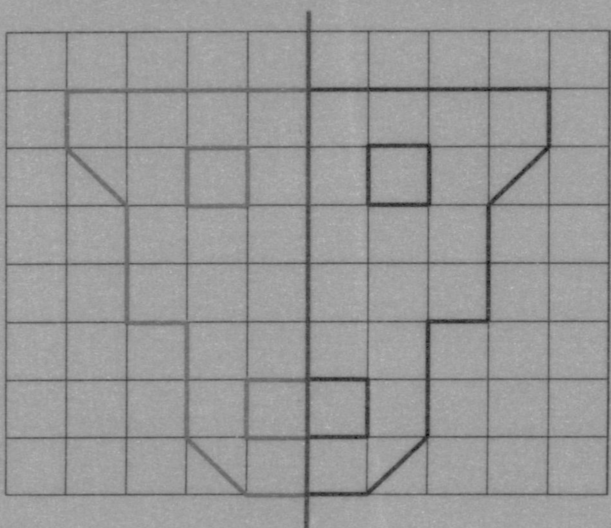

un	deux	trois	quatre	cinq	six	sept	huit	neuf	dix
onze	douze	treize	quatorze	quinze	seize	dix-sept	dix-huit	dix-neuf	vingt
									trente
									quarante
									cinquante
									soixante
									cent

Matériel pour faciliter la lecture et l'écriture des nombres écrits en « lettres ».
La ligne de un à dix sert à partir de la séquence 1, la ligne de onze à vingt à partir de la séquence 5 et la colonne de dix à cent à partir de la séquence 8.

Glisse ce carton dans une pochette transparente et bien lisse. Utilise-le avec un feutre effaçable.
Quand tu connais bien le résultat d'une case, ne l'écris plus.

	groupes de 2	groupes de 3	groupes de 5	groupes de 10 ou dizaines
1 groupe ou *1 fois…*	A	F	K	P
2 groupes ou *2 fois…*	B	G	L	Q
3 groupes ou *3 fois…*	C	H	M	R
4 groupes ou *4 fois…*	D	I	N	S
5 groupes ou *5 fois…*	E	J	O	T

Ce carton va te permettre de calculer des soustractions. Glisse-le dans une pochette transparente.
Les dizaines dont tu as besoin sont déjà dessinées sur l'une des lignes. Dessine seulement les unités.

.... – .... = ...

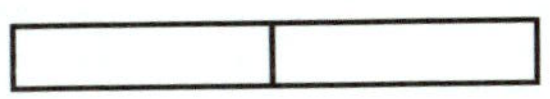

.... – .... = ...

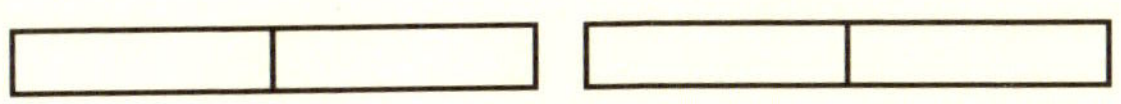

.... – .... = ...

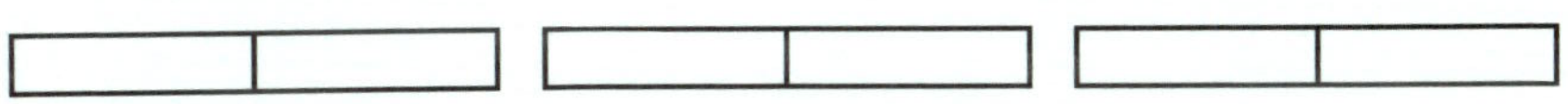

.... – .... = ...

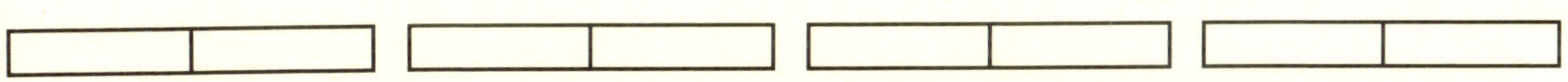

.... – .... = ...

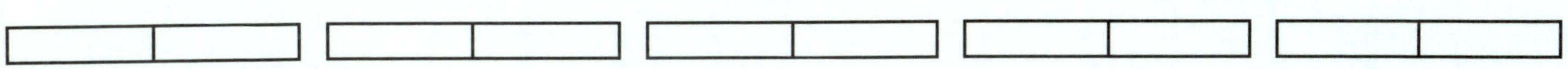

.... – .... = ...

Ce carton va te permettre de calculer des soustractions. Glisse-le dans une pochette transparente.
Les dizaines dont tu as besoin sont déjà dessinées sur l'une des lignes. Dessine seulement les unités.

.... – .... = ...

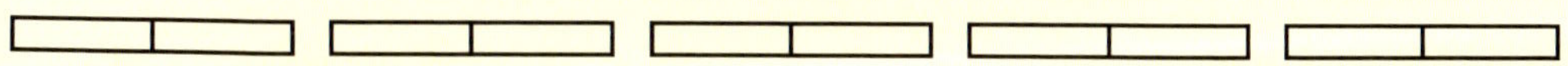

.... – .... = ...

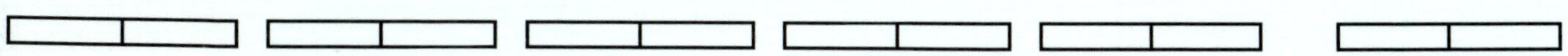

.... – .... = ...

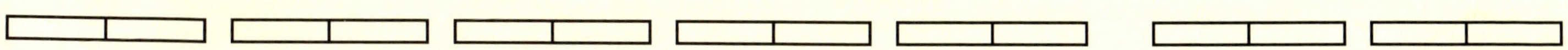

.... – .... = ...

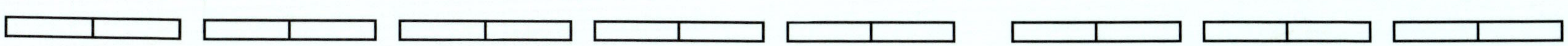

.... – .... = ...

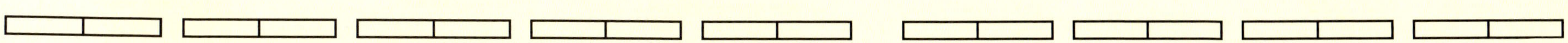

.... – .... = ...

Planche de monnaie n° 1

Ces deux planches identiques servent à partir de la séquence 11 pour les euros et de la séquence 61 pour les centimes.

Planche de monnaie n° 1

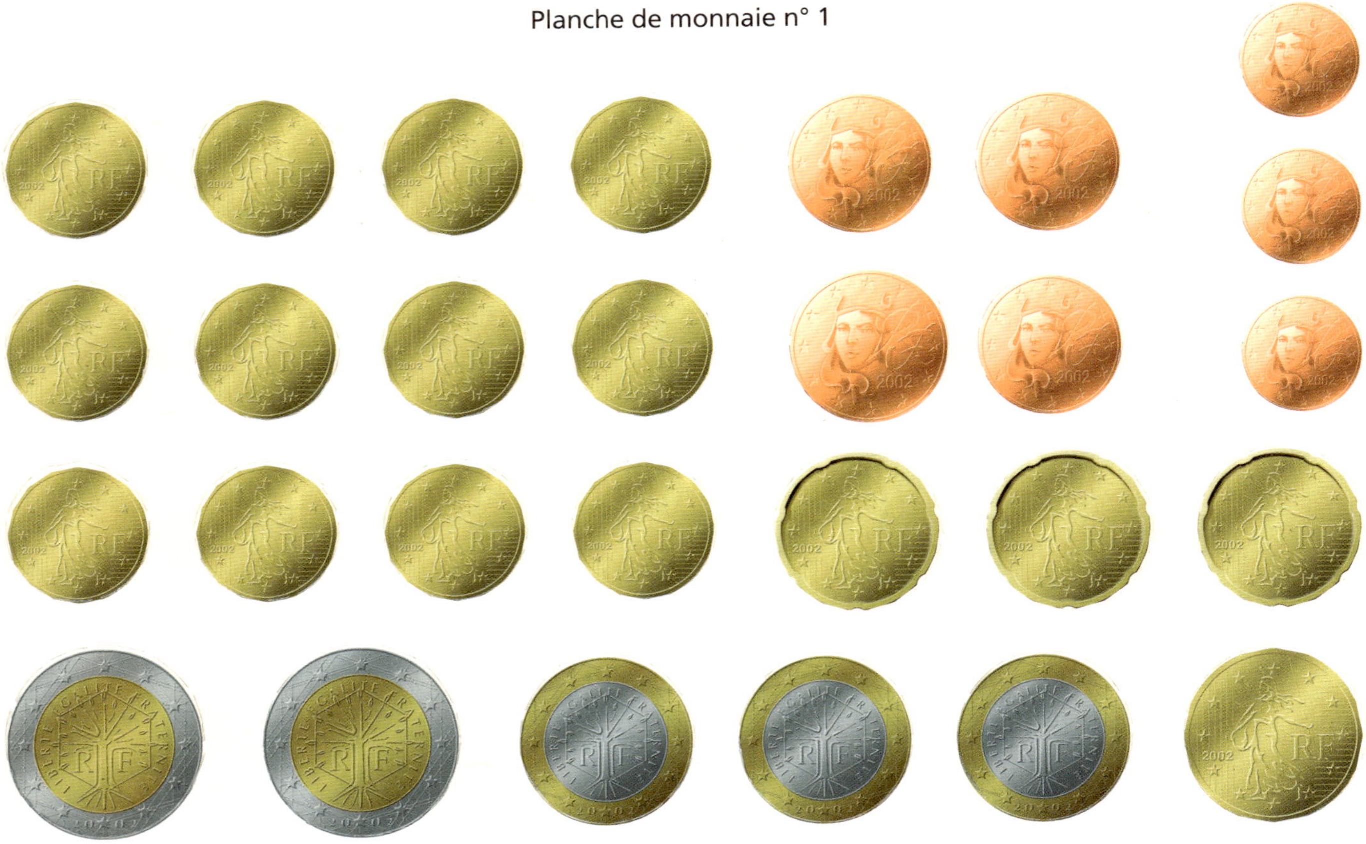

Planche de monnaie n° 2

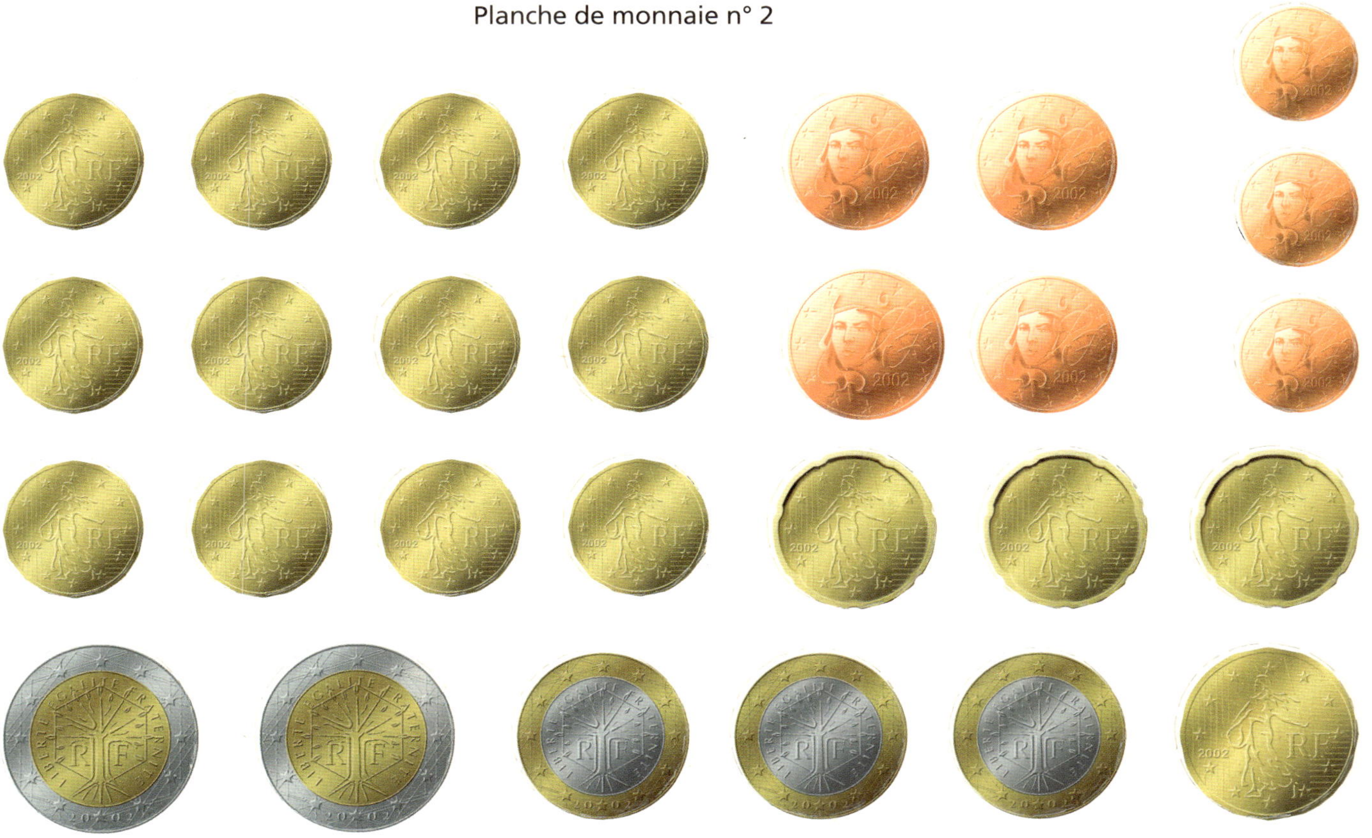

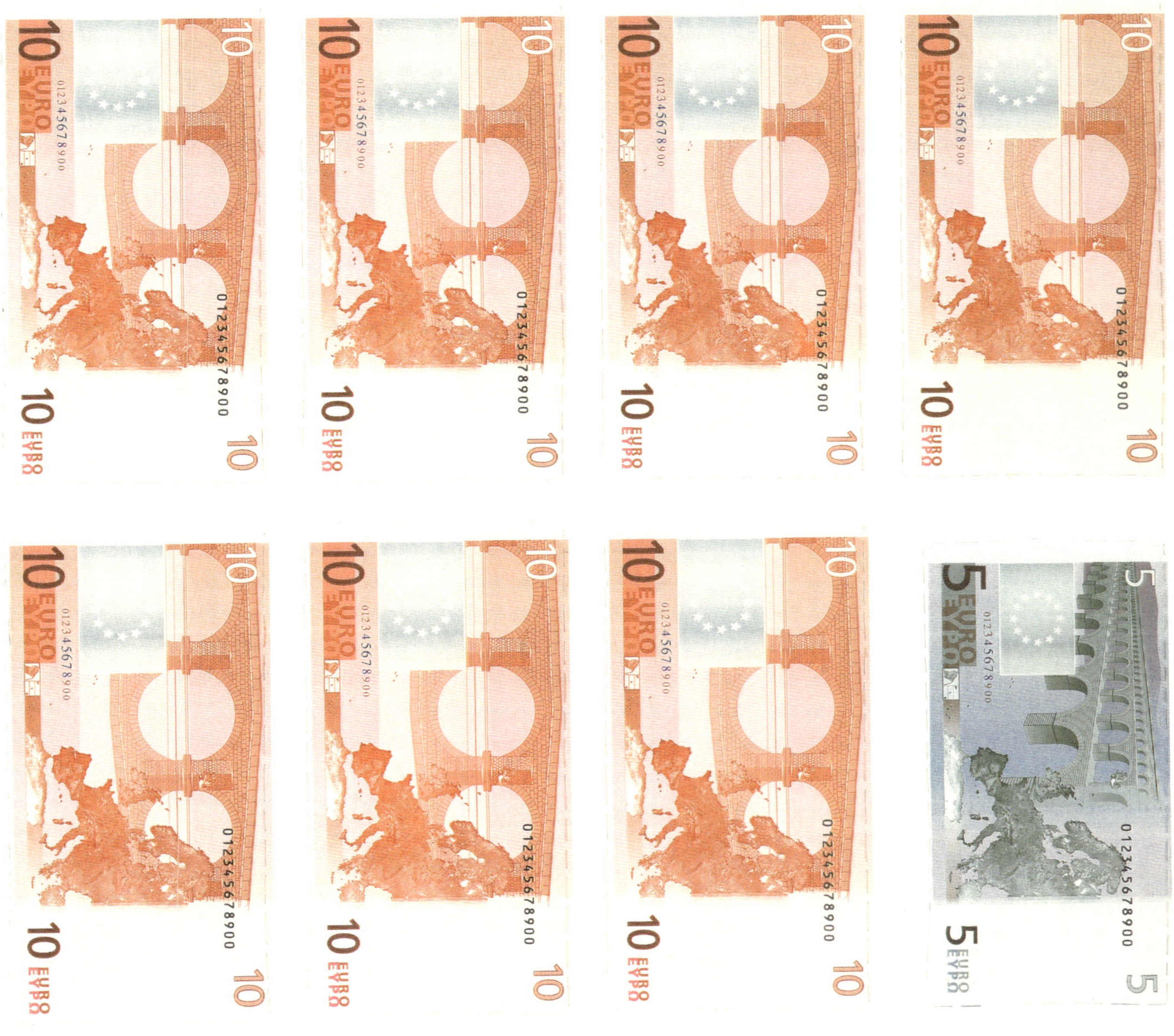

Planche de monnaie n° 2

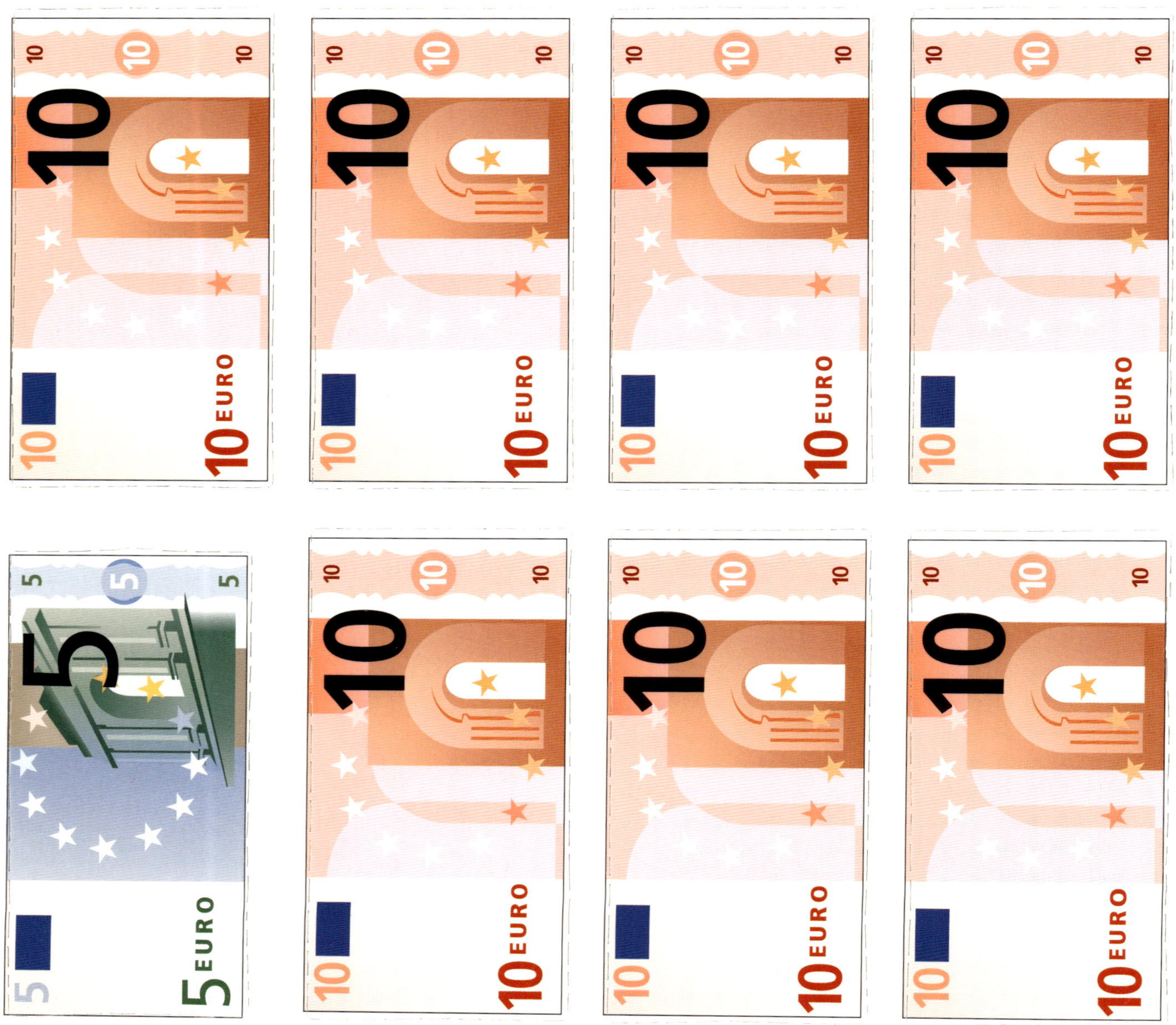

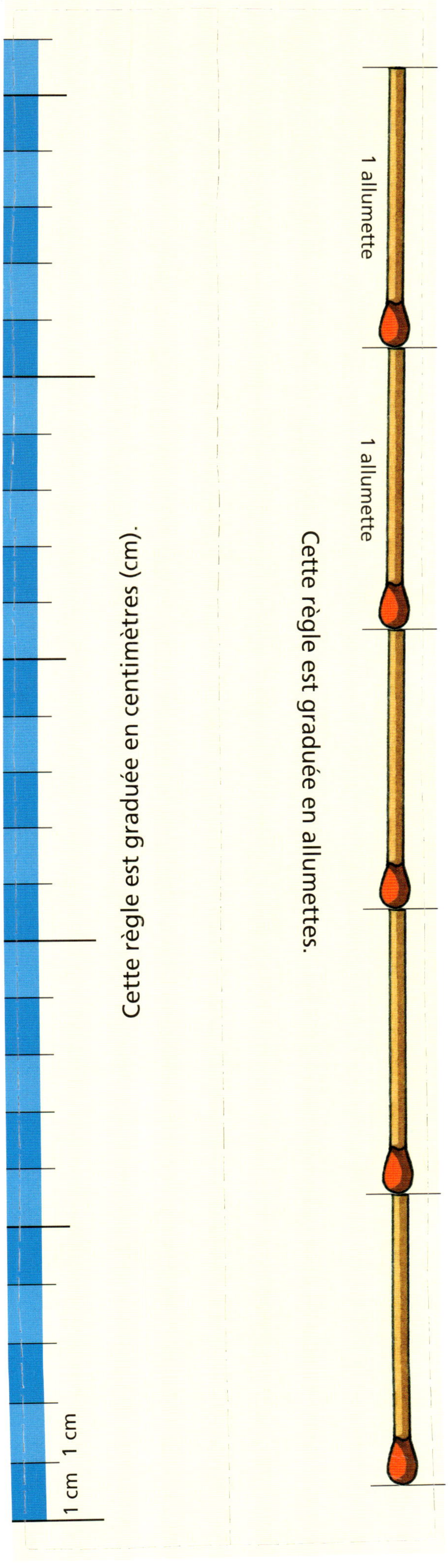

Matériel pour les séquences 24 et 26.

Matériel pour la séquence 111.

50
50
50
50EURO
50

50
50
50
50EURO
50

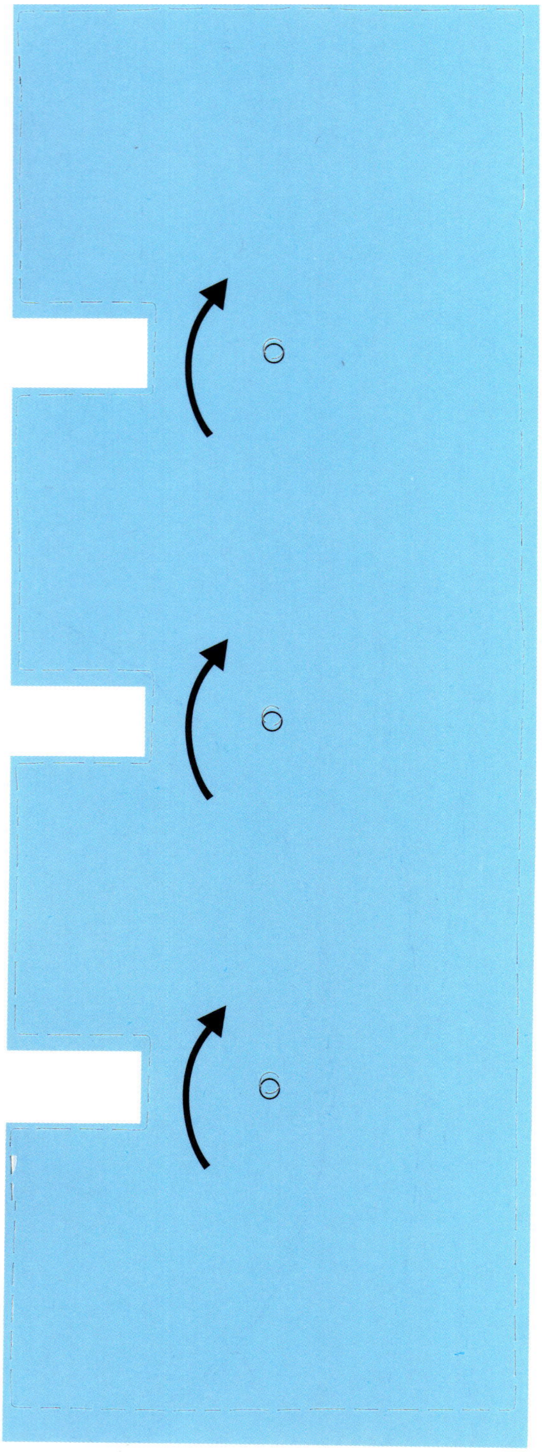

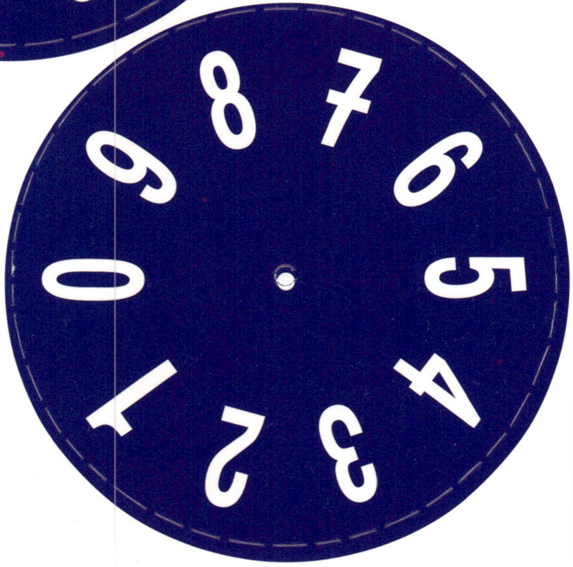

Matériel pour les séquences 8 , 46 et 84.
Pour assembler ce compteur,
il faut des attaches parisiennes.

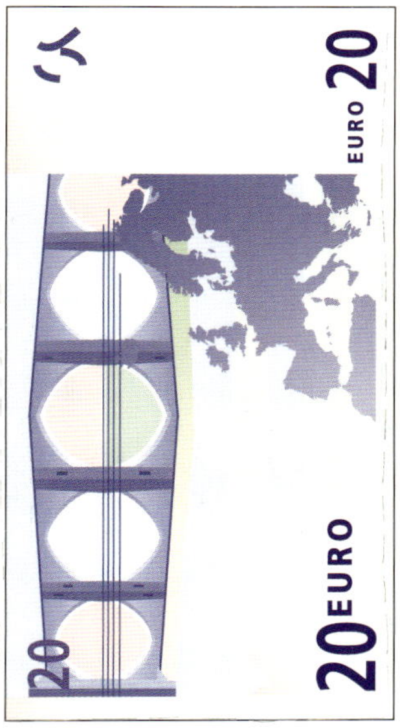

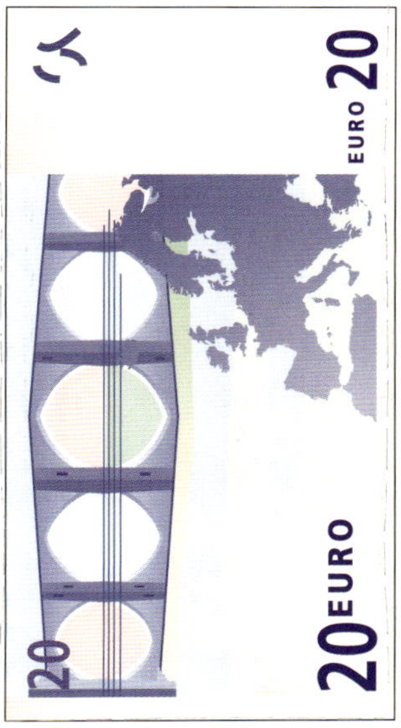

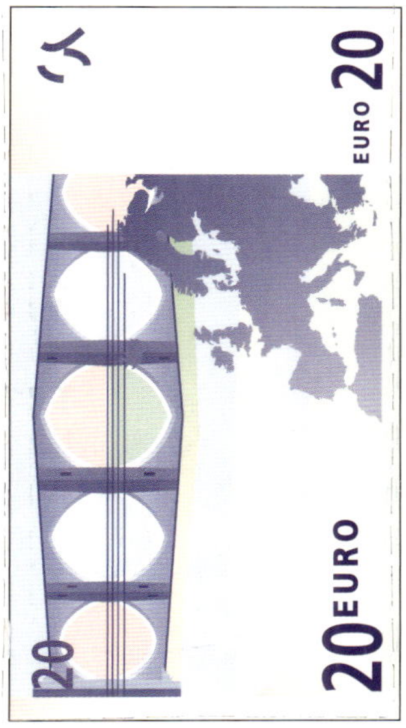

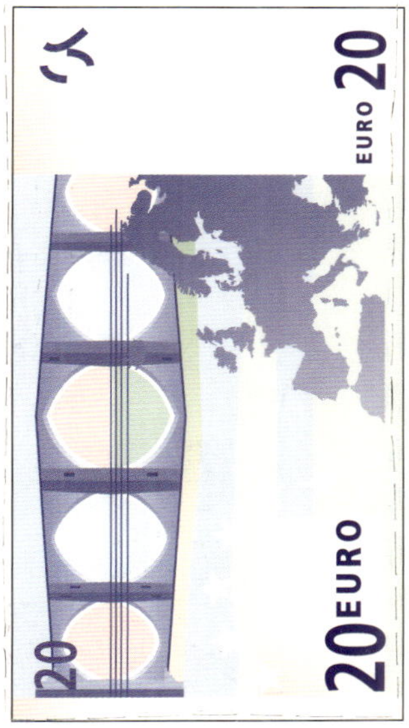

Horloge utilisée avec les deux sortes d'aiguille à partir de la séquence 39.

Aiguille de rechange.

100
100
100
100
100 EURO
100

20
20
20
20
20 EURO
20

20 EURO
20
20
20
20
20

20 EURO
20
20
20
20
20

20 EURO
20
20
20
20
20

20 EURO
20
20
20
20
20

12
1
2
3
4
5
6
7
8
9
10
11

Matériel pour la séquence 107.

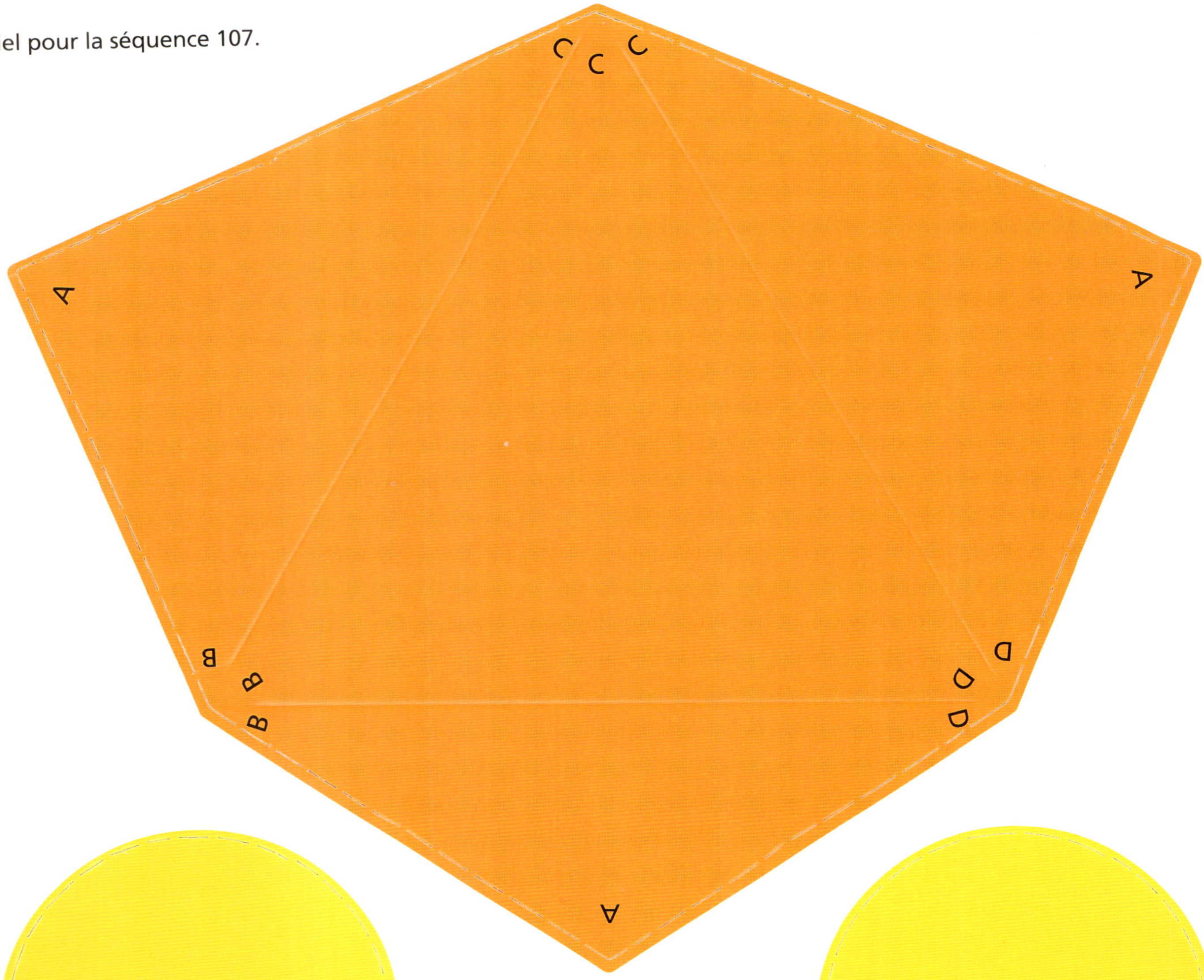

Matériel pour la séquence 105.